Schweizer Beiträge
zur Kulturgeschichte
und Archäologie
des Mittelalters

Band 15

Herausgegeben
vom Schweizerischen Burgenverein
und vom Amt für Museen
und Archäologie
des Kantons Basel-Landschaft

Redaktion
Jürg Tauber

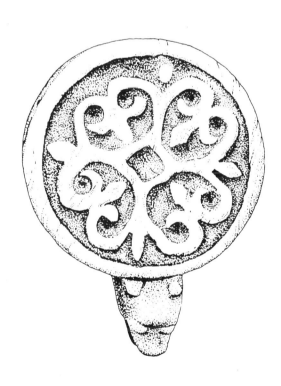

WV

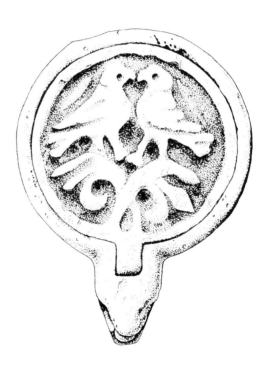

Peter Degen,
Heiner Albrecht, Stefanie Jacomet
Bruno Kaufmann, Jürg Tauber

Die Grottenburg Riedfluh
Eptingen BL

Bericht über die
Ausgrabungen 1981–1983

unter Mitarbeit und mit Beiträgen von
Marco Brianza, Nidija Felice, Barbara Füzesi, François Maurer, Werner Meyer,
Siegfried Scheidegger, Werner Schoch, Willi Schoch

Walter-Verlag
Olten und Freiburg im Breisgau

Die Herausgabe dieses Bandes haben unterstützt:

Schweizerische Akademie der Geisteswissenschaften (SAGW)
Kanton Basel-Landschaft
Gemeinde Eptingen
und mehrere private Gönner

Titelbild:
Ansicht der Riedfluh mit der Burggrotte von Osten
(Foto P. Degen)

Alle Rechte vorbehalten
© Schweizerischer Burgenverein, Zürich 1988
Herstellung in den grafischen Betrieben
des Walter-Verlags, Olten
Printed in Switzerland

ISBN 3-530-87103-6

Inhaltsverzeichnis

Teil III: Verkohlte Samen und Früchte aus der hochmittelalterlichen Grottenburg Riedfluh bei Eptingen, Kanton Baselland (Nordwest-Schweiz). Ein Beitrag zum Speisezettel des Adels im Hochmittelalter
von Stefanie Jacomet, Nidija Felice und Barbara Füzesi

1.	Einleitung	169
1.1.	Lage der Burgstelle, Herkunft und Bergung der Proben, Datierung	169
1.2.	Historischer Hintergrund	169
1.3.	Forschungsstand und Fragestellung	172
1.4.	Material und Methoden	173
1.5.	Methodische Probleme	174
2.	Archäobotanische Ergebnisse	174
2.1.	Gesamtspektrum der Samen und Früchte	174
	1. Kulturpflanzen	174
	2. Wildpflanzen	175
	3. Nachgewiesene Pflanzenteile und Überlegungen zum Zeitpunkt der Brandkatastrophe	175
2.2.	Art der gefundenen Pflanzenreste und ihre Verteilung in der Grabungsfläche – Deutung der Funktion der Räume	176
2.3.	Vegetabilische Ernährung, Anteile der gefundenen Arten an der pflanzlichen Nahrung	182
2.4.	Sozio-ökonomische Aspekte: Verhältnis der gefundenen Pflanzenarten zu Angaben aus zeitgenössischen Quellen	183
2.5.	Anbauverhältnisse und Erntemethoden der Kulturpflanzen, insbesondere des Getreides	184
	1. Anbauformen	184
	2. Lage der Ackerfluren und Standortverhältnisse auf den Äckern	187
	3. Erntemethoden	190
2.6.	Vergleich des Riedfluh-Spektrums mit anderen mittelalterlichen Siedlungsplätzen – Allgemeines zum hochmittelalterlichen Pflanzenbau in der Nordwestschweiz	191
3.	Botanische Ergebnisse: Beschreibungen, Messwerte und Dokumentation der gefundenen Pflanzenreste	193
3.1.	Kulturpflanzen	193
	1. Getreidearten	193
	2. Hülsenfrüchte	205
	3. Obst und Nüsse (Kulturpflanzen)	206
3.2.	Wildpflanzen	207
	1. Ranunculaceae (Hahnenfussgewächse)	207
	2. Corylaceae (Haselgewächse)	207
	3. Fabaceae (Hülsenfrüchtler)	207
	4. Apiaceae (Doldenblütler)	211
	5. Brassicaceae (Kreuzblütler)	212
	6. Caryophyllaceae (Nelkengewächse)	212
	7. Chenopodiaceae (Gänsefussgewächse)	213
	8. Polygonaceae (Knöterichgewächse)	213
	9. Rubiaceae (Krappgewächse)	214
	10. Caprifoliaceae (Geissblattgewächse)	215
	11. Scrophulariaceae (Rachenblütler)	215
	12. Plantaginaceae (Wegerichgewächse)	216
	13. Cyperaceae (Sauergräser)	216
	14. Poaceae (Süssgräser)	218
4.	Zusammenfassung	221
5.	Literaturverzeichnis	221
6.	Anhang: Tabellen	227

Teil IV: Die Holzkohlen aus der hochmittelalterlichen Grottenburg Riedfluh bei Eptingen (Kanton BL)
von Heiner Albrecht

1.	Einleitung	245
1.1.	Material	245
1.2.	Methoden	245
2.	Untersuchungsergebnisse	246
2.1.	Holzspektren	246
	1. Holzspektrum, Stückzahl, Stetigkeit	246
	2. Ranglisten	250
2.2.	Verteilung der Holzkohlenfunde	257
	1. Vertikale Verteilung: Horizonte	257
	2. Horizontale Verteilung: Räume	258
	3. Weitere Untersuchungsaspekte und ihre Verteilung	259
2.3.	Herkunft des Holzmaterials	261
	1. Heutige Waldgesellschaften	261
	2. Ehemalige Waldgesellschaften	261
	3. Waldbewirtschaftungsformen	262
2.4.	Verwendung und Herkunft der einzelnen Holzarten	264
3.	Zusammenfassung	265
4.	Literaturverzeichnis	266
5.	Anhang: Tabellen	269

Teil V: Eptingen – Riedfluh. Die Tierknochenfunde der Grabung 1981–1983
von Bruno Kaufmann, unter Mitarbeit von Willi Schoch und Siegfried Scheidegger

1.	Einleitung	279
2.	Material und Methodik	279
2.1.	Material	279
2.2.	Methodik	279
3.	Ergebnisse	281
3.1.	Übersicht über die nachgewiesenen Tierarten	281
3.2.	Besprechung der Tierarten	283
4.	Schlachttechnik und Schlachtalter	293
4.1.	Beobachtungen zur Schlachttechnik	293
4.2.	Beobachtungen zum Schlachtalter der Tiere	293
5.	Flächenweise Auswertung	294
5.1.	Die Feuer- und Hitzeeinwirkungen	294
	1. Verteilung der Brandstufen nach Flächen	294
	2. Verteilung der Brandstufen nach Schichten	296
5.2.	Fragmentzahl, Knochendichte und Fragmentgrösse	298
	1. Fragmentzahl	298
	2. Knochendichte	298
	3. Fragmentgrösse	301
	4. Die räumliche Gliederung anhand der Fragmentgrösse	301
6.	Krankhafte Befunde	302
7.	Zusammenfassung der Ergebnisse	304
8.	Literaturverzeichnis	304
9.	Anhänge: Übersichtstabellen	307
9.1.	Anhang 1: Verteilung nach Schichten	307
9.2.	Anhang 2: Verteilung nach Feldern	311
9.3.	Anhang 3: Aufteilung der Komplexe auf die Horizonte	314
9.4.	Anhang 4: Inhalt der Horizonte	314

Teil VI: Anhang

1.	Schichtenkatalog	317
2.	Untersuchung der Schuttmasse der Schicht S3 (von M. Brianza)	317

Teil III: Verkohlte Samen und Früchte aus der hochmittelalterlichen Grottenburg «Riedfluh» bei Eptingen, Kanton Baselland (Nordwest-Schweiz)

Ein Beitrag zum Speisezettel des Adels im Hochmittelalter

Stefanie JACOMET, Nidija FELICE und Barbara FÜZESI

1. Einleitung

1.1. Lage der Burgstelle, Herkunft und Bergung der Proben, Datierung

Die erste nördlich des Juras entdeckte Grottenburg aus dem Hochmittelalter (11./12. Jahrhundert) wurde im Auftrag des Kantons Basel-Landschaft in den Jahren 1981-1983 ausgegraben. Die Grabung selbst fand unter der Leitung von P. Degen statt (vgl. Beitrag Degen in diesem Band).

Die Burgstelle liegt in einer Felswand am südöstlichen Abhang des «Ränggen» (Landeskarte der Schweiz 1:25'000, Blatt 1088, Hauenstein, Abb. 1). Von der Burg aus kann man die Gabelung des Diegtertales kurz vor Eptingen überschauen; es verzweigen sich hier die beiden Juraübergänge über den Chilchzimmersattel auf die Challhöchi, welche auf die obere Hauensteinroute im Westen bzw. die untere im Osten ausmünden (DEGEN/HÖGL 1982).

Die Grabungsergebnisse zeigen, dass die Riedfluh im Hochmittelalter ein Adelssitz gewesen sein muss (DEGEN/HÖGL 1982; vgl. den Beitrag Degen in diesem Band). Die Mauerreste bestehen zur Hauptsache in einer Umfassungsmauer (=Fassade der Burg), die einen Innenraum abgrenzt; dessen Rückseite wird vom Halbrund der Felsenwand («Fluh») gebildet. Zum Grundriss (Abb. 2) der gesamten Anlage und zur Funktion der einzelnen Räume vgl. den Beitrag Degen in diesem Band.

Die Burg «Riedfluh» wurde durch einen Grossbrand zerstört. Dieses für die damaligen Bewohner der Burg katastrophale Ereignis stellt für uns Archäobotaniker einen grossen Glücksfall dar, denn beim Brand verkohlten umfangreiche Essensvorräte pflanzlicher Natur. Nur in diesem Zustand können sich Pflanzenreste ausserhalb des Grundwasserbereiches, in Trockenbodenablagerungen (WILLERDING 1970 und 1971) erhalten. Aus dem Brandschutt wurden 19 mehr oder weniger umfangreiche Kulturpflanzenproben geborgen (Tab. 1), die >11'500 Samen und Früchte lieferten (Tab. 3). Dazu kommen 32 kleinere Proben, die sich jeweils aus einem bis mehreren Resten grösserfrüchtiger Nahrungspflanzen wie Pfirsichen oder Walnüssen zusammensetzten (Tab. 2).

Ausserdem fanden sich viele Reste von verkohltem Holz. Diese wurden durch H. Albrecht, in enger Zusammenarbeit mit uns, bearbeitet (vgl. den Beitrag Albrecht in diesem Band).

Die grösstenteils gute Erhaltung des Pflanzenmaterials, seine «Verkohlung», verdanken wir der Tatsache, dass das durch die Holzeinbauten der Burg genährte Feuer in der von der Umfassungsmauer abgeschlossenen Felshöhle die Wirkung eines Hochofens hatte. Die offenbar in den Untergeschossen eingelagerten Nahrungvorräte gerieten daher nicht alle ins offene Feuer, wo sie restlos verbrannt wären, sondern ein Teil von ihnen «verkohlte» bei grosser Hitze langsam unter geringem Sauerstoffzutritt.

Die Brandkatastrophe dürfte sich im späten 12. Jahrhundert abgespielt haben. Die gefundenen Architekturfragmente, Keramik und andere Funde deuten darauf hin, dass die Grottenburg vor allem im 11. und 12. Jahrhundert bis um 1200 bewohnt war (vgl. den Beitrag Tauber in diesem Band).

1.2. Historischer Hintergrund

Die Frage nach den Erbauern und Bewohnern der Grottenburg «Riedfluh» ist nicht einfach zu beant-

Abb. 1 Blick von Süden gegen den Renggen und die Riedfluh. Die Lage der Burg ist mit den Pfeilen am Bildrand markiert.

worten. Ein Zusammenhang mit dem in der engsten Umgebung in den späteren Jahrhunderten wirkenden Geschlecht der Eptinger ist nicht auszuschliessen (vgl. den Beitrag Meyer in diesem Band). Angesichts der Datierung von Funden bis zurück ins 11. Jahrhundert kann in der Anlage Riedfluh möglicherweise sogar der Stammsitz der «Eptinger» vermutet werden.

Allgemein war im Hochmittelalter die Gewinnung neuen Siedlungsraumes von grosser Bedeutung. Im Zentrum der «Rodungsgüter» entstanden an besonders geeigneten Punkten Höfe, Dörfer, Burgen, Klöster oder Städte (MEYER 1979 und 1985, RÖSENER 1986). Im Gebiet der heutigen Schweiz liegen sehr viele Burgen auf Rodungsland oder in unmittelbarer Nähe von solchem. Wenn Burgen in unbesiedeltem Land errichtet wurden, so musste gleichzeitig zur Versorgung der Burgbewohner landwirtschaftlich nutzbares Gebiet erschlossen werden.

Die Neuerschliessung von Waldgebieten gab dem Adel (Grafen, Freiherren) die Möglichkeit, seine politische Macht zu erweitern. Die Riedfluh dürfte zu den frühen Adelsburgen gehören, die ca. ab Mitte des 10. Jahrhunderts erfassbar sind. Fast alle frühen Burgen liegen auf felsigen oder steil abfallenden, schwer zugänglichen Orten. Das erschlossene Land wurde auf unterschiedliche Weise bewirtschaftet. Ein Teil kann von der Burg selbst aus bebaut worden sein, ein anderer wurde durch bäuerliche Untertanen auf Einzelhöfen (vgl. unten) oder Dörfern bewirtschaftet. Die letzteren waren oft direkt dem Rodungsherrn unterstellt (MEYER 1979).

Letzteres traf sicher auch auf die «Riedfluh» zu. In der unmittelbaren Umgebung, auf der linken Seite des Diegtertales, gibt es mehrere Einzelhöfe (Oberburg, Hasel, Rötler, Griessen, Leutschenhalden, Habsen; vgl. die Karte von SUTER 1926 und Kap. 2.5.2.), von denen einige vielleicht ins Hochmittelalter zurückgehen (was wir allerdings nicht nachweisen können). Diese Gegend im weitesten Sinne darf als Quelle für die Versorgung der Burgbewohner mit Nahrungsmitteln angenommen werden.

Im Hochmittelalter ist allgemein ein starkes Bevölkerungswachstum feststellbar. Dieses war geknüpft an

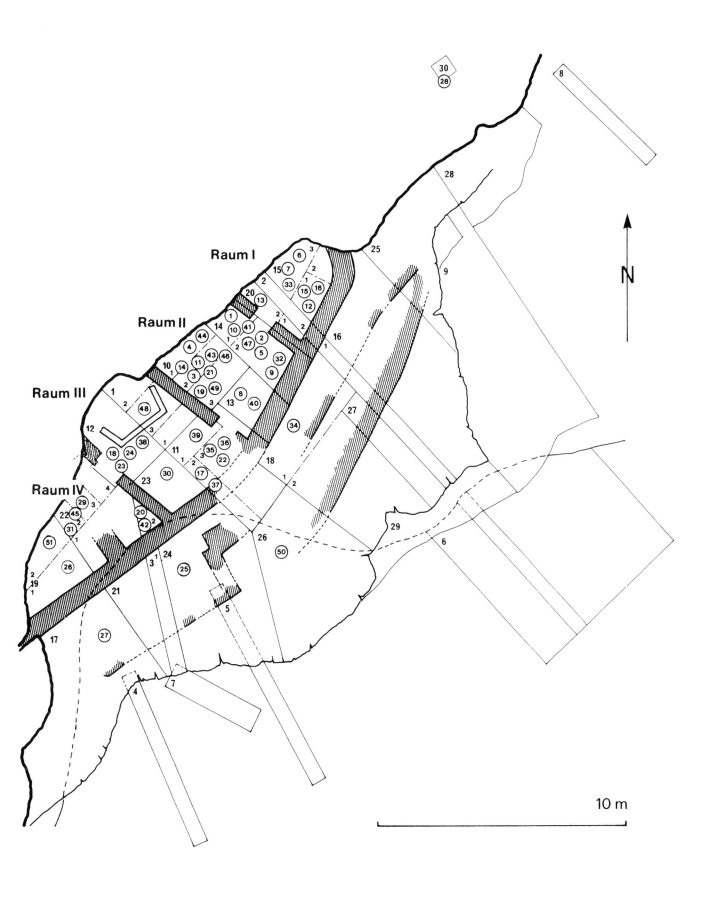

Abb. 2 Gesamtplan mit Bezeichnung der Flächen (grosse Zahl), Teilflächen (kleine Zahl) und Räume sowie Lage der Proben (kleine Zahl in Kreis).

Fortschritte der Landwirtschaft und eine Ausdehung des Ackerbaues, sowie eine Steigerung der Erträge durch eine Vielfalt der Bebauung. Insbesondere zu erwähnen ist die Dreifelderwirtschaft, die im 12. und 13. Jahrhundert immer mehr die älteren Bewirtschaftungsformen wie Feldgraswirtschaft und Zweifeldersystem zurückdrängte (RÖSENER 1986).

Durch schriftliche Quellen sind wir über die Nahrungsgewohnheiten im Hochmittelalter relativ gut unterrichtet. In diversen Werken über das Leben im Mittelater wird unter anderem auch auf Nahrung und Tischsitten eingegangen (z.Bsp. RÖSENER 1986, MEYER diverse Arbeiten). Unter der pflanzlichen Nahrung scheinen damals besonders Getreide-«Breie» eine grosse Rolle gespielt zu haben. (WILLERDING 1984, MEYER 1985 und 1987). Meist wird die Rolle des Hirsebreis besonders hervorgehoben. Daneben scheinen Gerste- und Haferbrei eine häufige Speise gewesen zu sein, und auch Brot wurde gebacken. Wichtig war neben Fleisch auch das Gemüse; zu jedem Bauernhof gehörte auch ein Kräutergarten. Wichtige Gemüse waren diverse Krautsorten und Hülsenfrüchte. Bezeugt sind Kohl, Mangold, Endivien, gelbe und weisse Rüben, Erbsen, Spinat, Zwiebeln und Acker-Bohnen. Die letzteren spielten bis ins 19. Jahrhundert eine grosse Rolle (Bohnensuppe!). Daneben verzehrte man allerlei Obst: Äpfel, Birnen, Zwetschgen, Kirschen, Eicheln, Nüsse; gedörrtes Obst war sehr beliebt (vgl. WILLERDING 1984).

Aufgrund der oben erwähnten schriftlichen Quellen weiss man zwar viel allgemeines über die Nahrung im Hochmittelalter. Genaueres lässt sich auch auf diesem Gebiet nur über das archäologische Fundgut, zu dem ja auch pflanzliche und tierische Reste gehören, herausfinden. Ideal wäre eine Ergänzung beider Quellengattungen. Allerdings tritt kaum einmal der Glücksfall ein, dass man bestimmte pflanzliche Funde auf bekannte Quellen beziehen kann (und umgekehrt). Möglichkeiten einer vergleichenden Auswertung beider Fundgattungen hat WILLERDING (1984) aufgezeigt.

1.3. Forschungsstand und Fragestellung

Seit über hundert Jahren werden Pflanzenreste aus Ausgrabungen durch BotanikerInnen untersucht (vgl. Zitate in WILLERDING 1978). Erst in den letzten dreissig Jahren begann man, auch nach den ökologischen und ökonomischen Verhältnissen vergangener Zeiten zu forschen. Als wichtig erwiesen sich die Pflanzenreste unter anderem bei der Erforschung der anthropogenen Einwirkungen auf den Naturraum, die ja im Hochmittelalter besonders gravierend waren. Somit bekam gerade pflanzliches Fundgut aus dem Mittelalter eine grosse Bedeutung (vgl. WILLERDING 1978 und 1979).

WILLERDING hat in seiner «Bibliographie zur Paläo-Ethnobotanik des Mittelalters in Mitteleuropa (1945-1977)» (WILLERDING 1978 und 1979) die Literatur bis 1977 zusammengetragen. Auch wenn seither wiederum einige Arbeiten entstanden sind, so lässt sich nach wie vor feststellen, dass das schweizerische Mittelalter paläoethnobotanisch schlecht erforscht ist. Ähnliches gilt für Süddeutschland, Österreich und Norditalien. Recht zahlreich sind dagegen die Fundorte in vielen Gebieten Osteuropas und Teilen der BRD und DDR. Mitverantwortlich für den schlechten Forschungsstand in der Schweiz ist vor allem die Tatsache, dass es seit HEER (1865) und NEUWEILER (1905) keine kontinuierliche paläoethnobotanische Forschung in unserem Land mehr gab. Bis 1977 wurden lediglich von einer einzigen Fundstelle die Samen und Früchte bearbeitet; es handelt sich dabei um die verkohlten Pflanzenreste aus einem Grab (Schwyz-St.Martin; HOPF 1974). Erst seit etwa zehn Jahren wird in der Schweiz wieder kontinuierlich archäobotanisch gearbeitet. Im Zuge dieser Forschungsarbeiten entstanden drei Arbeiten: Die Bearbeitung von Pflanzenmaterial (Holz und Sämereien) aus der Burgruine Friedberg oberhalb von Meilen am Zürichsee (JACOMET 1981), die Auswertung der Pflanzenreste aus einer Fäkaliengrube im Stadtkern von Zürich (Münsterhof; JACQUAT/PAWLIK/SCHOCH 1982) und die Untersuchung der Pflanzenreste aus der Grottenburg Malvaglia im Kanton Tessin (SCHOCH 1985). Im Gang sind ausserdem in unserem Labor in Basel die Untersuchungen mittelalterlicher Stadtkernsedimente aus Solothurn (Vigier-Häuser; JACOMET et al., in Bearbeitung). Allgemein ist feststellbar, dass Funde mittelalterlicher Pflanzenreste bisher vor allem aus städtischen Siedlungen vorliegen. Wenige Funde gibt es dagegen – besonders im Raum unseres Untersuchungsgebietes – aus Burganlagen. Noch schlechter ist allgemein der Erforschungsstand ländlicher Siedlungen (WILLERDING 1978).

Die Untersuchung der Makroreste von der Riedfluh ist für ganz Mitteleuropa von grosser Bedeutung, denn noch nirgends konnten bisher von einer hochmittelalterlichen Burg so reichhaltige Pflanzenfunde vorgelegt werden. Im Vordergrund des Interesses stand als erstes die Präsenz der Arten, bzw. die Frage, welche Arten von Nahrungsmitteln auf der Burg gelagert und gegessen wurden. Ausgehend von den Kulturpflanzennachweisen wollten wir etwas über Anbauformen, Fruchtwechsel und Herkunft der pflanzlichen Nahrungsmittel erfahren. Mit Hilfe der Nachweise von Unkräutern in den Kulturpflanzenproben sollten zudem diverse ökologisch-ökonomische und agrartechnologische Gegebenheiten erhellt werden, wie z.B.:

● Kennzeichnung von Ackerstandorten mit Hilfe der ökologischen Zeigerwerte der Unkräuter.

● Erfassen von Lage und Ausdehnung der damaligen Ackerfluren.

● Bestandesbeschaffenheit und Stickstoffversorgung der Äcker.

● Beschaffenheit der Unkraut-Pflanzengesellschaften aufgrund der soziologischen Bindung der Arten.

Durch Vergleiche mit anderen, botanisch bearbeiteten mittelalterlichen Fundplätzen sollten ausserdem Aussagen zur regionalen Verbreitung einzelner Kulturpflanzenarten im Hochmittelalter gemacht werden, soweit dies aufgrund des schlechten Forschungsstandes überhaupt möglich ist. Besonderes Gewicht legten wir auf Vermessung und Dokumentation der Pflanzenfunde, da es sich, wie schon erwähnt, um den bisher bedeutendsten Pflanzenkomplex aus einer hochmittelalterlichen Burgruine in Mitteleuropa handelt.

1.4. Material und Methoden

Die auf der Grabung durch die Ausgräber entnommenen Proben wurden uns 1985 vom Amt für Museen und Archäologie des Kantons Basel-Landschaft zur Analyse übergeben. Die Bearbeitung erfolgte ab Herbst 1985.

Vorauszuschicken ist, dass nur verkohltes mittelalterliches Pflanzenmaterial gefunden wurde.

19 Proben waren «Erdproben», die aus sichtbaren Anhäufungen von verkohlten Pflanzenresten entnommen worden waren. Alle stammen aus der Brandschicht 4, zumeist aus dem Hauptbrandhorizont BHB (vgl. den Beitrag Degen in diesem Band; Tab. 1.). Ihre Lage in der Fläche lässt sich aus Abb. 2-7 ersehen: Die allermeisten stammen aus dem Nordost-Teil der Burg (Flächen 15, 20, 14, 10 und 13 = Räume I und II; Abb. 2).

Die 32 übrigen Proben enthielten ein bis mehrere verkohlte Früchte beziehungsweise Fruchtteile von grösserfrüchtigen Nahrungspflanzen. Ihre Schichtzuweisung geht aus Tab. 2 hervor. Zum grössten Teil stammen sie ebenfalls aus der Brandschicht 4. Sie wurden fast über die gesamte Grabungsfläche geborgen, zeigen also eine weitere Streuung als die 19 grösseren Proben (Abb. 2 und 7).

Die Gewichte der Proben 1-19 schwanken zwischen 0.3g und 270g (Tab. 1). Sie enthielten zwischen 0 und 3440 verkohlte Samen/Früchte. Ausserdem fanden sich in den Proben diverse Holzkohlefragmente; jene aus den Fraktionen >4mm wurden H. Albrecht zur Analyse übergeben (vgl. den Beitrag Albrecht in diesem Band). Ausserdem ist das Auftreten von Steinen und rezenten Wurzeln in den Proben zu erwähnen. Unverkohltes Material aus dem Mittelalter war nicht erhalten. Die wenigen in unverkohltem Zustand gefundenen Fruchtreste sind mit grösster Wahrscheinlichkeit rezenten Ursprungs.

Die Proben 1-19 mussten zwecks Extraktion der zu bestimmenden Samen und Früchte aufbereitet werden. Diese Arbeiten wurden von B. Füzesi und N. Felice durchgeführt. Zunächst wurde das Ausgangsgewicht der Proben gemessen, anschliessend wurden sie in Wasser eingeweicht. Nach mindestens 12 Stunden konnten die Proben gesiebt werden (Maschenweiten 8, 4, 2, 1 und 0.5 mm). Bei den Schlämmrückständen wurde zunächst das organische vom anorganischen Material mit Hilfe der Goldwäschermethode getrennt. Anschliessend wurden die Fraktionen an der Luft getrocknet. Erst dann erfolgte das Auslesen der bestimmbaren Samen und Früchte aus den Fraktionen. Letzteres geschah bei Vergrösserungen von ca. 5-10x unter einer Stereolupe Wild M7.

Die Proben 20-51 mussten nicht geschlämmt werden.

Die morphologische Bestimmung der Samen und Früchte erfolgte unter der Leitung von S. Jacomet durch die Autorinnen (vgl. Kap. 3). Im Anschluss daran wurden jeweils eine gut erhaltene Auswahl von Diasporen durch B. Füzesi und N. Felice vermessen. Die Auswertung der Messdaten erfolgte mit Hilfe eines Olivetti-PC (Programm d-base III) durch N. Felice, unter Anleitung von M. Dick.

Der grösste Teil des Textes, d.h. die Kap. 1., 2. und 3.1. wurde von S. Jacomet verfasst. Die Beschreibungen der Wildpflanzendiasporen führten N. Felice (alle ausser Rubiaceae) und B. Füzesi (Rubiaceae), zusammen mit S. Jacomet, durch. Felice und Füzesi fertigten auch den grössten Teil der Zeichnungsvorlagen an, die durch S. Huber ins Reine gezeichnet wurden.

173

Die Eingabe des Textes in den Computer mit Hilfe des Textverarbeitungsprogrammes Olitext erfolgte zum grössten Teil durch B. Füzesi und S. Jacomet.

1.5. Methodische Probleme

WILLERDING hat in diversen Arbeiten (1970, 1971, 1972, 1978 und 1980) ausgeführt, dass es bei paläoethnobotanischen Untersuchungen zahlreiche methodische Probleme zu beachten gilt, will man Fehlinterpretationen vermeiden. Im Fall der Riedfluh ist vor allem zu bedenken, dass die gefundenen Pflanzenreste eine Momentaufnahme des zur Brandzeit auf der Burg befindlichen Pflanzenmaterials darstellen. Es ist deshalb anzunehmen, dass wahrscheinlich zu anderen Zeiten noch Teile weiterer Pflanzenarten zum Verzehr gelangten. Das Spektrum ist also sicher unvollständig, wie uns nicht zuletzt die Nahrungspflanzenspektren von mittelalterlichen Latrinen aus Stadtkernen zeigen (KNÖRZER 1984). Zudem haben wir mit den grösseren Proben ausschliesslich Vorräte erfasst; es ist unbekannt, ob diese die ursprünglichen Nahrungs- und/oder Anbauanteile widerspiegeln oder ob es sich um ein Zufallsspektrum handelt. Für die Beantwortung dieser Fragen wären Analysen von Abfällen von Vorteil. Ausserdem ist zu bedenken, dass die Riedfluh eine sogenannte Trockenbodensiedlung ist, dass also mit Sicherheit viele Arten, die z.B. in den bereits erwähnten Stadtkernlatrinen mit Feuchtbodenerhaltung zum Vorschein kommen, hier nicht gefunden werden können. Aus diesen Gründen ist die Aussagekraft unserer Pflanzenreste in mancher Beziehung beschränkt, und besonders die Häufigkeitsverhältnisse der Arten untereinander sollten nicht überinterpretiert werden.

2. Archäobotanische Ergebnisse

2.1. Gesamtspektrum der Samen und Früchte

2.1.1. Kulturpflanzen

(Tab. 3-11)

Total 21 Proben enthielten Reste von Getreide und Hülsenfrüchten, wobei im ganzen 9 Arten sicher bestimmbar waren. Zum Zeitpunkt des Brandes waren in der Burg Riedfluh Vorräte von acht Getreidearten und zwei Arten von Hülsenfrüchten eingelagert. Zusammen fanden wir 11'380 Samen, Früchte und sonstige Pflanzenteile dieser Arten. Sie stellen also die weitaus am häufigsten gefundenen Nahrungspflanzen dar.

Unter dem *Getreide* (Total: 10'378 Körner und übrige Pflanzenteile) ist Hafer mit 3152 Stück die am häufigsten auftretende Art (Tab. 4), gefolgt von Gerste (2200; Tab. 5) und Rispenhirse (2194; Tab. 7). Die einzelnen Weizenarten erreichen dagegen keine so hohen Werte: Unter den sicher bestimmbaren Funden ist Einkorn am häufigsten (888; Tab. 6), gefolgt von Dinkel (820; Tab. 6). Nur unsicher nachweisbar waren Reste von Saatweizen (21) und Emmer (56; Tab. 6). Erstaunlicherweise fehlt Roggen (Secale cereale) im Fundmaterial völlig.

Die nach dem Getreide am zweithäufigsten nachgewiesenen Nahrungspflanzen sind *Hülsenfrüchte* (Tab. 8 und 9). Es handelt sich meist um Reste der Ackerbohne (891; Tab. 8); Erbsen konnten dagegen nur 3 mit Sicherheit nachgewiesen werden (Tab. 9).

Nimmt man an, die verbrannten Vorräte widerspiegelten etwa die durchschnittliche Nahrungsmittelversorgung der Burg, so waren Getreidearten die wichtigsten Nahrungspflanzen, gefolgt von Ackerbohnen.

Interessant ist, dass nur wenige reine Proben einer bestimmten Kulturpflanzenart gefunden wurden. Die meisten grösseren Getreideproben (1, 2, 3, 4, 9) enthielten ein Gemisch von verschiedenen Arten (Tab. 3). Dies gilt auch für die kleineren Getreideproben 5, 8, 10, 17 und 18 und für die Proben 6 (Hülsenfrüchte, Getreide), 11 (Nüsse, Hülsenfrüchte, Getreide), und 15 (Hülsenfrüchte, Getreide). Nur fünf der grösseren Proben enthielten schwerpunktmässig die Samen oder Früchte einer bestimmten Art; es handelt sich um die Ackerbohnenproben 12, 13 und 16 und um die Hirseproben 14 und 19. Ebenfalls nur Reste jeweils einer Art lieferten die (sehr kleinen) Einzelproben 23, 26 und 27 (Haferkörner oder Ackerbohnen). Wie dieser Befund zu deuten sein könnte, wird in Kap. 2.2. diskutiert.

Zahlenmässig nur eine untergeordnete Rolle spielen die übrigen Kulturpflanzen wie Walnüsse, Pfirsiche, Pflaumen, Kirschen und Weintrauben (Tab. 10 und 11). Diese fanden sich nur selten in den grösseren Kulturpflanzenproben; fast alle ihre Reste wurden als Einzelproben geborgen. Total konnten in verkohltem Zustand 49 Walnussreste, 9 Pfirsichsteine, 1 Kirschenstein, 1 Traubenkern und 2 Pflaumensteine geborgen werden; einige in unverkohltem Zustand geborgene Fruchtreste dürften wohl rezenter Natur sein und wurden nicht in die Berechnungen miteinbezogen. Dieser Fundbestand widerspiegelt sicher nicht die Bedeutung dieser Arten in der Burg: Offensichtlich waren von diesen Species ganz einfach keine Vorräte eingelagert, als die Burg abbrannte.

Ebenfalls zu den Kulturpflanzen zu zählen sind wahrscheinlich die Nachweise von Dill (Anethum graveolens) und Kohl/Senf (cf. Brassica/Sinapis) (Tab. 12). Dill war sicher als Gewürz beliebt; ähnliches lässt sich von Senfsamen vermuten. Kohlarten wurden diversen Quellenangaben zufolge als Gemüse gekocht.

2.1.2. Wildpflanzen

(Tab. 10-14)

Neben den Kulturpflanzen konnten über 50 verschiedene Wildpflanzenarten in 9 Proben nachgewiesen werden. Es handelt sich zum einen um an Wildstandorten gesammelte Nahrungspflanzen, zum anderen meist um Wildkräuter, deren Samen mit den Kulturpflanzen zusammen, z.Bsp. bei der Einbringung der Ernte, in die Burg gelangten.

An *wildgesammelten Nahrungspflanzen* (Tab. 10 und 11) konnten in verkohltem Zustand Haselnüsse (58 Stück) und ein Holunderkern nachgewiesen werden. Die 7 gefundenen Belege von Eicheln (Tab. 10) sind wahrscheinlich nicht mittelalterlich, da sie nicht verkohlt waren. Es ist zu vermuten, dass noch von wesentlich mehr Pflanzen die Früchte zu Nahrungszwecken gesammelt wurden; in Trockenbodensiedlungen lassen sie sich aber schwerlich nachweisen. Wie aus Funden von Fäkaliengruben aus Stadtkernen (z.Bsp. KNÖRZER 1984, WILLERDING 1984) bekannt ist, waren im Mittelalter besonders Erdbeeren, Himbeeren, Brombeeren, Schlehen, Äpfel etc. beliebte Ergänzungen des Speisezettels.

Ausser den unmittelbar als Nahrungspflanzen zu betrachtenden Species konnten 48 weitere Pflanzenfamilien/-gattungen und -arten nachgewiesen werden (Total 648 Samen/Früchte)(inkl. Anethum und Sinapis/Brassica)(Tab. 12). Bei 21 dieser Arten haben wir es mit Ackerunkräutern zu tun, wobei 14 Wintergetreideunkräuter und nur 6 Sommergetreide- bzw. Hackfruchtunkräuter gefunden werden konnten (Tab. 14). Die meisten Unkrautsamen konzentrieren sich auf die getreidereichen Proben 1, 2, 3, 9 und 19 (65-192 Stück), was deutlich zeigt, dass die Unkräuter zusammen mit dem Erntegut in die Burg gelangt sein müssen. Die an Hafer, Gerste und Weizen reichen Proben (1, 2 und 9) enthielten vor allem Wintergetreideunkräuter, die Hafer- und Hirseproben 3 und 19 dagegen vor allem oder ausschliesslich Sommergetreideunkräuter. Dies lässt auf eine unterschiedliche Anbauweise dieser Arten schliessen (vgl. Kap. 2.5.). Keine Unkräuter enthielten die Bohnenproben 12, 13 und 16. Bei den Bohnenproben lässt sich dies am ehesten durch die Ernteweise und das Zurüsten erklären, wodurch Unkräuter kaum eine Chance haben, in eine Probe zu geraten.

Das teils reichhaltige Vorhandensein von Ackerunkräutern in einzelnen Proben zeigt, dass wir es zumindest teilweise mit Erntegut zu tun haben, das in ungereinigtem Zustand eingelagert worden war. Auf diesen Umstand weist auch die Tatsache hin, dass von den Getreidearten meist nicht nur Körner, sondern auch Druschreste gefunden wurden (vgl. Tab. 4-7, Kap. 2.1.3.).

Ausser den Ackerunkräutern konnten anhand ihrer Samen/Früchte 14 weitere Pflanzenarten nachgewiesen werden (Tab. 12 und 14). Es handelt sich um 3 Arten von Ruderalpflanzen (Pflanzen von Wegrändern, Schuttplätzen; auch auf Äckern gedeihend), 6 Arten von Wiesenpflanzen und 2 Arten von Waldpflanzen. Diverse, zumeist nicht näher bestimmbare Samen und Früchte konnten keiner bestimmten Gruppe zugewiesen werden (vgl. Tab. 12).

Am reichsten an nicht-segetalen Arten waren die Proben 4 (>6 Arten) und 9 (>3 Arten). Die Probe 4 enthielt dabei vor allem Reste von Wiesenpflanzen (4 Arten; Tab. 14). Es scheint wahrscheinlich, dass durch die Proben 4 ein Heuvorrat miterfasst worden ist.

2.1.3. Nachgewiesene Pflanzenteile (Tab. 4-9) und Überlegungen zum Zeitpunkt der Brandkatastrophe

Von allen Getreidearten wurden nicht nur Körner, sondern auch andere Pflanzenteile gefunden. Bei diesen handelt es sich um Teile der Ährenspindel und um

Spelzenreste. Von Einkorn, Dinkel und Gerste wurden auch ganze Ährchen gefunden. Bei Hafer, Gerste, Rispen- und Kolbenhirse waren viele der gefundenen Körner noch von der Deck- und Vorspelze umgeben. Vereinzelt wurden auch Halmfragmente gefunden. Reine Kornproben traten nicht auf.

Diese Punkte zeigen, dass das Getreide offenbar zum Zeitpunkt des Brandes in ungedroschenem Zustand eingelagert war. Dies könnte auf mehrere Gründe zurückzuführen sein wie z.B.:

● Die Burg brannte bald nach Einbringung der Getreideernte ab, d.h. Ende Juli/Anfang August, als die Kornreinigungsprozesse noch nicht stattgefunden hatten.

● Das Getreide wurde allgemein in ungedroschenem Zustand gelagert; für den Verzehr wurden jeweils kleinere Mengen «geputzt».

Welche dieser Möglichkeiten am ehesten in Frage kommt, lässt sich nicht mit Sicherheit feststellen. Die gefundenen, recht grossen Mengen von verbranntem Getreide deuten unseres Erachtens eher auf die erste Möglichkeit hin.

Im Gegensatz zum Getreide fanden sich von den *Hülsenfrüchten,* insbesondere der Ackerbohne, keine anderen Frucht- und übrigen Pflanzenteile als die Samen. Diese Feldfrüchte waren zum Zeitpunkt des Brandes bereits geputzt und in einem Zustand, der eine Verwendung zum Kochen zuliess. Da die Erntezeit der reifen Ackerbohnen (für Trockenlagerung) viel später als jene für Getreide liegt (HEGI, Flora von Mitteleuropa), könnte es sein, dass man es hier mit Resten der letztjährigen Ernte zu tun hat, während vom Getreide bereits die neue Ernte eingelagert worden war. Dies würde die obige Vermutung über den Zeitpunkt des Brandes der Burg unterstützen (ca. im August). Für diese Tatsache scheint auch die Flächenverteilung der Getreide einerseits (vor allem Raum II, Flächen 10 und 14) und der Hülsenfrüchte andererseits (vor allem Raum I, Flächen 15 und 20) zu sprechen (Abb. 3-6). Der Raum II unmittelbar rechts vom Eingang der Burg (Flächen 10 und 14; Abb. 2) könnte demnach als Lagerraum für frisch eingebrachtes Erntegut gedient haben, während der Raum I (Flächen 20 und 15) eher als Vorratskammer anzusehen wäre (vgl. auch Kap. 2.2.).

Der Erhaltungszustand der gefundenen Getreidereste war in den einzelnen Proben sehr unterschiedlich. Neben ausgezeichnet erhaltenen Körnern fanden sich auch zahlreiche deformierte und durch die Hitzeeinwirkung aufgequollene Stücke. Teilweise war nur eine schwache Verkohlung feststellbar (z. B. Rispenhirse, Probe 19). Zum grössten Teil waren aber die Stücke vollständig verkohlt.

2.2. Art der gefundenen Pflanzenreste und ihre Verteilung in der Grabungsfläche – Deutung der Funktion der Räume

Da alle grösseren Proben eine sehr hohe Funddichte aufweisen, haben wir es bei diesen mit hoher Wahrscheinlichkeit mit eingelagerten *Vorräten* zu tun (Proben 1, 2, 3, 4, 5, 8, 9, 12, 13, 14, 16, 19). Eher als Reste von *Abfällen* sind die Proben mit niedriger Funddichte und die Einzelkornproben zu deuten. Insbesondere die gefundenen Fragmente von Nussschalen lassen diese Deutung zu; die Nüsse müssen vor der Einlagerung geknackt und gegessen worden sein. Für eine solche Deutung spricht auch die Verteilung der Funde auf der Fläche (Abb. 3-7).

Alle grösseren Proben mit einer hohen Funddichte stammen aus dem nordöstlichen Teil der Burg, den Flächen 10, 13, 14 und 15 (Räume I und II; Abb. 2). Dabei konzentrieren sich die Getreidearten auf den Raum II (Flächen 14.1 und 14.2 und 10.1-10.3 und 13; Abb. 3-5), die Hülsenfrüchte auf den Raum I (Flächen 20, 15.1 und 15.3; Abb. 6). Die Befunde von Kap. 2.1., also die Zusammensetzung der eingelagerten Vorräte, deuten recht klar darauf hin, dass man es beim Raum II rechts vom Eingang der Burg (Flächen 10, 13 und 14) mit Lagerräumen für frisch eingebrachtes Pflanzengut zu tun hat (Abb. 2; 3-6). Nicht nur der ungedroschene Zustand des Getreides, sondern auch die Tatsache, dass mit Probe 4 (Fläche 10.1) wahrscheinlich Teile eines verbrannten Heu-Vorrates erfasst wurden, unterstützen diese Vermutung. Der Raum I nordöstlich (rechts) von den vermutlichen Lagerräumen hatte dagegen wahrscheinlich eine andere Funktion, denn hier fanden sich die für den Verzehr bereitgestellten, sauber geputzten Bohnen. Man könnte es hier in den Flächen 15 und 20 (Abb. 2 und 6) mit einer *Vorratskammer* zu tun haben.

Eine wesentlich breitere Streuung in der Fläche zeigen die meisten Kleinproben, insbesondere die Obst- und Nussfunde (Abb. 7). Letzteres spricht klar dafür, dass man es hier mit den täglichen Abfällen zu tun hat, während von Getreide und Hülsenfrüchten offenbar vor allem angebrannte Vorräte erfasst wurden.

Interessant ist, dass es sich bei den grösseren Getreideproben fast durchwegs um Mischproben handelt. Es scheint unwahrscheinlich, dass die einzelnen Arten vor der Einlagerung vermischt wurden, denn es ist

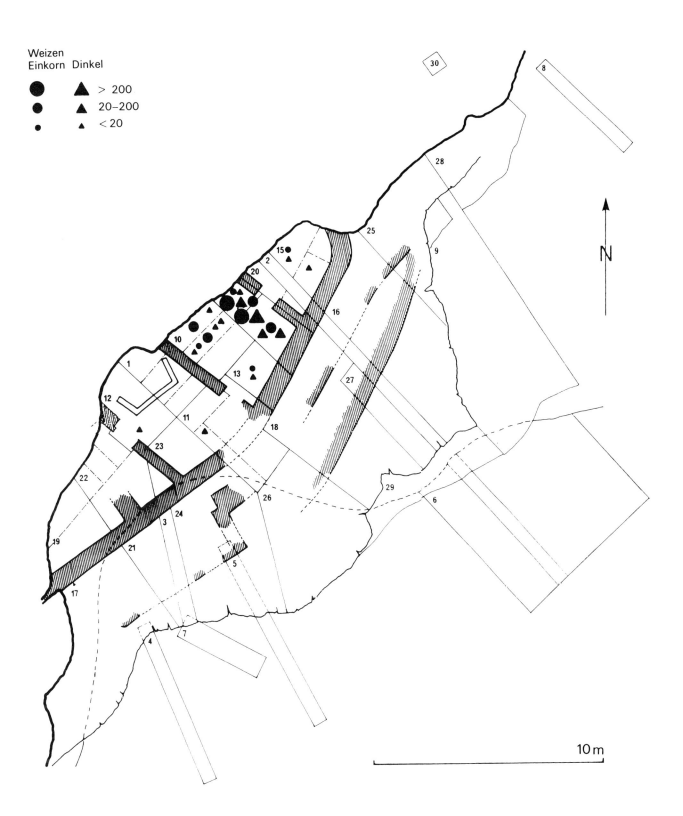

Abb. 3 Flächenverteilung der Weizenarten

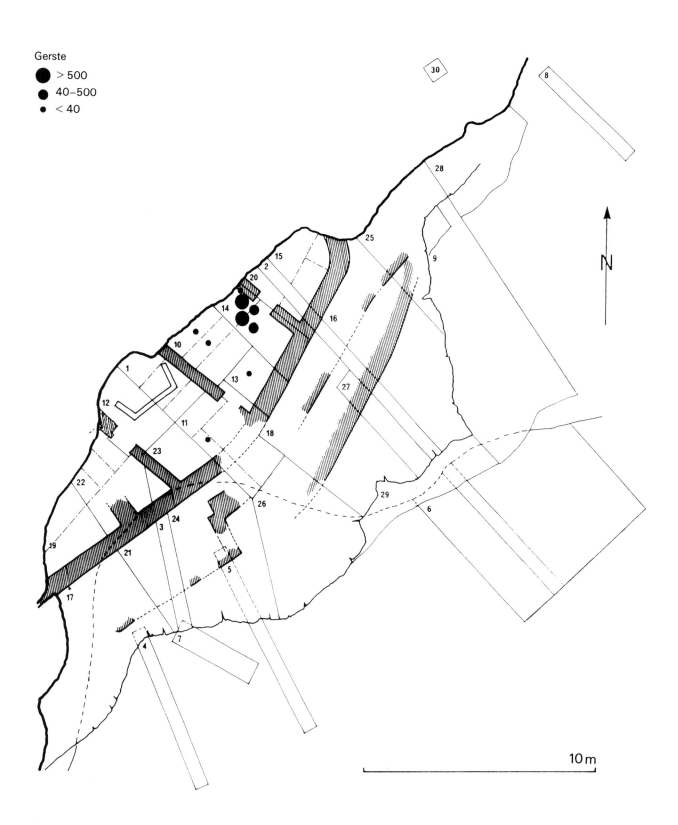

Abb. 4 Flächenverteilung der Gerste

Hafer | Hirse
● >500 | ▲ >500
● 30–500 | ▲ 100–500
• <30 | ▴ <100

Abb. 5 Flächenverteilung von Hafer und Hirse

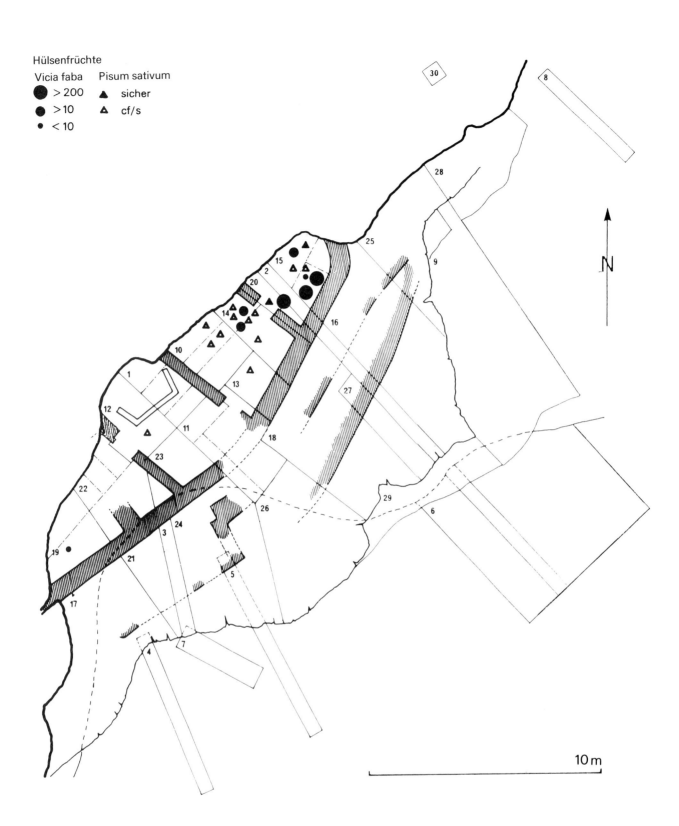

Abb. 6 Flächenverteilung der Hülsenfrüchte

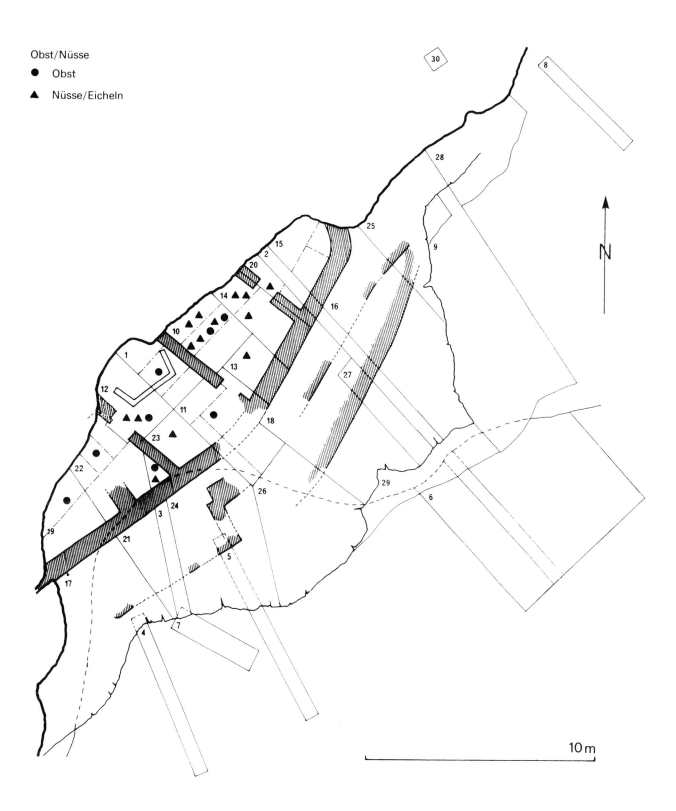

Abb. 7 Flächenverteilung von Obst und Nüssen

damit zu rechnen, dass nicht alle Arten zum gleichen Zweck gebraucht wurden. Aus schriftlichen Quellen (vgl. Zitate in WILLERDING 1978 und 1980, RÖSENER 1986) ist bekannt, dass Weizenarten vor allem zum Brotbacken, Hafer und Hirse zur Zubereitung von Brei und Gerste ebenfalls für Brei, aber auch zum Bierbrauen verwendet wurden. Deshalb ist anzunehmen, dass die Vermischung der Arten erst beim Brand der Burg zustandekam, als vermutliche Lagergestelle zusammenstürzten (vgl. hierzu den Beitrag Albrecht in diesem Band).

2.3. Vegetabilische Ernährung – Anteile der gefundenen Arten an der pflanzlichen Nahrung

Obwohl auf der Riedfluh sehr viele Pflanzenreste gefunden wurden, die verschiedene Aussagen ermöglichen, muss zu Beginn dieses Kapitels darauf hingewiesen werden, dass wir mit Sicherheit nicht den gesamten Nahrungspflanzenbestand der Burg erfasst haben. Insbesondere ist damit zu rechnen, dass alle Pflanzen, von denen vegetative Teile wie Blätter, Knollen und Wurzeln gegessen wurden, nicht erfasst wurden (d.h. vor allem Gemüsepflanzen). Entsprechendes gilt auch für andere Artengruppen wie zum Beispiel Öl-, Farbstoff- und Faserpflanzen (WILLERDING 1980, S.129-130).

Gehen wir vom gefundenen Pflanzenmaterial aus, so wurde der Kohlenhydratbedarf der Burgbewohner vor allem durch Getreide gedeckt. Eine wichtige Rolle spielten dabei offensichtlich vor allem Hafer, Gerste und Hirse (vgl. auch Kap. 2.4.), aber auch Weizenarten (besonders Einkorn und Dinkel) hatten ihre Bedeutung. Über die Zubereitungsform der Getreideprodukte können wir anhand des Fundmaterials keine direkten Aussagen machen (vgl. hierzu Kap. 2.4.). Hafer könnte auch als Pferdefutter verwendet worden sein.

Gerne verzehrt wurden auch Hülsenfrüchte, wobei besonders die Rolle der Ackerbohne hervorzuheben ist. Allerdings dürfte es nur auf Zufall beruhen, dass Erbsen nicht häufiger gefunden wurden. Die Samen der Hülsenfrüchtler sind proteinreich und deshalb besonders nahrhaft. Sie bildeten eine willkommene Abwechslung des Speisezettels. Über ihre Zubereitung lässt sich im Fall der Riedfluh insofern etwas aussagen, als die Samen offenbar als Trockengut Verwendung fanden, denn die gefundenen Reste stammen von reifen Samen. Nach WILLERDING (1980, S.147) wäre eventuell auch an einen Verzehr als Frischgemüse zu denken, wobei aber die Erhaltungschance für Reste einer derartigen Zubereitungsform sehr gering ist.

Nicht gefunden wurden auf der Riedfluh Reste von gebräuchlichen fett- und ölliefernden Pflanzen wie Lein und Mohn. Hieraus darf allerdings nicht unbedingt auf ein Fehlen dieser Arten geschlossen werden, denn ihre Erhaltungschancen sind bei Trockenbodenerhaltung gering (vgl. WILLERDING 1971). Dass sie im Mittelalter vorkamen, zeigen die Funde aus Fäkaliengruben in Städten, sofern diese Feuchtbodenerhaltung aufweisen (JACQUAT et al. 1982; JACOMET et al. in Bearbeitung)

Die einzigen relativ fetthaltigen Pflanzenteile sind die nachgewiesenen Nussreste; die Hasel- und Walnüsse deckten sicher einen Teil des Fettbedarfs der Burgbewohner. Im übrigen darf man nicht vergessen, dass tierische Fette eine grosse Rolle spielten.

Die Versorgung mit Mineralsalzen, Spurenelementen und Vitaminen wurde durch die bisher aufgezählten Pflanzengruppen sicher bereits zu einem grossen Teil gedeckt. Ergänzt wurde er durch den Verzehr von Frisch- oder Dörrobst: Es konnten auf der Riedfluh Pfirsiche, Pflaumen, Holunder, Kirschen und Weintrauben nachgewiesen werden. Diese Liste umfasst sicher nicht den gesamten Bestand an genutzten Obst- und Beerenpflanzen: In Trockenbodensiedlungen ist auch für diese Gruppe von Nahrungspflanzen die Fundchance gering. Wiederum aus zeitlich vergleichbaren Feuchtbodensiedlungen wissen wir, dass besonders Erdbeeren, Himbeeren und Brombeeren beliebte Früchte waren (KNÖRZER 1984, WILLERDING 1984).

Welche Anteile die gefundenen Pflanzenarten an der vegetabilischen Nahrung hatten, lässt sich anhand der Mengenverhältnisse nicht mit Sicherheit sagen. Es hängt sehr viel vom Zeitpunkt des Brandes der Burg ab, welche und wieviele Lebensmittel eingelagert waren und demzufolge gefunden werden konnten. Ausserdem konnte WILLERDING (div. Arbeiten) zeigen, dass nicht alle Pflanzenarten die gleichen Erhaltungschancen haben. Zudem blieb beim Brand sicher nur ein kleiner Teil des ehemals vorhandenen Pflanzenmaterials übrig – nämlich jener, der «zuunterst» lagerte: Alles übrige fiel dem Feuer zum Opfer und verbrannte spurlos.

Die trotzdem noch recht grossen Mengen von pflanzlichem Fundgut und die Lagerung des Getreides in ungedroschenem Zustand deuten darauf hin, dass die Burg kurz nach Einbringung der Getreideernte verbrannte. Das gefundene Zahlenverhältnis der Körnerfunde könnte daher in etwa die Anteile dieser Arten an der Nahrung widerspiegeln.

2.4. Sozio-Ökonomische Aspekte: Verhältnis der gefundenen Pflanzenarten zu Angaben aus zeitgenössischen schriftlichen Quellen

Aus dem Mittelalter gibt es verschiedenartige schriftliche Quellen, aus denen sich sehr viele Aussagen zur Ernährung der damaligen Zeit herausziehen lassen. Zu erwähnen sind als wichtigste Werke:

- Capitulare de Villis (ca. 800)

- Hortulus (809-849) v. W. Strabo

- Naturkunde der Hildegard von Bingen (1098-1179)

- De vegetabilibus (1193-1280) v. Albertus Magnus

- div. mittelalterliche Abgabenlisten

Als wichtige Publikationen neueren Datums, die sich mit der Auswertung und Deutung mittelalterlicher Schriften befassen, sind zu nennen: FISCHER 1929, FISCHER-BENZON 1894, HENNEBO 1962, FRANZ 1976, ABEL 1967, JÄNICHEN 1970, HEYNE 1899-1903, JÄGER 1951, SLICHER VAN BATH 1963, RÖSENER 1986, SCHWARZ 1970.

Zwar befasste sich die Mittelalterforschung bisher schwerpunktmässig mit dem Adel, von dem im Mittelalter Staat und Gesellschaft beherrscht werden. Doch standen dabei vor allem politische Fragen im Vordergrund. Eine systematische Zusammenstellung über verschiedene Lebensaspekte wie der Ernährung, vergleichbar dem Werk von RÖSENER (1986) über die Bauern im Mittelalter existiert unseres Wissens nicht. Deshalb sind Aussagen zu diesen Aspekten schwierig, obwohl gerade für das Mittelalter mit seinen ausgeprägten Gesellschaftsstrukturen eine sozio-ökonomische Differenzierung auch auf dem Nahrungsmittelsektor anzunehmen ist (vgl. WILLERDING 1978, S.157-158). Wir müssen den Umweg über den Bauernstand nach RÖSENER (1986) machen und herauszuarbeiten versuchen, was die Unterschiede zum Fundmaterial der Riedfluh sind. Erschwerend wirkt sich auch aus, dass aus der Nordwestschweiz und allgemein in Mitteleuropa keine mittelalterlichen bäuerlichen Siedlungen botanisch untersucht sind und als Vergleichsgrundlage dienen könnten.

Nach RÖSENER (1986) bildete ein Getreidebrei, vor allem aus Hirse und Hafer hergestellt, das Hauptnahrungsmittel einfacher Bevölkerungsschichten. Diese Volksnahrung wurde aus zerriebenen Getreidekörnern, unter Zugabe von Wasser, Milch und Salz hergestellt und in einem Topf gekocht. Wenn man einen Fladen von Getreidebrei noch zusätzlich röstete, entstand ein Fladenbrot. Die grossen Mengen an Hafer und Hirse, die auf der Riedfluh gefunden wurden, zeigen, dass auch die Burgbewohner offenbar Hirse- und Haferbrei schätzten. Dabei können wir nicht sagen, wer was ass: Ob diese Speisen vor allem für das Gesinde gedacht waren, oder ob auch die Burgherren davon zehrten, wissen wir nicht. Die gefundenen grossen Mengen von Hafer und Hirse deuten darauf hin, dass wohl alle Burgbewohner Brei verzehrten. Allerdings ist auch damit zu rechnen, dass mindestens ein Teil des Hafers als Pferdefutter diente.

Eher ein Nahrungsmittel höherer Kreise – eine eigentliche Herrenspeise – war offensichtlich *Brot,* besonders wenn es aus *Weizen* hergestellt war. Gegenüber dem *Mus* (Brei) war Brot ein wichtiger Fortschritt in der Speiseherstellung. Roggen und div. Weizenarten sind als Brotgetreide im engeren Sinne zu betrachten, wobei aber Roggen als wesentlich «gemeiner» galt als Weizen. Für arme Bauern und Knechte gab es auch Brot aus Hafer- oder Gerstenmehl. Feines Herrenbrot war also aus Weizen hergestellt. In dieser Beziehung scheint sich die Riedfluh auch aufgrund des Pflanzenspektrums als Adelssitz abzuzeichnen: Zusammengenommen fand sich gleich viel Weizen (vor allem Dinkel und Einkorn) wie etwa Hafer. Es wurde also offenbar «herrschaftliches» Brot gebacken und verzehrt. Das Fehlen von Roggen kann ebenfalls mit der Stellung als Adelssitz zusammenhängen (vgl. hierzu auch Kap. 2.6.).

Neben Brei und Brot sind Gemüse und Obst als weitere, wichtige pflanzliche Nahrungsquellen zu nennen. Gemüse, Hülsenfrüchte und Obst wuchsen in Gärten und wurden entweder frisch genossen oder gedörrt als Wintervorrat aufbewahrt. Von den Hülsenfrüchten waren Bohnen-, Linsen- und Erbsengemüse stark verbreitet. Dies gilt auch für die Riedfluh, besonders was die Bohnen anbetrifft. Wie das Fehlen von Linsen zu deuten ist – als Fundlücke oder als Ausdruck von Vornehmheit – lässt sich nicht mit Sicherheit begründen.

Wie bereits erwähnt, sind im Fundmaterial der Riedfluh sicher Gemüsepflanzen unterrepräsentiert. Sie spielten aber aufgrund der vorhandenen Quellen eine grosse Rolle (RÖSENER 1986, S.112). Neben Gartenpflanzen wie Rüben-, Kraut- und Kohlarten spielten auch wildwachsende Gemüse eine Rolle (z.B. Ampfer, Sauerampfer, Rapunzel, Löffelkraut).

Von den Obstsorten waren im bäuerlichen Haushalt Äpfel, Birnen, Pflaumen, Kirschen und Erdbeeren beliebt. Hier weicht das Spektrum der Riedfluh wiederum vom einfachen ländlichen Speisezettel ab, indem einiges «Luxusobst» nachgewiesen werden konnte wie Pfirsiche und Weintrauben.

Das Getreidespektrum der Riedfluh gibt unter Umständen auch einen Hinweis auf die Getränkesitten, denn nach den Quellen zu urteilen wurde aus Gerste und Hafer im Mittelalter Bier hergestellt. Es ist möglich, dass ein Teil der gefundenen Gerste- und Haferkörner zu diesem Zweck diente. Sicherlich wurde bei uns vor allem auch Wein getrunken, doch lässt sich der Weinkonsum mit Hilfe der Pflanzenspektren nicht nachweisen. Der gefundene Traubenkern dürfte – siehe oben – eher vom Konsum von Trauben als Frischobst herrühren.

Am Schluss dieses Kapitels darf nicht unerwähnt bleiben, dass ausser der pflanzlichen auch die Nahrung aus tierischen Quellen (Fleisch und Milchprodukte) eine grosse Rolle im Mittelalter spielte (vgl. den Beitrag Kaufmann in diesem Band).

Zusammenfassend kann festgestellt werden:

Verglichen mit den Kenntnissen aus schriftlichen Quellen über die bäuerliche Nahrung des Hochmittelalters (RÖSENER 1986) zeichnet sich das Pflanzenspektrum der Riedfluh durch einige Besonderheiten aus:

- Hoher Weizenanteil unter den Getreidefunden (→Brot)

- Vorhandensein von Einkorn unter den Weizenfunden (Luxus?)

- kein Roggen

- Vorhandensein von Luxusobst wie Pfirsiche und Weintrauben

Diese Punkte deuten darauf hin, dass auf der Burg vor allem Leute gehobenen Standes lebten.

2.5. Anbauverhältnisse und Erntemethoden der Kulturpflanzen, insbesondere des Getreides

Wie in Kap. 2.1.2. erwähnt, fanden sich in den meisten Kulturpflanzenproben der Riedfluh auch Samen von *Unkräutern* (Tab. 12-14). Ackerunkräuter sind Pflanzen, deren Lebenszyklus stark an jenen der Kulturpflanzen angepasst ist. Ihre Diasporen bleiben auch nach Reinigungsprozessen oft im Kulturpflanzenvorrat zurück. Teilweise benötigen Ackerunkräuter sogar die Eingriffe des Menschen, um in unseren Breitengraden überhaupt überleben zu können. Mit ihrer Hilfe ist es deshalb möglich, zusätzliche Aussagen über frühere landwirtschaftliche Nutzungsstrukturen abzuleiten. Die Bestimmung der Unkrautbelege ist deshalb mindestens ebenso wichtig wie jene der Kulturpflanzen (vgl. WILLERDING, diverse Publikationen).

2.5.1. Anbauformen

Für Aussagen über die früheren Anbauformen ist die Analyse von Vorratsfunden, wie sie von der Riedfluh vorliegen, besonders geeignet. Denn die Wahrscheinlichkeit, dass die angetroffenen Unkräuter zusammen mit dem Erntegut in die Fundschichten gerieten, ist im Fall von Vorratsfunden besonders gross.

Belege für den *getrennten Anbau* einzelner Kulturpflanzenarten gibt es seit dem Neolithikum (vgl. z.B. JACOMET 1987). Fünf der grösseren Proben von der Riedfluh enthielten schwerpunktmässig oder sogar ausschliesslich die Samen/Früchte einer einzigen Kulturpflanze (die Bohnenproben 12, 13, 16; die Hirseproben 14 und 19; Tab. 3). Überwiegend Hafer enthielt die Probe 4 (427 von 501). Mindestens bei diesen Arten muss demzufolge mit einem getrennten Anbau gerechnet werden. Für Ackerbohnen liegen Hinweise auf einen Reinanbau auch aus anderen Siedlungsplätzen wie der kaiserzeitlichen Feddersen Wierde (KÖRBER-GROHNE 1967) und der wikingerzeitlichen Wurt Elisenhof (BEHRE 1976) vor. Auch andere Quellen geben Auskunft über den Reinanbau diverser Leguminosenarten (vgl. WILLERDING 1980, S.16: Lex Salica, zit. nach ABEL 1967, S.18).

Schwieriger nachzuweisen ist im Fall der Riedfluh die Anbauform der übrigen gefundenen Kulturpflanzenarten. Die grösserfrüchtigen Getreidearten wie Hafer, Gerste und Weizen fanden sich in bunter Mischung in den Proben 1, 2, 3, 5, 8 und 9. Dass wir es hier mit Nachweisen von «*Mengkorn*» *(Mischanbau)* zu tun haben, erscheint unwahrscheinlich, denn die Verwendung der nachgewiesenen Arten (vgl. Kap. 2.3.) war sicher unterschiedlich. Deshalb ist damit zu rechnen, dass die Vermischung erst bei der Zerstörung der Burg stattfand: Man könnte sich beispielsweise vorstellen, dass die Getreidekörner in Säcken auf Gestellen gelagert waren. Beim Brand stürzten diese zusammen und es ergab sich die vorliegende Vermischung. Am wahrscheinlichsten erscheint deshalb trotz der vorliegenden Spektren auch ein getrennter Anbau der grossfrüchtigen Getreidearten. Allerdings ist ein Mengkornanbau von zwei verschiedenen Arten trotzdem nicht ganz auszuschliessen, denn immerhin gibt es aus der Literatur Hinweise darauf (KROLL 1987). So könnten z.B. Hafer und Gerste als Mengkorn angebaut worden sein. Nicht ganz auszuschliessen ist eventuell auch ein Mischanbau der Spelzweizenarten Einkorn und Dinkel.

Interessant im Fall der Riedfluh ist auch die Abklärung der Frage, ob das Getreide als *Winter- oder Sommerfrucht* angebaut wurde. Aus historischen Quellen ist ja bekannt, dass sich im Verlauf des Hochmittelalters die Dreifelderwirtschaft immer mehr durchsetzte (RÖSENER 1986, S.129ff.). Dabei ist die Gewannflur eines Dorfes in drei Zelgen (= Grossfelder) eingeteilt und es erfolgt eine für alle Bauern verbindliche Rotation von Wintergetreide, Sommergetreide und Brache (Flurzwang).

Die Vorteile der Dreifelderwirtschaft waren die folgenden:

• Vermehrung der Getreide-Erträge um bis zu 50% (d.h. im Hochmittelalter von 1:2.5 auf ca. 1:4 in der Relation von Aussaat und Ertrag; vgl. DUBY 1966, zit. in RÖSENER 1986, S.292, Anm.268).

• Verteilung der Arbeiten des Pflügens, Säens und Erntens gleichmässiger übers ganze Jahr.

• Das Feld für die Wintersaat konnte intensiver bewirtschaftet werden.

Damit ist bereits sicher, dass im Mittelalter Sommer- und Wintergetreide angebaut worden ist. Dies lässt sich auch im Fall der Riedfluh feststellen, denn es fanden sich einerseits typische Wintergetreidearten (z.B. Dinkel) und Wintergetreideunkräuter (z.B. Kornrade) und andererseits mehr oder weniger typische Sommergetreide (z.B. Hafer) und Sommergetreideunkräuter (z.B. Pfirsichblättriger Knöterich, Polygonum persicaria). Eine Übersicht über die nachgewiesenen Unkrautarten geben die Tab. 12-14.

Interessant im vorliegenden Fall ist eine Analyse der folgenden Probleme:

• Treten die Winter-/Sommergetreideunkräuter tatsächlich in den Proben mit vielen Winter-/Sommergetreideresten auf?

• Auf welche Weise wurden diejenigen Getreidearten angebaut, bei denen nicht von vornherein klar ist, ob sie als Winter- oder Sommerfrüchte angebaut wurden (z.B. Gerste, Einkorn, Emmer, Saatweizen)?

Auf der Tab. 14 wurden die Unkrautarten in der Reihenfolge ihrer heutigen pflanzensoziologischen Zuweisbarkeit aufgelistet. Es zeigt sich, dass allgemein deutlich mehr Winter- als Sommergetreideunkräuter auftreten (14 bzw. 6 Arten). Besonders viele Wintergetreideunkräuter enthielten die Proben 1, 2 und 9. Sommergetreideunkräuter fanden sich reichlich in den Proben 3, 9 und 19. Auf Abb. 8 haben wir versucht, anhand von Balkendiagrammen das Verhältnis der Anzahl Getreidereste einer Art zur Artenzahl der Ackerunkräuter darzustellen. Dabei erkennt man, dass die Häufigkeit von Dinkel, Einkorn und Gerste mit derjenigen der Wintergetreideunkräuter parallel läuft. Nur teilweise trifft dies für den Hafer zu. Die grösseren Hirseproben 14 und 19 enthielten ausschliesslich Sommergetreideunkräuter. In den Bohnenproben 12, 13 und 16 fanden sich keinerlei Unkrautreste. Der naheliegendste Schluss aus diesen Tatsachen ist, dass Dinkel, Einkorn und Gerste als Wintergetreide, Hirse dagegen als Sommerfrucht angebaut worden ist. Für Dinkel und Hirse trifft diese Aussage sicher zu, hat man es doch bei diesen Arten mit typischen Winter- bzw. Sommerfrüchten zu tun. Schwierig ist es dagegen, Rückschlüsse auf die Anbauweise von Einkorn, Gerste und besonders Hafer zu ziehen, denn in allen Proben mit ≥ 6 Arten von Wintergetreideunkräutern ist auch Dinkel mehr oder weniger häufig vertreten. Es könnte daher sein, dass alle oder zumindest der grösste Teil der Wintergetreideunkräuter mit dem Dinkel zusammen in die Proben geriet. Diese Aussage trifft aber sicher nur teilweise zu, denn eine starke Ähnlichkeit mit dem Diagramm der Wintergetreideunkräuter zeigen ausserdem auch jene von Einkorn und Gerste. Diese Arten dürften deshalb ebenfalls vorwiegend als Wintergetreide angebaut worden sein.

Etwas schwieriger zu beurteilen sind die Verhältnisse für den Hafer. Für die Proben 1 und 2 scheinen die Verhältnisse ähnlich zu sein wie bei den übrigen grossfrüchtigen Getreidearten, wogegen besonders die Proben 3, 4 und 9 mindestens teilweise auch reichlich Sommergetreideunkräuter enthielten. Hafer wurde demzufolge auch – wenn nicht sogar vorwiegend – als

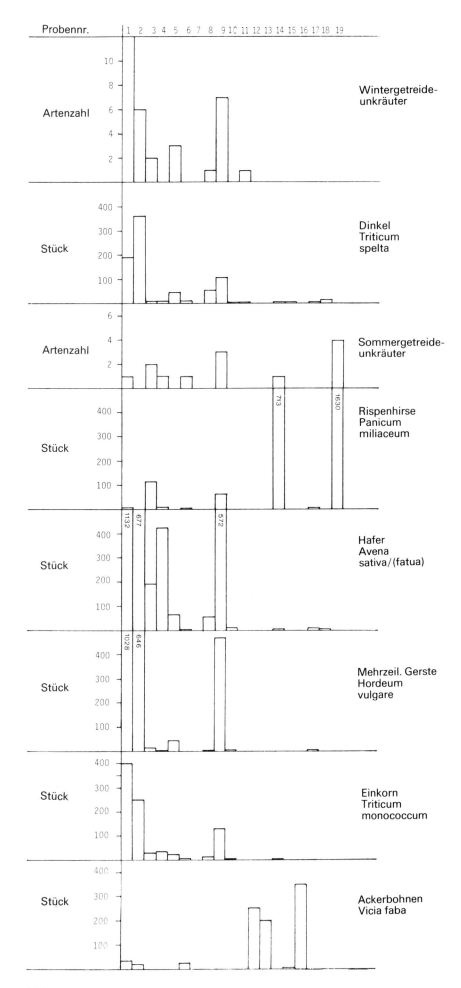

Abb. 8
Das Verhältnis der Artenzahlen der Ackerunkräuter zur Häufigkeit der wichtigsten Kulturpflanzenarten.

Sommerfrucht angebaut, was im übrigen auch heutigen Literaturangaben entsprechen würde (HEGI, Flora von Mitteleuropa).

Allgemein ist festzustellen, dass die Spektren der vorliegenden Mischproben bezüglich Anbauweise sehr schwierig interpretierbar sind. Für endgültige Aussagen müssten mehr oder weniger reine Proben einer Art gefunden und untersucht werden (vgl. z.B. JÄGER 1966). Solche Proben fanden sich auf der Riedfluh auch, allerdings nur von Hirse (Proben 14 und 19) und Ackerbohne (Proben 12, 13 und 16). Drei dieser fünf Proben enthielten keine Unkrautbeimengungen. Die Hirseproben 14 und 19 lieferten 4 Arten von Sommergetreideunkräutern, was wie schon erwähnt, ein klarer Hinweis darauf ist, dass die Rispenhirse als Sommerfrucht kultiviert wurde. Im übrigen fällt auf, dass in den Proben 3 und 9, die eine Anzahl Hirsekörner enthielten (113 bzw. 41) (neben vorwiegend Hafer) ebenfalls reichlich Sommergetreidezeiger vorkamen (Tab. 14).

Aufgrund von heute bekannten Methoden wurden sicher auch die Hülsenfrüchte als Sommerfrüchte angebaut. RÖSENER (1986, S.133) erwähnt, dass in mittelalterlichen Gärten reichlich Küchengemüse, Erbsen, Hopfen, Gespinst- und Färbepflanzen angebaut wurden.

Die aus dem Mittelalter vorliegenden Quellen geben uns klare Hinweise auf das Vorliegen einer *Fruchtwechselwirtschaft,* die im übrigen auch durch paläoethnobotanische Untersuchungen schon mehrfach nachgewiesen wurde (vgl. WILLERDING 1980, S.163; JÄGER 1966). Deshalb ist das Vorhandensein einer Fruchtwechselwirtschaft auch in der Umgebung der Riedfluh anzunehmen, aber aufgrund der vorliegenden Mischproben nicht zu beweisen.

Ob die in Probe 4 recht reichlich gefundenen Reste von Wiesenpflanzen und das Auftreten einiger Ruderalpflanzen (vgl. Tab. 14) als Reste einer *Brache* zu deuten sind, ist schwer nachzuweisen. Eher handelt es sich um Reste von in der Burg eingelagerten Heuvorräten, was zusammen mit dem reichlichen Vorkommen von Hafer für eine grosse Bedeutung der Pferdehaltung spricht (vgl. hierzu auch die archäologischen Kleinfunde; Beitrag Tauber in diesem Band).

2.5.2. Lage der Ackerfluren und Standortverhältnisse auf den Äckern

Eine weitere wichtige Frage stellt sich nach der *Lage der Ackerfluren,* von denen aus die Bewohner der Riedfluh mit Lebensmitteln versorgt wurden. Es ist anzunehmen, dass in der Nähe der Burg Höfe oder ein *Dorf* vorhanden waren, welche diese Aufgabe hatten. Auf der Karte von SUTER (1926) über die Veränderung des Siedlungsgebietes im Ergolzgebiet 1680-1923 sind in der Umgebung von Eptingen diverse, bereits vor 1680 bestehende Einzelhöfe aufgeführt. Nach Ausweis von Gräberfunden des 7. Jahrhunderts etwas ausserhalb und des 8./9. Jahrhunderts im Zentrum des Dorfes muss Eptingen eine frühmittelalterliche Gründung sein (Mitteilung J. Tauber).

Mit Hilfe der ökologischen Zeigerwerte der nachgewiesenen Ackerunkräuter und der Kenntnis der geologischen und pedologischen Verhältnisse der Umgebung der Burg kann es möglich sein, die Lage der Ackerfluren zu ermitteln.

Im Baselbieter Jura befinden wir uns in einem Kalkgebiet. Eptingen liegt im Grenzgebiet zwischen Falten- und Tafeljura (HAUBER 1960; Abb. 9). Die Felswand der Riedfluh selbst wird durch Hauptrogenstein gebildet, wie im übrigen der ganze Bergzug des «Ränggen» nördlich und östlich der Riedfluh. Die flacheren Hang- und Tallagen südwestlich der Burg (Flurnamen «Hasel» und «Rötler», heute mit Einzelhöfen) liegen im Bereich von *Keuper-Schichten;* im Talboden des «Feldbaches» südlich der Riedfluh, im Bereich «Sagi», stehen zudem *Opalinus-Tone* an (nach den Profilen von HAUBER 1960), teilweise bedeckt von quartären Alluvialschottern lokalen Ursprungs. Nicht klar aus den Unterlagen hervor geht die Natur der im Bereich «Oberburg» anstehenden Schichten.

Während Keuper und Opalinus-Tone kalkarme, tonigmergelige Weichgesteine sind, enthalten die Alluvialschotter sicher einen höheren Kalkanteil. Es steht ausser Frage, dass die aufgezählten Weichgesteine in der unmittelbaren Umgebung der Riedfluh - wie im übrigen auch im ganzen Jura - als beste potentielle Unterlage für Ackerböden in Frage kommen.

Lagen die hochmittelalterlichen Äcker tatsächlich im Bereich der potentiell als Ackerböden geeigneten Zonen («Hasel», «Rötler», Feldbachtal Richtung «Sagi»), so müssten wir im Unkrautspektrum sowohl Säuren- als auch Basenzeiger finden, wobei die Säurezeiger häufiger auftreten müssten. Dabei setzen wir zunächst einmal voraus, dass die Segetalpflanzen in der näheren Umgebung der Burgstelle wuchsen. Die Auswertung der Bodenreaktionswerte der Ackerunkräuter nach ELLENBERG (1979) bestätigt diese Annahme einigermassen (Tab. 14, Abb. 10): Nur zwei der nachgewiesenen 12 Wintergetreideunkräuter sind typische Basen-/Kalkzeiger (Bupleurum rotundifo-

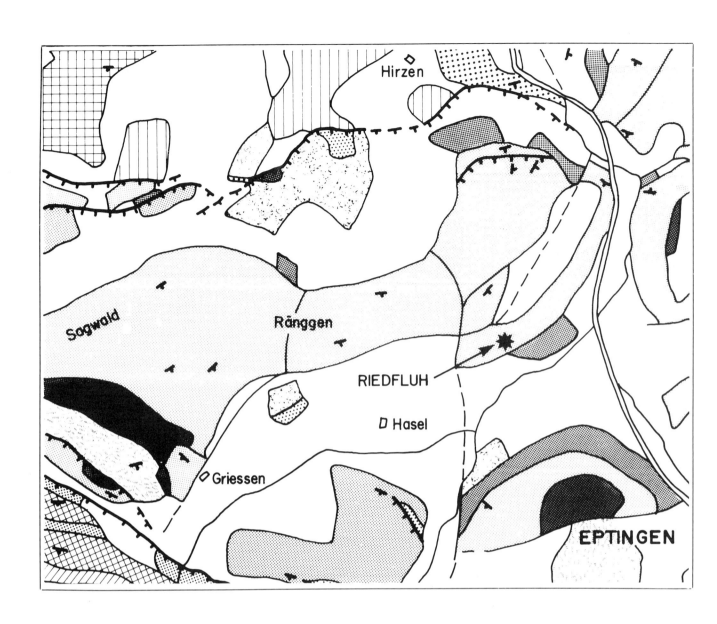

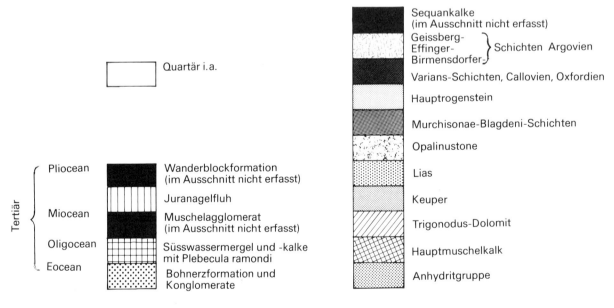

Abb. 9 Geologisch/geomorphologische Karte von Eptingen und Umgebung (nach Hauber).

lium und cf. Asperula arvensis), zwei weitere deuten eher auf Kalkuntergrund hin (Melampyrum cf. arvense und Galium aparine). Drei dieser Arten sind Verbandscharakterarten des Caucalidion (=Ackerunkrautgesellschaften basenreicher Böden; OBERDORFER 1983). Eine weitere Art (Lathyrus aphaca), die bezüglich Bodenreaktion zwar indifferent ist, aber ebenfalls ihren Verbreitungsschwerpunkt im Bereich des Caucalidion hat, ist wohl ebenfalls zu dieser Gruppe zu stellen. Daneben wurden zwei recht typische Säurezeiger nachgewiesen, nämlich Vicia tetrasperma und Vicia villosa, die beide ihre Verbreitungsschwerpunkte in den Gesellschaften der Aperetalia haben (=Unkrautgesellschaften basenarmer Böden). Ebenfalls zu dieser Gruppe zu zählen sind mit einiger Wahrscheinlichkeit Bromus cf. secalinus und Fallopia convolvulus, die zwar bezüglich Bodenreaktion ein breites Spektrum einnehmen können, aber doch pflanzensoziologisch eher den Aperetalia zugeordnet werden. Wir haben es also mit fünf typischen beziehungsweise eher kalkzeigenden und vier typischen beziehungsweise eher säurezeigenden Wintergetreideunkrautarten zu tun, während drei nicht näher zuweisbar sind. Dieses Ergebnis bestätigt die eingangs geäusserte Annahme bezüglich der Lage der Ackerfluren nicht ganz, indem eher Basenzeiger überwiegen. Ein Grund hierfür kann sein, dass nicht alles Getreide aus der unmittelbaren Umgebung der Burg stammt. Näheren Aufschluss darüber, ob die Ackerfluren tatsächlich im oben erwähnten Gebiet, in einer Höhenlage von ca. 540-640 m.ü.M. (submontaner Bereich) lagen, können die Temperaturzahlen der nachgewiesenen Ackerunkräuter geben (Abb. 11):

Vier der Arten sind typische Mässigwärmezeiger, haben ihren Verbreitungsschwerpunkt im hochmontan-temperaten Bereich, in dem auch das in Frage kommende Gebiet liegt. Zwei Arten, Bupleurum rotundifolium und cf. Asperula arvensis, sind dagegen Wärmezeiger. Die Temperaturwerte von drei Arten (Lathyrus aphaca, Vicia villosa und Melampyrum cf. arvense) liegen zwischen der ersteren und letzteren Gruppe. Alle nachgewiesenen Arten können also durchaus in der näheren Umgebung gewachsen sein. Dies gilt im übrigen auch für die sieben bezüglich Temperatur indifferenten Species. Dies bedeutet, dass der grösste Teil der auf der Burg gefundenen Kulturpflanzen in der näheren Umgebung angebaut worden sein kann. Das häufige Vorkommen von Bupleurum rotundifolium weist allerdings darauf hin, dass auch Getreide von weiter her, z.B. aus der Rheinebene unterhalb von Basel, importiert wurde. Die beiden gefundenen Wärmezeiger sind gleichzeitig auch die typischen Kalkzeiger: Wie oben erwähnt, passen sie nicht so recht in das nachgewiesene Bodenreaktionsspektrum, wonach mehr Säure- als Basenzeiger zu

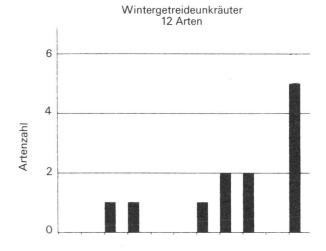

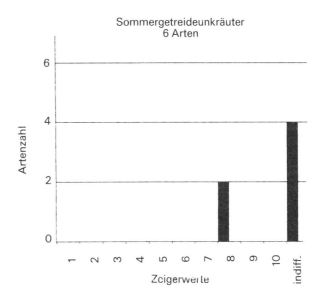

Abb. 10 Vergleichendes Ökodiagramm für die Bodenacidität der nachgewiesenen Ackerunkräuter

Bedeutung der Aciditätswerte:
3: Säurezeiger
5: Mässigsäurezeiger
7: Schwachsäure – Schwachbasenzeiger
8: zwischen 7 und 9 liegend; meist auf Kalk weisend
9: Basen- und Kalkzeiger

nach: Ellenberg 1979

erwarten wären. Sowohl Bodenreaktions- als auch Temperaturzahlen deuten also darauf hin,

● dass zwar ein grosser Teil der nachgewiesenen Kulturpflanzen in der Umgebung der Burg angebaut worden sein kann,

● dass aber ein Teil des Getreides wahrscheinlich aus wärmeren Gebieten wie z.B. der Rheinebene unter-

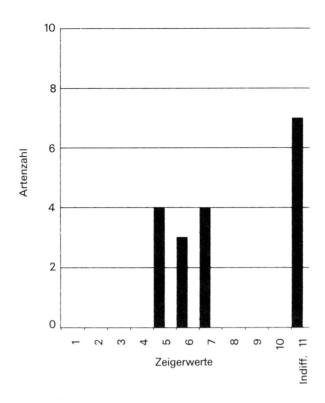

Abb. 11 Vergleichendes Ökodiagramm für die Temperaturzahlen der nachgewiesenen Ackerunkräuter

Bedeutung der Temperaturzahlen:
5: Mässigwärmezeiger; Schwergewicht im submontan-temperaten Bereich
6: zwischen 5 und 7 liegend
7: Wärmezeiger; im nördlichen Mitteleuropa nur in Tieflagen vorkommend
nach: Ellenberg 1979

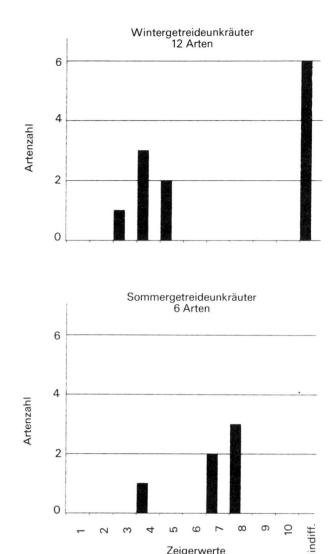

Abb. 12 Vergleichendes Ökodiagramm für den Nährstoffgehalt des Bodens aufgrund der nachgewiesenen Ackerunkräuter

Bedeutung der Stickstoffzahlen:
3: auf stickstoffarmen Standorten häufiger als auf mittelmässigen bis reichen
5: mässig stickstoffreiche Standorte anzeigend
7: an stickstoffreichen Standorten häufiger als an armen bis mittelmässigen
8: Stickstoff-Zeiger
9: Überdüngungszeiger
nach: Ellenberg 1979

halb von Basel (Oberelsass oder Breisgau) bezogen wurde.

Auskunft darüber, ob die Äcker gut oder schlecht mit Nährstoffen versorgt waren, geben uns die Zeigerwerte der Ackerunkräuter für den *Stickstoffgehalt* des Bodens. Diese sind aus Abb. 12 ersichtlich. Sie zeigen, dass die Felder, auf denen Winterfrüchte angebaut wurden, auf eher stickstoffarmen bis mässig stickstoffreichen Böden lagen. Sie wurden also höchstens mässig gedüngt und lieferten deshalb wohl nicht besonders hohe Erträge. Etwas besser scheinen die Verhältnisse für die Hack- und Gartenkulturen gewesen zu sein; immerhin deuten drei der vier gefundenen Arten auf eine gute Stickstoffversorgung des Bodens hin.

2.5.3. Erntemethoden

Schwierig nachzuweisen im Fall der Riedfluh sind die angewendeten Erntemethoden, da die unkrautreichen Proben fast ausschliesslich Mischproben mehrerer Kulturpflanzen sind. Die einzelnen Arten könnten durchaus auf eine unterschiedliche Weise geerntet worden sein. Immerhin fällt auf, dass unter den typischen Getreideunkräutern hochwüchsige beziehungsweise rankende Arten überwiegen. Für die Riedfluh lässt sich deshalb festhalten, dass das gefundene Getreide am ehesten bodenfern geerntet worden sein muss. Dieser Befund passt sehr schön zu den Spektren anderer mittelalterlicher Fundkomplexe. Aus letzteren schliesst WILLERDING (1980, S.185), dass im Mittelalter eine bodenfernere Ernteweise (ca. in Kniehöhe) als beispielsweise in der Römerzeit angewendet wurde, wobei die Verhältnisse regional unterschiedlich sein können. Letzteres geht besonders aus einer Reihe ikonographischer Zeugnisse hervor (Zit. in WILLERDING 1980, S.187). Geerntet wurde das Getreide am ehesten mit Hilfe von Sicheln.

2.6. Vergleich des Riedfluh-Spektrums mit anderen mittelalterlichen Siedlungsplätzen – Allgemeines zum hochmittelalterlichen Pflanzenbau in der Nordwestschweiz

Wie schon in Kapitel 1.3. erwähnt, gibt es aus der Schweiz kaum repräsentativ untersuchte Siedlungsplätze aus dem Mittelalter. Auch im benachbarten Ausland, insbesondere in Südwestdeutschland, sind die Verhältnisse nicht viel besser. Interessant wäre für uns ein Vergleich von Spektren ländlicher Siedlungen (Höfe, Dörfer) mit solchen von Burganlagen. Dieses Unterfangen scheitert am fast völligen Fehlen von Untersuchungen aus ländlichen Siedlungen. Aber auch untersuchte Burgruinen sind selten. Schwierig sind ferner Vergleiche mit Pflanzenspektren aus Städten, denn die meisten der dortigen Pflanzenspektren basieren auf Latrinen-Untersuchungen: Die Einlagerungs- und Erhaltungsbedingungen weichen also sehr stark von denen der meisten Burganlagen (z.B. der Riedfluh) ab.

Nach eingehender Suche in der Literatur kommen für uns die folgenden, mit modernen Methoden untersuchten, hochmittelalterlichen Siedlungsplätze als Vergleichsstationen in Frage (ohne Latrinen-Untersuchungen aus Stadtkernen; Zusammenstellung auf Tab. 15):

Schweiz und Süddeutschland

● Die Wasserburg Eschelbronn bei Heidelberg (13. Jh.) (KÖRBER-GROHNE 1979) (Feuchtbodenerhaltung, Bodenpoben)

● Die Burgruine Friedberg oberhalb von Meilen am Zürichsee (14. Jh.) (JACOMET 1981) (Feuchtbodenerhaltung, Sodbrunnen)

● Verkohlte Getreidereste aus den Stadtkernen von Ulm und Giengen (13. Jh.) (KÖRBER-GROHNE 1977)

● Pflanzenreste aus Sindelfingen, obere Vorstadt (11.-15. Jh.) (KÖRBER-GROHNE 1978) (Feuchtbodenerhaltung, Bodenproben aus einer Kulturschicht)

Weiter entfernte Siedlungen

● Valkenburg, Schloss in Südlimburg, Holland (12.-13. Jh.), verkohltes Material (BUURMAN 1981)

● Diverse mittelalterliche Siedlungsstellen im Toulousain, Südwest-Frankreich (11.-14. Jh.), verkohlte Vorräte (RUAS 1985)

● Malvaglia, Grottenburg, Tessin (13.-14. Jh.); Kulturschicht; unverkohltes, trocken gelagertes Material (SCHOCH 1986)

Des weiteren können als Vergleiche herangezogen werden:

● Einige Kurzangaben über mittelalterliche Pflanzenreste aus der Schweiz wie die verkohlten Getreidekörner aus der Erdburg Moosgräben bei Breitenbach (13. Jh., FREY in SCHWEIZER 1955, S.38) und die Angaben von SCHWEINGRUBER über Fruchtreste aus der Wasserburg Mülenen (SCHWEINGRUBER 1970, S.325-326).

● Diverse Arbeiten über frühmittelalterliche Pflanzenreste, insbesondere aus slawischen Burgwall-Anlagen wie z. B. JÄGER 1966 (Tornow und Vorberg), LANGE 1970 (Mecklenburg) u.v.a., dazu die Pflanzenspektren von der Büraburg (700-800 n.Chr.) in Hessen (WILLERDING 1974).

Was die Getreidespektren anbetrifft, zeigt die Tab. 15 ein ausserordentlich heterogenes Bild, was zu einem guten Teil durch die unterschiedlichen Erhaltungsbedingungen an den einzelnen Siedlungsplätzen bedingt sein dürfte. Obwohl deshalb beim momentanen Forschungsstand kaum fundierte Feststellungen möglich sind, müssen doch folgende Besonderheiten des Getreidespektrums von der Riedfluh hervorgehoben werden:

● Das häufige Auftreten von Einkorn (fehlt in allen anderen Stationen).

● Das Fehlen von Roggen, dem häufigsten Getreide in Eschelbronn, Ulm und Giengen.

● Das häufige Auftreten von Rispenhirse, das sonst nur noch in SW-Frankreich gefunden wurden.

Zieht man Befunde aus Stadtkern-Latrinen als Vergleich bei, so zeigt sich, dass die *Getreidespektren* von der Riedfluh nicht so ausserordentlich sind, wie sie im Vergleich zu den auf Tab. 15 aufgeführten Siedlungsplätzen erscheinen. In einer Latrine im Vigier-Areal in Solothurn beispielsweise treten sowohl Einkorn als auch Rispenhirse im Fundmaterial auf (JACOMET et al., in Vorbereitung). Die einzig erstaunliche Tatsache auf der Riedfluh bleibt das Fehlen von Roggen, was einer ausführlichen Erklärung bedarf. KÖRBER-GROHNE diskutiert in ihren Arbeiten von 1977 und 1979 den Roggenanbau im Hochmittelalter. Insbesondere JÄNICHEN (1970) berichtet danach aufgrund von mittelalterlichen Einnahmeregistern, Gültrechnungen, Urbaren und Hofbeschreibungen (ab ca. 1300), dass Winter-Roggen, Winter-Dinkel, Winter-Weizen (T. aestivum) und Hafer die hauptsächlichen Anbaufrüchte in Südwestdeutschland gewesen seien. Eine geringere Rolle hätten Gerste, Emmer, Einkorn und Hirse (Rispenhirse) gespielt. Dies gilt nach JÄNICHEN aber nur allgemein; es gab offenbar erhebliche regionale Unterschiede. Er weist darauf hin, dass im alemannischen Neckarraum der Dinkel das Brotgetreide, im östlichen Schwaben dagegen der Roggen die Hauptgetreideart gewesen sei. Über die davor liegende Zeit gibt es nach JÄNICHEN nur wenige Quellen. Um 1350 machte im Grossraum Stuttgart der Roggen einen Viertel bis die Hälfte des Getreides aus. Am Ende des 13. und im frühen 14. Jahrhundert seien in Oberschwaben Roggen, Dinkel und Hafer in ungefähr gleicher Menge angebaut worden. Angaben über die Rheinebene und den Kraichgau gibt nach KÖRBER-GROHNE (1979, S.115, Anm.6) SCHAAB (1966). Dieser schreibt, dass «feste Anhaltspunkte» über Landwirtschaft durch Urkunden vom Ende des 13. Jahrhunderts gegeben seien. Für den Verlauf des 14. und 15. Jahrhunderts werden im Rahmen der Dreifelderwirtschaft Winterroggen und Winterdinkel angegeben, als Sommerfrüchte Hafer und Gerste. Nach SCHAAB betreffen die frühesten Angaben nur Klosterurkunden wie zum Beispiel den Kodex des Klosters von Lorsch (zwischen Heidelberg und Darmstadt) um 1100, demzufolge Roggen und Dinkel (Spelz) je nach Bodenart angebaut wurden.

Für das Gebiet der Norwestschweiz im 11.-12. Jahrhundert geben die obigen Angaben wenig Aufschluss darüber, ob nun Roggen angebaut wurde oder nicht. Sowohl die Roggenfunde aus Süddeutschland als auch die meisten schriftlichen Quellen datieren eindeutig später als die Riedfluh. Beim momentanen Forschungsstand lässt sich deshalb nichts genaues über den Roggenanbau in jener Zeit feststellen. Demzufolge muss auch die Frage nach dem Grund des Fehlens des Roggens unbeantwortet bleiben. Hierüber können wir höchstens Vermutungen anstellen. In Frage kommen folgende Möglichkeiten:

● Das Fehlen von Roggen beruht auf Zufall: Zum Zeitpunkt des Brandes der Burg war kein Roggen eingelagert.

● Von den vornehmen Bewohnern der Burg wurde kein Roggen gegessen, da diese Getreideart als Speise des niederen Volkes galt.

● Es gab damals noch keinen grossflächigen Roggenanbau in der näheren Umgebung der Burg.

Die erste Möglichkeit erscheint am unwahrscheinlichsten, da die Erntezeit von Roggen nicht stark von jenen der anderen gefundenen Getreidearten abweicht. Eher kommen also die beiden anderen Möglichkeiten in Betracht. Erst zukünftige archäobotanische Untersuchungen von mittelalterlichem Pflanzenmaterial werden näheren Aufschluss über diese Frage geben.

Was die übrigen Kulturpflanzengruppen anbelangt, lassen sich die auf Tab. 15 aufgeführten Fundstellen ebenfalls nur schwierig miteinander vergleichen. Es fällt auf, dass die Gruppe der Ölfrüchte und Faserpflanzen nur an Orten mit Feuchtbodenerhaltung oder sonstiger Erhaltung von unverkohltem Pflanzenmaterial vertreten ist. Auf der Riedfluh fehlen diese Pflanzengruppen wahrscheinlich am ehesten aus Gründen ihrer schlechten Erhaltungschancen bei Trockenbodenerhaltung.

Recht erstaunlich ist, dass auf der Riedfluh die Gruppe der Obst- und Nusspflanzen so gut vertreten ist. Wie Tab. 15 zeigt, traten bisher auch die Vertreter dieser Pflanzengruppe nur an Fundstellen auf, wo unverkohltes Pflanzenmaterial erhalten war. Die Befunde von der Riedfluh zeigen, dass bei genügend Aufmerksamkeit der Ausgräber sehr wohl auch Obstarten und Nussfrüchte in Trockenbodensiedlungen nachweisbar sind.

3. Botanische Ergebnisse: Beschreibungen, Messwerte und Dokumentation der gefundenen Pflanzenreste

3.1. Kulturpflanzen

3.1.1. Getreidearten

Auf eine detaillierte allgemeine Beschreibung der Funde wird bei *Weizen* und *Gerste* aus zwei Gründen verzichtet:

● In Jacomet (1986) wurden die Körner dieser Arten genau beschrieben; in der Literatur angegebene Unterscheidungsmerkmale wurden kritisch diskutiert.

● 1987 hat Jacomet eine Broschüre zur «Bestimmung prähistorischer Getreidefunde» herausgegeben, wo alle wichtigen Identifikationskriterien zusammengestellt sind.

Im folgenden werden deshalb bei diesen Arten im besonderen die Charakteristika des auf der Riedfluh gefundenen Materials behandelt. Etwas ausführlicher wird auf die Funde von *Hafer* und *Kultur-Hirsen* eingegangen.

Wichtigste benützte Bestimmungsliteratur: HAJNALOVA 1978, HELBAEK 1952, HOPF 1955, 1963, 1975, JACOMET 1986, und 1987, JÄGER 1966, KÖRBER-GROHNE 1967, ROTHMALER 1955, VAN ZEIST 1968, VILLARET-VON ROCHOW 1967, BEHRE 1976, 1983, KROLL 1983.

3.1.1.1. Weizen (Triticum)

Dinkel (Triticum spelta L.)

Abbildungen: Abb. 13 und 14

Messwerte: Tab. 16

Fundstatistik: Tab. 6

Vom Dinkel wurden 14 Ährchen, 346 Körner und 460 Ährchengabeln bzw. Hüllspelzenbasen gefunden (nur sicher bestimmbare Funde). Der Erhaltungszustand der Fundstücke in den einzelnen Proben war ausserordentlich unterschiedlich.

Unter den Körnern fanden sich neben sog. «typischen» (schlank-lang, flach, Bauchseite mehr oder weniger gerade, Bauchfurche eng-zusammengepresst) auch reichlich solche, die nicht in allen Merkmalen mit «typischem» Dinkel übereinstimmten (meist etwas zu hochrückig, tropfenförmig, sonstige unregelmässige Formen etc.). Diese wurden als Triticum cf. spelta bestimmt (378 Stk.). Auch bei ihnen muss es sich jedoch mit einer hohen Wahrscheinlichkeit um Dinkelkörner handeln, passen doch die Formen zu keiner anderen Weizenart gut. Teils bestehen Ähnlichkeiten zu Emmerkörnern, doch sind hierfür die Körner meist zu flach.

Von den gut erhaltenen Körnern wurden 63 Stk. vermessen (Tab. 16). Ihre Messwerte bewegen sich grösstenteils in dem in der Literatur angegebenen Bereich; der durchschnittliche L/H-Index liegt knapp unter 2.5, was etwas zu niedrig ist. Es fanden sich aber reichlich Körner mit L/H-Indices >2.5, was besonders typisch für Dinkelkörner ist.

Von den als cf. Dinkel identifizierten Körnern wurden 10 Stk. vermessen (Tab. 16). Im Durchschnitt sind sie hochrückiger als die typischen Dinkelkörner, aber nicht so stark, dass man sie als Emmer bestimmen könnte.

Die zum Teil untypische Form der Dinkelkörner dürfte daher rühren, dass das vorliegende Material zu einem grossen Teil im Ährchen-, wenn nicht sogar im Ährenverband verkohlt sein muss; es fanden sich ja in fast allen Proben ausser den Körnern auch Ährchengabeln, Spelzenfragmente und ganze Ährchen (siehe unten; Tab. 6). Die Körner fielen sicher zu einem guten Teil erst nach der Verkohlung aus der Spelzenumhüllung heraus. An spätbronzezeitlichem Material von Zürich-Alpenquai wurde nämlich beobachtet, dass Dinkelkörner, die man nach der Verkohlung aus dem Ährchenverband herauslöst, eher Richtung Emmer-Formen tendieren. Sie sind im allgemeinen hochrückiger und Tropfenform ist häufig zu beobachten. Es erstaunt deshalb beim Riedfluh-Material nicht, dass die schönsten Dinkelkörner aus Probe 18 stammen, in der sich keinerlei Druschreste fanden.

Neben Körnern fanden sich im vorliegenden Material sehr häufig Ährchengabeln, Hüllspelzenbasen und

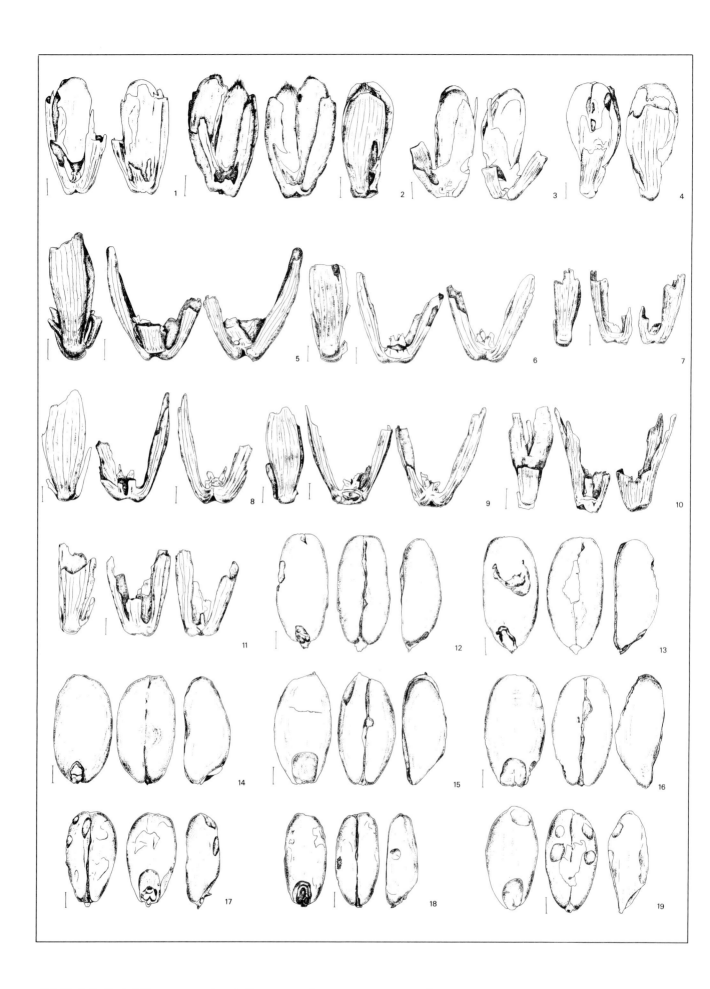

Abb. 13 1-19: Dinkel (Triticum spelta): 1-4: Ährchen und Ährchenfragmente; 5-11: Ährchengabeln; 12-19: Körner.

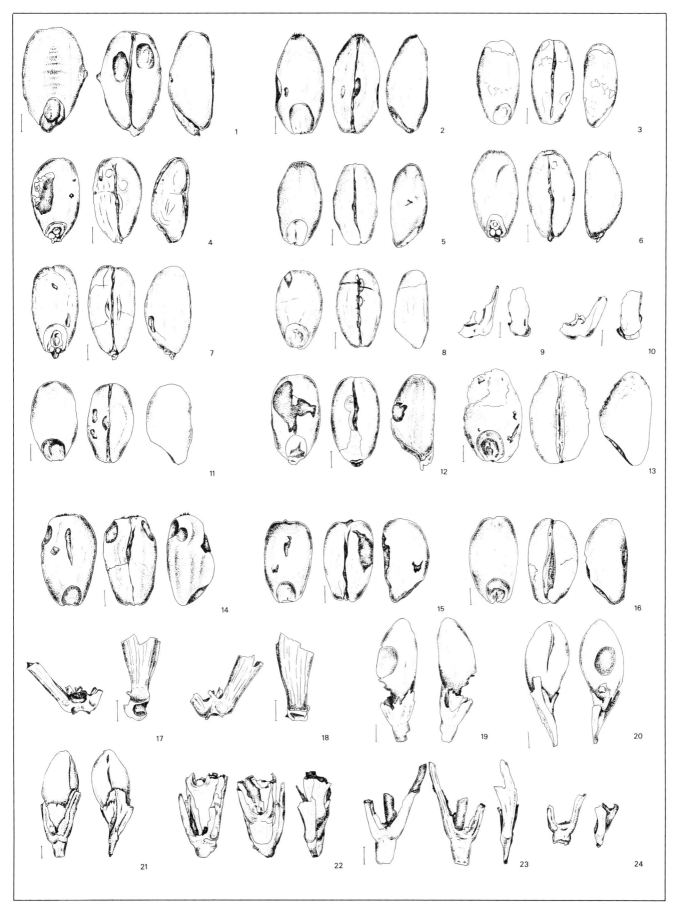

Abb. 14 1–8: Dinkel (Triticum spelta) und Wahrscheinlich Dinkel (Triticum cf. spelta); 1–5: Dinkel, Körner; 6–8: Wahrscheinlich Dinkel, Körner. 9–18: Emmer (Triticum dicoccum) und Wahrscheinlich Emmer (Triticum cf. dicoccum); 9–10: Emmer, Ährchengabeln; 11–16: Wahrscheinlich Emmer, Körner; 17–18: Wahrscheinlich Emmer, Ährchengabeln. 19–24: Einkorn (Triticum monococcum): Ährchen und Ährchengabeln.

Ährchen. Diese lagen zum grössten Teil in ihrer typischen und leicht identifizierbaren Form vor. Meist haftete an den Ährchengabeln noch das nächsthöhere Spindelglied bzw. Teile desselben. Die Hüllspelzen waren an ihrer Basis breit und dünn und auf ihrer Aussenfläche war die typische, markante Längsstreifung zu beobachten. Es wurden die verschiedensten Grössen von Dinkel-Gabeln gefunden; dies zeigt, dass verschiedene Ährenteile vorliegen müssen.

Im ganzen wurden 25 Ährchengabeln aus den Proben ERF 1 und ERF 2 vermessen (Tab. 16), und zwar die Hüllspelzenbasisbreite und die Ährchenbasisbreite. Die durchschnittlichen Werte für die Hüllspelzenbasisbreite betragen 1.1-1.2 mm, was im Bereich anderer Messungen von vergleichbaren Fundstellen liegt. Ähnliches lässt sich für die Ährchenbasisbreite feststellen, die von wenigen Ausnahmen abgesehen (Ährchen von der Ährenspitze) über 2.2 mm liegt.

Emmer (Triticum dicoccum Schübl.)

Abbildungen: Abb. 14

Messwerte: Tab. 16

Fundstatistik: Tab. 6

Auf der Riedfluh fanden sich nur 8 Ährchengabeln/Hüllspelzenbasen, die mit einiger Sicherheit dem Emmer zugewiesen werden konnten. Alle anderen Funde waren nicht mit letzter Sicherheit dieser Species zuweisbar (48 Stk., 39 Körner, 9 Ährchengabeln/Hüllspelzenbasen).

Zwar wiesen die mit einiger Wahrscheinlichkeit dem Emmer zugewiesenen Körner recht typische Formen auf (mehr oder weniger schlank, hochrückig, maximale Höhe oberhalb des Embryos, Bauchseite gerade bis konkav); doch in keinem Fall passten alle Merkmale so gut, dass man mit Sicherheit von Emmerkörnern sprechen könnte. Betrachtet man die erhobenen Messwerte (Tab. 16), so liegen zwar der L/H- und der B/H-Index im Emmer-Bereich, nicht aber der B/L×100-Index: Dieser ist für Emmer zu hoch.

Auch die meisten der gefundenen Ährchengabeln/Hüllspelzenbasen konnten nicht mit letzter Sicherheit dem Emmer zugewiesen werden. Zwar wiesen sie eine etwas grössere Massivität als Dinkelhüllspelzenbasen auf. Ausserdem war ein stärkeres Hervortreten des Kiels zu beobachten. Trotz dieser Merkmale war aber eine einigermassen sichere Zuweisung nur in 8 Fällen möglich. Die erhobenen Messwerte von 4 Ährchengabeln (Tab. 16) liegen an der obersten Grenze für Emmer bzw. deutlich darüber.

Alle diese Unsicherheitsfaktoren weisen darauf hin, dass man es beim als Emmer bzw. als «wahrscheinlich Emmer» bestimmten Material eher mit etwas untypischen Resten von Dinkel zu tun hat. Hierauf weist auch die Tatsache hin, dass Reste von «Emmer» nur in Proben mit reichlich Dinkelresten auftreten.

Einkorn (Triticum monococcum L.)

Abbildungen: Abb. 14 und 15

Messwerte: Tab. 16

Fundstatistik: Tab. 6

Im Gegensatz zum Emmer waren die Funde von Einkorn zu einem guten Teil sicher bestimmbar und teilweise schön erhalten. Neben 434 Körnern fanden sich 448 Ährchengabeln/Hüllspelzenbasen und 6 Ährchen.

Die Körner des Einkorns waren zumeist durch die Verkohlung stark aufgeblasen, so dass ihre Breiten teils stark von typischen Einkorn-Körnern abwichen. Trotz dieser Tatsache waren auch diese Objekte eindeutig T. monococcum zuweisbar, denn ihre Form (oben und unten spitz zulaufend, konvexe Bauchseite) passt zu keiner anderen Weizenart. Auch fanden sich in allen Proben mit Einkorn sehr schöne, typische Einkorn-Körner (schmal, hochrückig, Bauchseite konvex), ganz abgesehen von den dazugehörigen Ährchengabeln (siehe unten). Betrachtet man die erhobenen Messwerte, so erscheinen aufgrund der oben angeführten Tatsachen allgemein die Körner zu breit, weshalb im Durchschnitt auch die L/B-Indices zu tief liegen. Etwas aus dem Rahmen fallen wegen des Erhaltungszustandes auch die übrigen durchschnittlichen Indices, wobei aber auch Exemplare mit ganz typischen Messwerten gefunden wurden (B/H: <1, B/L×100: <50).

Sehr schön und typisch waren alle von Einkorn gefundenen Ährchengabeln/Hüllspelzenbasen und Ährchen. Ihre Hüllspelzenbasisbreiten lagen bei den 20 gemessenen Exemplaren (Tab. 16) bei durchschnittlich 0.6 mm, der Querschnitt der Hüllspelzen an der Basis war rundlich-quadratisch, der Winkel des Auseinanderklaffens der Hüllspelzen lag normalerweise <90 Grad. Mit durchschnittlich 1.7 mm lagen auch die Ährchenbasisbreiten im Bereich vergleichbarer Funde von anderen Fundstellen.

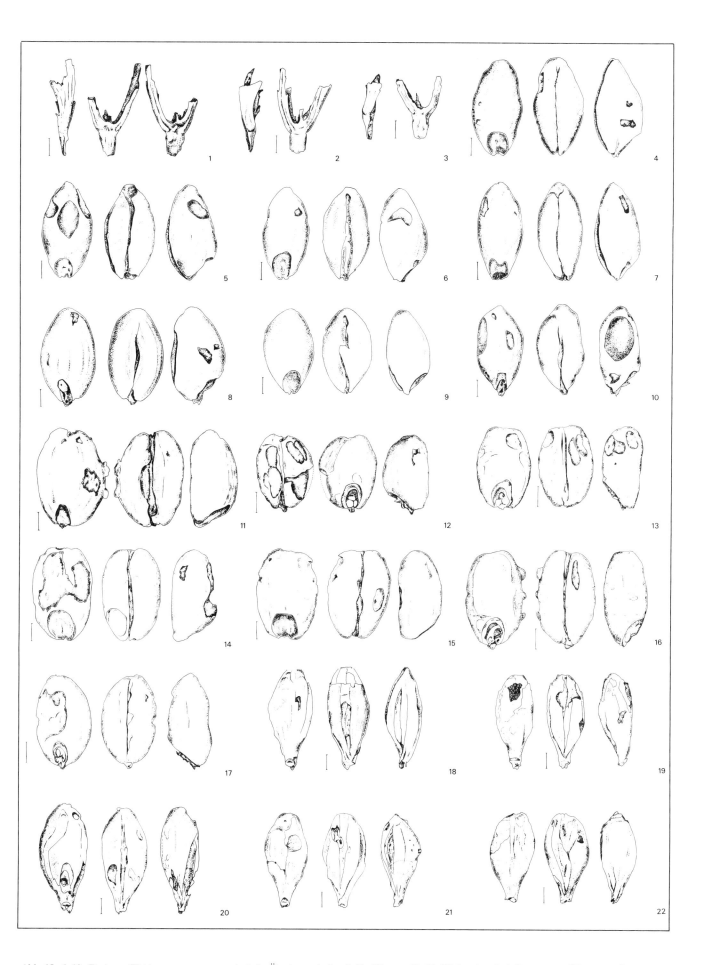

Abb. 15 1–10: Einkorn (Triticum monococcum): 1–3: Ährchengabeln; 4–10: Körner. 11–17: Wahrscheinlich Saatweizen (Triticum cf. aestivum): Körner. 18–22: Mehrzeilige Gerste (Hordeum vulgare): Vierzeilige Spelzgerste: bespelzte Körner.

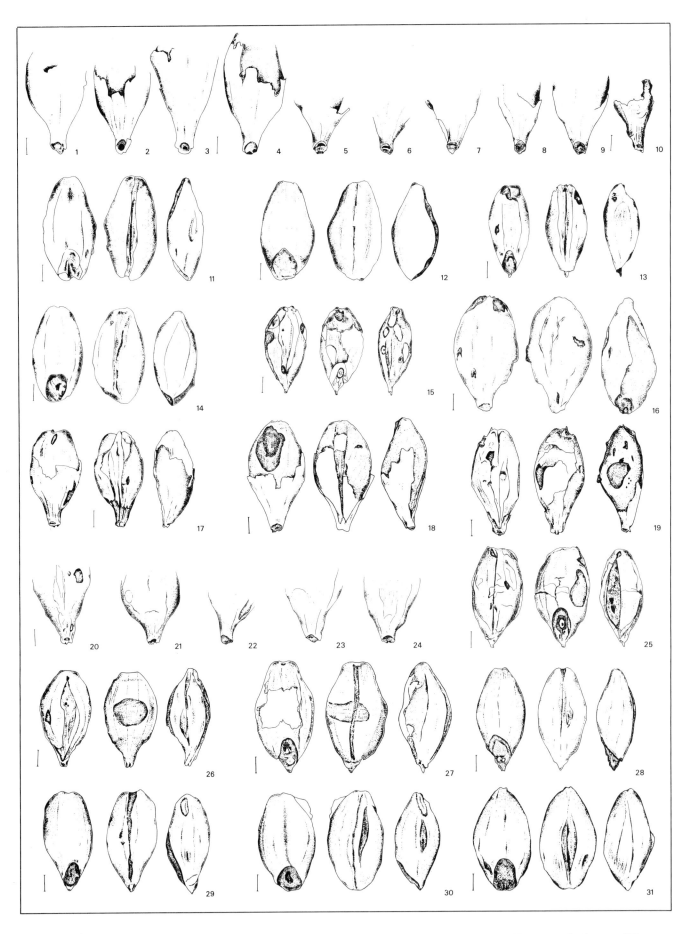

Abb. 16: 1-31: Mehrzeilige Gerste (Hordeum vulgare): 1-10: Vierzeilige Spelzgerste, Spelzenbasen; 11-15: Vierzeilige Spelzgerste, Körner; 16-19: Sechszeilige Spelzgerste, bespelzte Körner; 20-24: Sechszeilige Spelzgerste, Spelzenbasen; 25-27: Sechszeilige Spelzgerste, Körner; 28-31: Wahrscheinlich Spelzgerste, verschiedene Formen, Körner.

Wahrscheinlich Saatweizen (Triticum cf. aestivum L.)

Abbildungen: Abb. 15

Messwerte: Tab. 16

Fundstatistik: Tab. 6

Auf der Riedfluh wurden 21 Weizenkörner gefunden, die wahrscheinlich vom Saatweizen stammen. Es handelt sich durchwegs um Körner von eher rundlich-gedrungener Form, die aufgrund ihrer morphologischen Merkmale, ihrer Messwerte und den daraus erhobenen Indices am ehesten dem Zwergweizen zuweisbar sind (T. aestivum grex aestivo-compactum Schiem.). Allerdings sind manche der Körner zu flach für Saatweizen, ein Indiz, dass auch diese Gruppe eventuell eher dem Dinkel zuzuweisen wäre. Allgemein ist zu sagen, dass alle in diese Gruppe eingeordneten Körner sich durch einen schlechten Erhaltungszustand auszeichneten, weshalb ihre Zuweisung schon deshalb als unsicher eingestuft werden muss. Auch die vermeintlichen Zwergweizenkörner traten nur in Proben mit Dinkelresten auf, was ihre Bestimmung ebenfalls unsicher erscheinen lässt.

Weizen, nicht näher bestimmbar (Triticum spec.)

Keine Abbildungen und Messwerte

Fundstatistik: Tab. 6

Im ganzen wurden 364 so schlecht erhaltene Körner und Kornfragmente gefunden, dass sie nicht näher einer bestimmten Art zugewiesen werden konnten.

3.1.1.2. Mehrzeilige Gerste (Hordeum vulgare L.)

Abbildungen: Abb. 15-17

Messwerte: Tab. 17

Fundstatistik: Tab. 5

Die auf der Riedfluh gefundenen Gerstenkörner waren entweder nackt oder noch von Deck- und/oder Vorspelzenresten umhüllt. Die meisten Körner waren durch die Verkohlung aufgeblasen, aufgeplatzt und deformiert. Besonders bei den nackten Körnern war in den meisten Fällen das Perikarp abgeplatzt, so dass sich eine nähere Bestimmung als ausserordentlich schwierig erwies. Aufgrund der in der Literatur angegebenen Merkmale wiesen wir die Körner den folgenden Gruppen zu:

● Körner mit grösseren Spelzenresten, oft noch mit dem Basisteil der Deckspelze oder nackte Körner mit eindeutig erkennbaren Längskanten: *Spelzgerste*.

— Längliche Formen, soweit erhalten, mit hufeisenförmiger Vertiefung an der Deckspelzenbasis: *4-zeilige = lockerährige Gerste*.

— Rundliche Formen, soweit erhalten mit Querfalte an der Deckspelzenbasis: *6-zeilige = dichtährige Gerste*.

● Nackte Körner ohne Spelzenreste oder nur mit sehr kleinen Spelzenresten, mit undeutlich erkennbaren Längskanten: *wahrscheinlich Spelzgerste*.

— Längliche Formen (4-zeilig).

— Rundliche Formen (6-zeilig).

● Körner ohne Spelzenreste, rundlich im Querschnitt, Oberfläche des Perikarps mehr oder weniger gut erhalten: *wahrscheinlich Nacktgerste*.

— Längliche Formen (4-zeilig).

— Rundliche Formen (6-zeilig).

● Körner ohne Spelzenreste oder mit sehr kleinen Spelzenresten, aufgeblasen und korrodiert: *Gerste, nicht näher bestimmbar*

Aufgrund dieser Einteilungskriterien konnte der grösste Teil des gut erhaltenen Gerstenmaterials als 4-zeilige Spelzgerste (234 Stk.) bestimmt werden. Am zweithäufigsten wurde 6-zeilige Spelzgerste gefunden (78 Stk.). Mit einer grossen Wahrscheinlichkeit ebenfalls zu Spelzgerste zu stellen sind weitere 50 Körner (36: 4-zeilig, 14: 6-zeilig). Nur 36 Körner konnten mit einer mehr oder weniger grossen Sicherheit der Nacktgerste zugewiesen werden. Alles in allem dürfte der grösste Teil des auf der Riedfluh gefundenen Gerstenmaterials zur Spelzgerste gehören, mit einem deutlichen Überwiegen der 4-zeiligen Formen. Zu betonen ist jedoch, dass der allergrösste Teil der Funde nicht näher einer bestimmten Form (Spelz-/Nacktgerste) zugewiesen werden konnte, da der Erhaltungszustand zu schlecht war. Unter der Gruppe der nicht näher zugewiesenen Körner überwiegen aber allgemein auch die schlanken Körner,

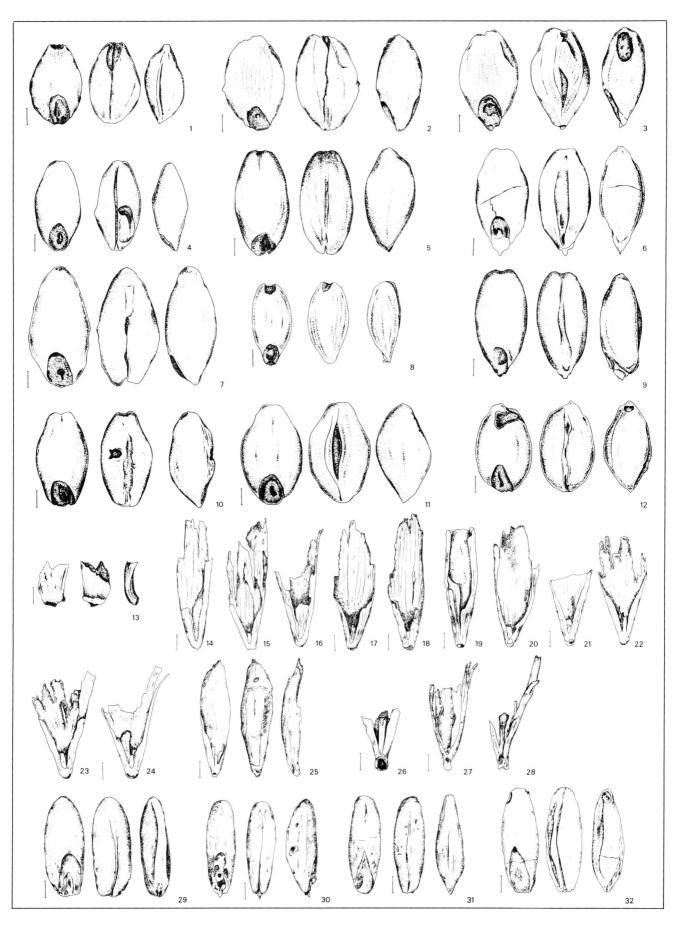

Abb. 17 1–13: Mehrzeilige Gerste (Hordeum vulgare): 1–3: Wahrscheinlich Spelzgerste, verschiedene Formen, Körner; 4–12: Nacktgerste: 4–10: eher Vierzeilige Formen; 11–12: eher Sechszeilige Formen; 13: Spindelgliedfragment (?). 14–25: Saat-Hafer (Avena sativa) und Flug-Hafer (Avena fatua): 14–25: Saathafer, Spelzenbasen (25: mit Grannenansatz); 26–28: Flughafer, Spelzenbasen; 29–32: Hafer, Körner.

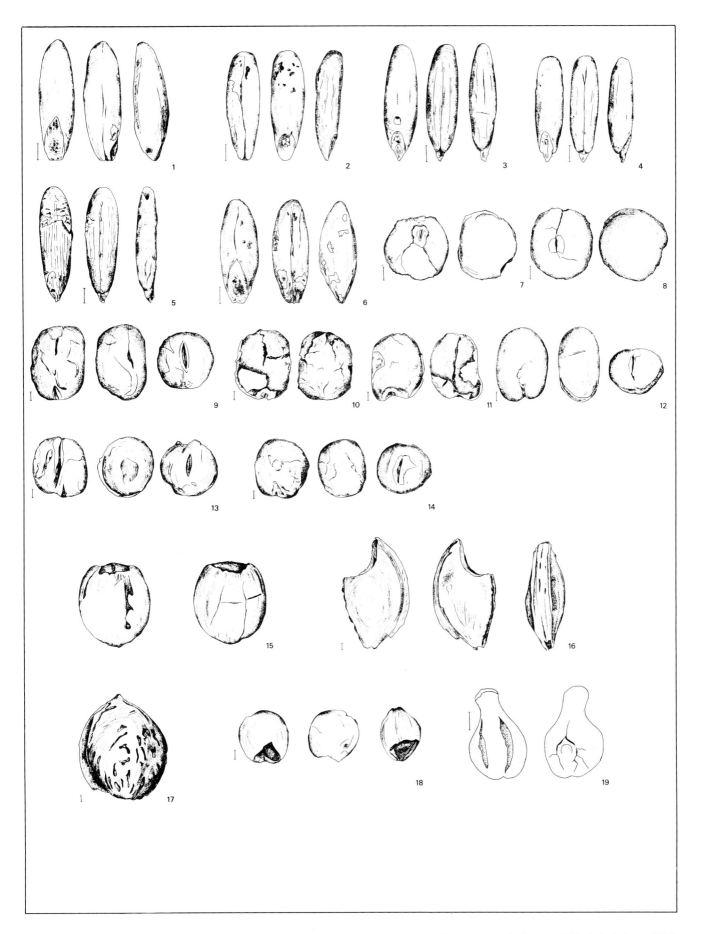

Abb. 18 1-6: Saat- oder Flughafer (Avena sativa oder A. fatua): Körner. 7-8: Erbsen (Pisum sativum): Samen. 9-14: Ackerbohnen (Vicia faba), Samen: 9-12: längliche Formen; 13-14: rundliche Formen. 15 Haselnuss (Corylus avellana). 16: Zwetschge (Prunus domestica). 17: Pfirsich (Prunus persica). 18: Kirsche (Prunus avium). 19: Traube (Vitis vinifera).

was auf eine Dominanz der 4-zeiligen Gerste im gesamten Fundmaterial hindeutet. Ebenfalls in diese Richtung weisen die zahlreich gefundenen Krümmlinge.

Sicher bestimmbare Internodien von Gerste wurden keine gefunden.

Die erhobenen Messdaten passen sehr gut zur morphologischen Einordnung der Körner. Diejenigen Körner, die der 6-zeiligen Spelzgerste zugewiesen wurden, weisen L/B-Indices von durchschnittlich <1.8 auf, die den 4-zeiligen Formen zugewiesenen Objekte solche von >1.8. Dies entspricht den in der Literatur angegebenen Werten. Die gefundenen, wahrscheinlich zur Nacktgerste gehörenden Typen weisen im allgemeinen eher längliche Formen auf, gehören also zur 4-zeiligen Gerste (L/B durchschnittlich 1.82).

3.1.1.3. Hafer (Avena L.)

Abbildungen: Abb. 17 und 18

Messwerte: Tab. 18

Fundstatistik: Tab. 4

Auf der Riedfluh wurden über 3000 Haferreste gefunden, die zu einem grossen Teil gut erhalten waren. Durch ihre schlanke, flache Form sind Haferkörner im allgemeinen leicht von den Körnern der anderen Getreidearten unterscheidbar. Schwierig ist allerdings die Artbestimmung, denn die Körner des Kulturhafers (Avena sativa) lassen sich nur mit Mühe von jenen wildwachsender Haferarten (Avena fatua und strigosa) abtrennen. Im Fall der Riedfluh hatten wir das Glück, nicht nur nackte Haferkörner zu finden, sondern auch solche, die noch in den Deck- und Vorspelzen steckten; diese letzteren weisen wesentlich bessere diagnostische Unterscheidungsmerkmale auf als nur die Körner allein.

Aufgrund von Literaturangaben lassen sich die Blüten (in der Literatur oft fälschlicherweise als Ährchen bezeichnet), Spelzenbasen und Körner der in Frage kommenden Arten folgendermassen unterscheiden (KÖRBER-GROHNE 1967, S.123ff., BEHRE 1976, S.11ff., BEHRE 1983, S.21ff., KNÖRZER 1970, S.21ff., KNÖRZER 1981, S.33ff.):

morph. Merkmal/ Pflanzenteil	Saathafer Avena sativa	Flughafer Avena fatua	Raubhafer Avena strigosa
Begrannung der Deckspelze	meist fehlend, selten Deckspelze der unt. Blüte mit Granne	kräftige, rückenständige Granne vorhanden	wie A. fatua
Abbruchnarbe der Blüte	horizontal-oval, oft mit zackig gebrochenen Rändern	schief-oval, wulstig umrandet	horizontal, mit kleinem Durchmesser
Spelzen	ohne Borsten	mit steifen Borsten	ohne Borsten
Stielchen zur nächsthöheren Blüte	dick	dick	dünn
Körner: Form	rel. «voll»	eher schlank; Mikropylenende zugespitzt	keine Angaben
max. Höhe	in der Mitte	etwas unterhalb der Mitte	

Aufgrund der obigen Merkmale konnten 339 Körner mit Spelzen eindeutig dem Saathafer (Avena sativa) zugewiesen werden. Sie weisen im allg. die typischen, horizontalen Abbruchnarben der Blüte auf (in der Literatur oft als Ährchen bezeichnet). Wenn genügend grosse Teile der Deckspelze erhalten waren, so liess sich meist kein Grannenansatz feststellen. Einzelne Objekte waren jedoch auch begrannt. Wie in der Literatur mancherorts erwähnt und an rezentem Vergleichsmaterial zu beobachten, weist ja manchmal die Deckspelze der unteren Blüte des Kulturhafer-Ährchens eine Granne auf. Die Spelzen (Deck- und Vorspelze) waren in der für Kulturhafer typischen Art borstenlos.

Die meisten Haferkörner waren in nacktem Zustand erhalten; diese haben wir nicht einer bestimmten Art zugewiesen, da unseres Erachtens die morphologischen Unterscheidungskriterien zwischen Kultur- und Wildhaferkörnern nicht genügend sicher sind. Dies wurde auch von anderen Autoren so gehandhabt (z.B. KÖRBER-GROHNE 1967). Bei den meisten Körnern dürfte es sich aber mit einer grossen Wahrscheinlichkeit um Saathafer handeln, da unter den bespelzten Körner eindeutig der Saathafer überwiegt. Dass aber Wildhafer, d.h. in unserem Fall Flughafer (Avena fatua) in unserem Material ebenfalls nicht fehlt, zeigen die 9 eindeutig dieser Art zuweisbaren Spelzenbasen und auch die Messwerte der Körner (vgl. unten).

Ausser den eindeutig zuweisbaren Spelzenbasen fanden sich vereinzelt auch solche, die weder mit Sicherheit der einen noch der anderen Haferart zuweisbar waren. Es könnte sich hierbei um Mischformen im Sinne von KÖRBER-GROHNE 1967 (S.125) handeln.

Im ganzen wurden 46 Haferkörner vermessen. Ihre durchschnittlichen Längen liegen deutlich >6mm, was im Vergleich zu anderen Fundstellen hoch ist; die Angaben für Kulturhafer schwanken zwischen 5.33-5.80 mm (Tab. 18). Gegenüber den als Saathafer bestimmten Körnern von Elisenhof (BEHRE 1976) und Haithabu (BEHRE 1983) sind die L/B-Indices der Riedfluh-Körner ebenfalls deutlich höher (>3; dort: 2.73-2.84; Tab. 18). Unsere Messwerte gleichen aber z.B. stark den Werten von KÖRBER-GROHNE von der Feddersen Wierde (L/B-Index im Durchschn. 3.2, 1./2. Jahrhundert), wo offensichtlich ein Gemisch von Saat- und Flughafer vorlag. Unsere erhobenen Messwerte weisen also darauf hin, dass unter den Körnern von der Riedfluh ein Teil vom Flughafer stammen muss. Aufgrund des Vorhandenseins von eindeutigen Flughafer-Spelzenbasen wurde dies ja bereits vermutet.

3.1.1.4. Kultivierte Hirsen (Rispenhirse: *Panicum miliaceum* L., Kolbenhirse: *Setaria italica* (L.) P.B.)

Abbildungen: Abb. 19

Messwerte: Tab. 19

Fundstatistik: Tab. 7 (Kulturhirsen)

Die Bestimmung der Hirsen von der Riedfluh erfolgte aufgrund der morphologischen Kriterien der Körner und Spelzen. Angaben zu den Charakteristika der Kulturhirsen-Arten finden sich in der Literatur vor allem in NETOLITZKY 1914, KROLL 1983, KÖRBER-GROHNE 1967, KNÖRZER 1971 und WASYLIKOWA 1978. Danach sind als besonders charakteristische Unterscheidungskriterien zu nennen:

● Die Oberflächenstruktur der Deck- und Vorspelze: *Panicum miliaceum*: Oberfläche glatt, mit wenigen, längsverlaufenden Nerven, Zellen länglich-rechteckig. *Setaria italica*: Oberfläche mit Papillen.

● Die Form und Grösse der Körner:
P. miliaceum: Oval; verkohlt 1.3-2.2 mm lang. *S. italica*: Rundlich; verkohlt 1.1-1.7 mm lang; KROLL 1983.

● Die Form der Keimlingsgrube bei den nackten Körnern:

Panicum miliaceum: Breite Keimlingsgrube mit nach unten divergierenden Rändern, bis maximal zur Kornmitte reichend. (Panicum crus-galli: Keimlingsgrube etwas schmaler als bei P. miliaceum, bis ca. 2/3 der Kornlänge reichend; Ränder mehr oder weniger parallel; vgl. unter Wildhirsen, Kap. 3.2.14.). *Setaria italica*: Keimlingsgrube schmal, mindestens bis 2/3 der Kornlänge reichend, Ränder parallel.

Aufgrund dieser Kriterien konnten fast alle auf der Riedfluh gefundenen Kulturhirsen der Rispenhirse (Panicum miliaceum) zugewiesen werden (2194 Stk.). Obwohl der Erhaltungszustand des Materials stark unterschiedlich war, gestaltete sich die Identifizierung nicht besonders schwierig. In einzelnen Proben lagen grosse Mengen stark verkohlter, teilweise verbackener, nackter Hirsekörner vor, in anderen waren sie nur wenig verkohlt, teilweise noch von den glatten, glänzenden Spelzen eingeschlossen, und ihr Erhaltungszustand war ausgezeichnet (Proben 14 und 19). Fast in

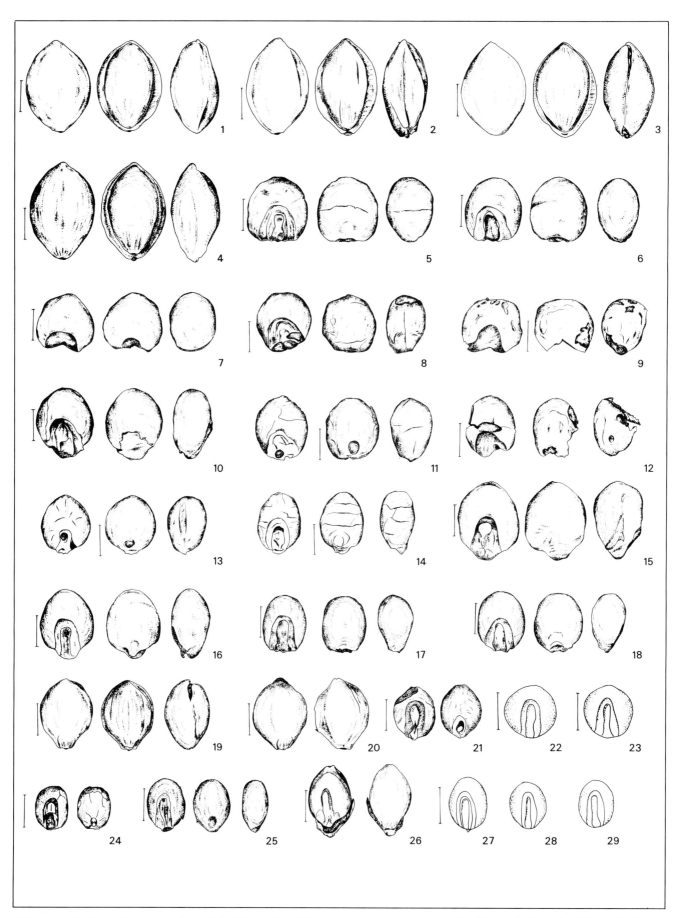

Abb. 19 1-16: Rispenhirse und wahrscheinlich Rispenhirse (Panicum miliaceum): 1-4: bespelzte Körner; 5-16: nackte Körner. 13-16: unsicher bestimmbare. 17-18: Wahrscheinlich Hühnerhirse (cf. Panicum crus-galli), nackte Körner. 19-23: Kolbenhirse (Setaria itlica): 19-20: bespelzte Körner; 21-23: nackte Körner. 25-29: Wahrscheinlich Grüne oder Quirlige Borstenhirse (Setaria cf. viridis/verticillata): nackte Körner.

jedem Fall liessen sich aber die Bestimmungsmerkmale mit einer ausreichenden Sicherheit feststellen. Nur wenige, meist durch die Verkohlung stark deformierte Körner konnten nicht sicher identifiziert werden. Aufgrund ihrer weit ausladenden Keimlingsgruben dürfte es sich aber mit einer sehr hohen Wahrscheinlichkeit ebenfalls um Rispenhirsenkörner handeln.

Im ganzen wurden 41 nackte und 20 bespelzte, gut erhaltene Körner der Rispenhirse vermessen. Die Längenwerte liegen bei den nackten Körnern zw. 1.1 und 2.2 mm (Durchschnitt 1.85 mm), bei den bespelzten zwischen 2.3 und 3.1 mm (Durchschnitt 2.75 mm). Dies liegt im Bereich diverser Angaben aus der Literatur (vgl. oben; Tab. 19).

Von der Kolbenhirse konnten nur wenige sicher bestimmbare Reste gefunden werden. 14 Körner aus Probe 19 und 1 Korn aus Probe 9 konnten aufgrund ihrer rundlichen Form und der deutlich papillösen Oberflächenstruktur der Spelzen eindeutig Setaria italica zugewiesen werden. Wo die Form der Keimlingsgrube zu erkennen war, erschien sie schmal-hoch und reichte bis ca. zu 2/3 der Kornlänge.

Die Messwerte der nackten Kolbenhirse-Körner liegen im Bereich bzw. etwas über Angaben aus der Literatur, was bedeutet, dass die Riedfluh-Körner von einer guten Qualität sind (Tab. 19).

Wildhirsen: vgl. Kap. 3.2.14.

3.1.2. Hülsenfrüchte

3.1.2.1. Ackerbohne, Pferdebohne (Vicia faba L.)

Abbildungen: Abb. 18

Messwerte: Tab. 20 (Vermessung nach BEHRE 1983, S.28)

Fundstatistik: Tab. 8

Auf der Riedfluh wurden 891 Samen (545 ganze, 346 Fragmente) der Ackerbohne gefunden. Der Erhaltungszustand der Fundstücke schwankte von Probe zu Probe stark: Es fanden sich neben Samen mit abgeplatzter Testa auch viele mit mehr oder weniger vollständig erhaltener Oberfläche und deutlich sichtbarem Nabel.

Aufgrund ihrer Form, Grösse und Nabelform waren die Samen zum grössten Teil mit Sicherheit bestimmbar, auch wenn der Erhaltungszustand nicht sehr gut war. Wie an vielen anderen Fundstellen fanden wir auch im Riedfluh-Material 2 verschiedene Formen von Vicia faba-Samen:

- rundliche mit einem L/B-Index von >80

- längliche mit einem L/B-Index von <75

In allen Proben mit mehr als einem Samen traten längliche und runde Formen gemischt auf. Diese Tatsache wird offensichtlich in vor- und frühgeschichtlichem Pflanzenmaterial immer wieder beobachtet (z.B. KÖRBER-GROHNE 1967, S.177; BEHRE 1983, S.28). Es scheint, dass auch auf der Riedfluh beide Formen miteinander angebaut wurden, und dass wir es mit den Ausbildungsformen einer Sorte zu tun haben. Des öfteren konnten nämlich auch Formen beobachtet werden, die zwischen den beiden Extremen (vgl. Tab. 20) lagen.

Die Längen der Ackerbohnen von der Riedfluh liegen im Bereich anderer Fundstllen wie z.B. Neuss (Novaesium; römisch; KNÖRZER 1970). Im Vergleich zu römisch-kaiserzeitlichem und frühmittelalterlichem Fundmaterial aus Norddeutschland sind sie dagegen grösser (KÖRBER-GROHNE 1967, BEHRE 1983).

3.1.2.1. Erbse (Pisum sativum L.)

Abbildungen: Abb. 18

keine Messungen

Fundstatistik: Tab. 9

Es wurden nur 3 Samen (2 ganze, 1 Fragment) gefunden, die mit Sicherheit der Erbse zuweisbar waren (kugelige Form; kurzer, ovaler Nabel). Daneben traten 10 kugelige Samen auf, an denen der Nabel abgeplatzt war, weshalb sie allein aufgrund ihrer Grösse wahrscheinlich zur Erbse gestellt werden müssen (cf. Pisum). Weitere 36 zumeist sehr schlecht erhaltene Samen bzw. Samenfragmente könnten grosse Erbsen oder kleine, kugelige Vicia faba-Samen sein, weshalb sie nicht bis auf die Art bestimmt werden konnten.

3.1.3. Obst und Nüsse (Kulturpflanzen)

3.1.3.1. Pfirsich (Prunus persica (L.) Batsch; Fam. Rosaceae)

Abbildung: Abb. 18, 17

Messwerte: 2 verkohlte Steine:
L: 20.5/23 mm   B:17/20 mm   H: 13/16.5 mm

Fundstatistik: Tab. 11

Die 9 gefundenen, verkohlten, ganzen bzw. fragmentierten Pfirsichsteine waren aufgrund ihrer Form, Grösse und profilierten Oberflächenstruktur leicht bestimmbar. Sie waren recht dickwandig. Dieses Merkmal, zusammen mit der geringen Grösse, spricht dafür, dass wir es mit einer Primitivform des Kulturpfirsichs zu tun haben. Vergleichbare mittelalterliche Funde allerdings unverkohlter Pfirsichsteine gibt es aus Sindelfingen (KÖRBER-GROHNE 1978) und Meilen-Friedberg (JACOMET 1981).

3.1.3.2. Süsskirsche (Prunus avium L., Fam. Rosaceae)

Abbildung: Abb. 18, 18

keine Messungen

Fundstatistik: Tab. 11

1 verkohlter, nur leicht beschädigter Kirschenstein. Stielansatz nicht als steil umwallte Grube ausgebildet (KROLL 1978), deshalb eindeutig der Süsskirsche zuweisbar.

3.1.3.3. Pflaume/Zwetschge (Prunus domestica L. s.l., Fam. Rosaceae)

Abbildung: Abb. 18, 16

Messwerte: 1 Stk., verkohlt:
L: 22 mm   B: 12 mm   H: 6 mm

Fundstatistik: Tab. 11

1 verkohlter Pflaumenstein, der in Form und Grösse der «Deutschen Hauszwetsche» vergleichbar ist (Prunus domestica ssp. oeconomica; vgl. KÖRBER-GROHNE 1978, S.191).

3.1.3.4. Weinrebe (Vitis vinifera L., Fam. Vitaceae)

Abbildung: Abb. 18, 19

Messwerte:
L: 5.6 mm B: 3.9 mm,
L/B: 1.44, B/L×100: 69.64

Fundstatistik: Tab. 11

1 verkohlter, gut erhaltener, aber durch die Verkohlung ziemlich stark aufgeblasener Traubenkern. Form rundlich-oval, mit relativ langem, deutlich abgesetztem Hals. Auf der einen Seite sind deutlich die beiden charakteristischen Vertiefungen erkennbar, die durch die Verkohlung etwas aufgeplatzt sind. Auf der anderen Seite sieht man eine ebenso charakteristische, rundliche Vertiefung. Aufgrund dieser Merkmale ist der Same eindeutig als Traubenkern identifizierbar. Nach Angaben in der Literatur (vgl. KROLL 1983) handelt es sich mit einer sehr hohen Wahrscheinlichkeit um den Überrest einer Kulturrebe. Der B/L×100-Index liegt im Bereich des sog. «Intermediär-Typs» (Zwischenform von Wild- und Kulturrebe) nach KROLL (1983); der L/B-Index liegt nur knapp unter dem Kulturreben-Bereich (1.5-1.9). Da aber durch die Verkohlung eine «Verrundung» der Form eingetreten ist, muss der Kern ursprünglich schlanker gewesen sein, so dass seine ursprünglichen Ausmasse im Kulturreben-Bereich liegen dürften.

3.1.3.5. Walnuss (Juglans regia L., Fam. Juglandaceae)

Keine Abbildungen und Messungen (alle Stücke fragmentiert)

Fundstatistik: Tab. 10

Total 49 verkohlte Bruchstücke von Nussschalen; aufgrund der charakteristischen, unregelmässig auf der Oberfläche verlaufenden, linienförmigen Vertiefungen eindeutig bestimmbar.

3.2. Wildpflanzen

Reihenfolge: Systematisch (Familien) nach BINZ & HEITZ 1986.
Innerhalb der Familien: alphabetisch (Gattungen)

Die Bestimmungen erfolgten in erster Linie mit Hilfe der Vergleichssammmlung rezenter Diasporen des Botanischen Institutes der Universität Basel. Ausserdem wurden diverse Literaturangaben benützt, auf welche im Text teilweise separat verwiesen wird.

3.2.1. Ranunculaceae

3.2.1.1. Wahrscheinlich Scharfer Hahnenfuss (Ranunculus cf. acris L. s.l.)

Abbildung: Abb. 20, 1

Messwerte:
L: 2.30 mm B: 1.40 mm

Fundstatistik: Tab. 12 und 14

Ovales-rundliches, flaches Nüsschen mit deutlichem, aber dünnem Randsaum, der spitzwinklig ausläuft. Der Schnabel war nicht mehr vorhanden, seine Ansatzstelle könnte oberhalb der Mitte, etwas gegen die Rückenseite hin verschoben gelegen haben.

Die Bestimmung von Ranunculus-Nüsschen bereitet einige Mühe, da viele Arten ähnliche Formen und Grössen besitzen. Es lassen sich trotzdem in fast jedem Fall gewisse Verwandtschaftsgruppen herausschälen. Für unsere Frucht (einige dieser Gattung in unseren Proben) kamen nach eingehenden Vergleichen mit Rezentmaterial nur noch zwei Arten in Frage, nämlich Ranunculus acris und R. repens. Die Unterscheidung dieser zwei nahe verwandten Arten ist durch die Form des Randsaumes möglich. Der Saum unseres Ranunculus-Nüsschens war zwar deutlich, aber doch nur dünn ausgebildet. Dies spricht eher für Ranunculus acris. Trotzdem kann Ranunculus repens nicht ganz ausgeschlossen werden.

3.2.2. Corylaceae

3.2.2.1. Haselnuss (Corylus avellana L.)

Abbildung: Abb. 18, 15

Keine Messungen

Fundstatistik: Tab. 10

1 ganze und 57 Fragmente verkohlter Haselnussschalen, die anhand ihrer glatten Oberflächenstruktur und den in der verholzten Schale verlaufenden Ölgängen eindeutig zuweisbar waren.

3.2.3. Fabaceae

Die meist ovalen bis rundlichen Samen der Fabaceae lassen sich aufgrund von Unterschieden in ihrer Grösse, Oberflächenstrukturen und insbesondere Nabelformen fast immer den einzelnen Gattungen zuordnen. Schwieriger steht es mit der Bestimmung der Arten, die sich als sehr heikel erweisen kann. Bei der Identifikation der Riedfluh-Leguminosensamen sind wir in erster Linie von Vergleichen mit rezentem Material ausgegangen.

3.2.3.1. Ranken-Platterbse (Lathyrus aphaca L.)

Abbildung: Abb. 20, 2

Messwerte:
L: 3.00 mm   B: 2.10 mm   H: 2.20 mm

Fundstatistik: Tab. 12 und 14

In zwei Proben konnte je ein Same der Ranken-Platterbse gefunden werden (ein ganzes, relativ gut erhaltenes und ein beschädigtes Korn). Die längliche Form, die glatte Oberfläche und der ovale Nabel auf der

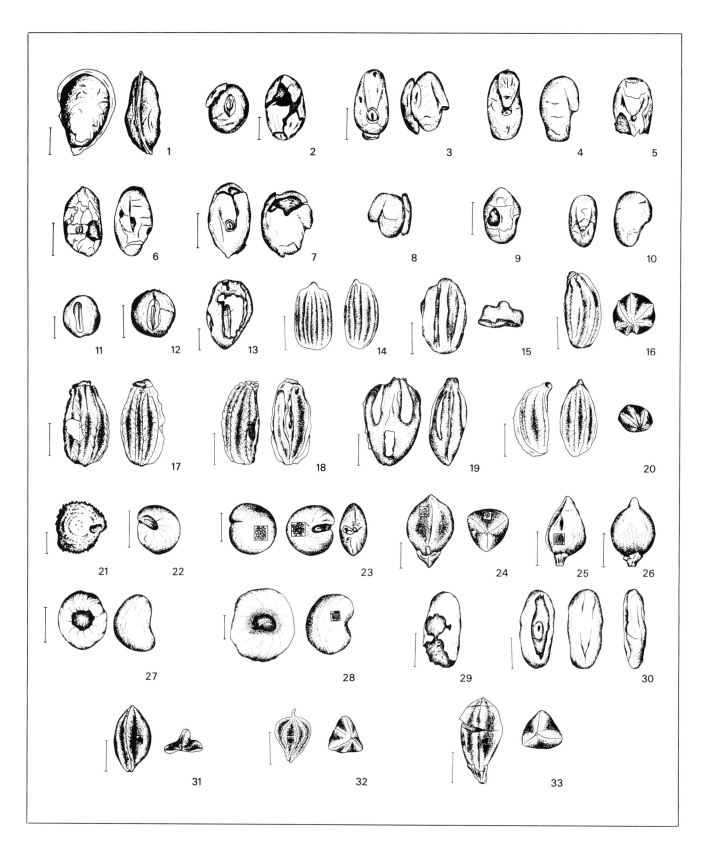

Abb. 20 1: Wahrscheinlich Scharfer Hahnenfuss (Ranunculus cf. acris). 2: Ranken-Platterbse (Lathyrus aphaca). 3–4: Hoher oder Weisser Honigklee (Melilotus altissima/alba). 5: Wahrscheinlich Weisser Honigklee (Melilotus cf. alba). 6–7: Honigklee oder Klee (Melilotus oder Trifolium). 8: Rotklee (Trifolium pratense). 9–10: Klee (Trifolium spec.). 11–12: Viersamige Wicke (Vicia tetrasperma). 13: Rauhhaarige Wicke (Vicia villosa). 14: Doldenblütler, nicht näher bestimmbar (Apiaceae). 15: Dill (Anethum graveolens). 16–18: Rundblättriges Hasenohr (Bupleurum rotundifolium). 19: Wahrscheinlich Bärenklau (cf. Heracleum sphondylium). 20: Grosse Bibernelle (Pimpinella major). 21: Kornrade (Agrostemma githago). 22: Weisser Gänsefuss (Chenopodium album). 23: Bastard-Gänsefuss (Chenopodium hybridum). 24: Windenknöterich (Fallopia convolvulus). 25: Vogel-Knöterich (Polygonum aviculare). 26: Pfirsichblättriger Knöterich (Polygonum persicaria). 27: Wahrscheinlich Ackerwaldmeister (cf. Asperula arvensis). 28: Kletten-Labkraut (Galium aparine). 29: Kamm- oder Ackerwachtelweizen (Melampyrum cristatum/arvense). 30: Spitzwegerich (Plantago lanceolata). 31: Wahrscheinlich Finger- oder Waldsegge (Carex cf. digitata/silvatica). 32: Schlaffe Segge (Carex flacca). 33: Segge, nicht näher bestimmbar (Carex spec.).

Schmalseite sprechen eindeutig für Lathyrus aphaca. Die verkohlten Samen sind jedoch etwas kleiner als die Durchschnittsgrösse der rezenten Samen, was auf den Verkohlungsprozess zurückzuführen ist.

Am beschädigten Samen fehlt der Nabel. Die Bestimmung bereitet trotzdem keine Schwierigkeiten, da die erwähnten Merkmale und die rundlich-ovale Form eindeutig für L. aphaca sprechen.

3.2.3.2. Weisser oder hoher Honigklee (Melilotus altissima Thuill. od. M. alba Medicus)

Abbildungen: Abb. 20, 3—4

Messwerte: 7 Samen
L: 1.95 mm B: 1.20 mm H: 1.40 mm
L: 1.80 mm B: 1.00 mm H: 1.25 mm
L: 2.35 mm B: 1.25 mm H: 1.70 mm
L: 1.70 mm B: 1.20 mm H: 1.15 mm
L: 1.80 mm B: 0.90 mm H: 1.10 mm
L: 1.80 mm B: 1.20 mm H: 1.40 mm
L: 1.60 mm B: 0.95 mm H: 1.15 mm

Fundstatistik: Tab. 12 und 14

Die der Gattung Melilotus zugewiesen Samen waren vielfach beschädigt und wirkten infolge des Verkohlungsprozesses etwas aufgeblasen. Der Nabel war aber oft noch vorhanden und die hervortretende Keimwurzel war überall deutlich zu erkennen.

In Seitenansicht sind die Samen oval und haben eine deutlich vortretende Keimwurzel. Unterhalb des Einschnittes, der die Keimwurzel vom Rest des Samens abtrennt, liegt der runde Nabel. Er ist nur in Ventralansicht deutlich erkennbar und relativ gross. Allgemein erscheinen die Samen seitlich abgeflacht. Samen mit einer solchen Form lassen sich der Gattung Trifolium oder der Gattung Melilotus innerhalb der Fabaceae zuordnen. Zwischen diesen Gattungen sind nur tendenzielle Unterschiede vorhanden: Samen von Trifolium pratense sind z.B. im Gegensatz zu Melilotus altissima im allgemeinen etwas kleiner und im Verhältnis etwas höher. Ausserdem befindet sich die grösste Breite oberhalb der Mitte oder in der Mitte des Samens. Der keinere Nabel ist auch ein kennzeichnendes Merkmal. Melilotus-Samen besitzen dagegen eine etwas deutlicher hervortretende Keimwurzel und die grösste Breite wird unterhalb oder in der Mitte des Kornes gemessen. Aufgrund dieser wenigen Merkmale liessen sich unsere Samen der Gattung Melilotus zuweisen. Innerhalb dieser Gattung weisen sie die grössten Ähnlichkeiten mit Melilotus altissima und M. alba auf; die Samen dieser beiden Arten sind kaum auseinanderzuhalten, weshalb die genaue Bestimmung offengelassen werden muss.

Einer der Samen war besonders schön erhalten; der runde Nabel war sehr deutlich erkennbar (mit einem äusseren Ringwulst und einem Längsspalt in der Mitte). Er lag in der unteren Hälfte des Korns, wo auch die grösste Breite gemessen wurde. Am Rücken des Samens klebte noch ein Stück der Hülse. Die Testa war nur im unteren Bereich und auf der rechten Lateralseite erhalten.

3.2.3.3. Wahrscheinlich Weisser Honigklee (Melilotus cf. alba Medicus)

Abbildung: Abb. 20, 5

Messwerte:
L: 1.85 mm B: 1.30 mm H: 1.50 mm

Fundstatistik: Tab. 12 und 14

Auf der Dorsal- und Ventralseite mit Hülsenresten erhaltener Same von ovaler Form, mit deutlich hervortretender Keimwurzel (allg. Beschreibung von Melilotus siehe oben). Die strukturierte Hülsenoberfläche entspricht am ehesten jener von Melilotus alba. Die Strukturen am verkohlten Samen sind jedoch im Vergleich zum Rezentmaterial etwas gröber und wirken auseinandergezogen. Die Gattung Trifolium konnte mit Sicherheit ausgeschlossen werden, da ihre Hülsen nie so deutlich gerippte Strukturen besitzten.

3.2.3.4. Honigklee, nicht näher bestimmbar (Melilotus spec.)

Messwerte:
L: 1.80 mm B: 1.00 mm H: 1.35 mm
L: 1.80 mm B: 0.80 mm H: 1.35 mm
L: 1.75 mm B: 1.00 mm H: 1.50 mm
L: 2.00 mm B: 1.00 mm H: 1.40 mm

Schlecht erhaltene, deshalb nicht näher einer bestimmten Art zuweisbare Melilotus-Samen.

3.2.3.5. Honigklee oder Klee (Melilotus oder Trifolium)

Abbildung: Abb. 20, 6—7

Messwerte:
L: 2.00 mm B: 1.20 mm H: 1.70 mm
L: 1.70 mm B: 1.10 mm H: 1.15 mm

Fundstatistik: Tab. 12 und 14

Diese Samen können nicht mit Sicherheit einer der beiden Gattungen zugewiesen werden. Ihre Formen sprechen eher für Trifolium. Besonders die Grösse des ersten Objektes liegt dagegen eher im Melilotus-Bereich. Allgemeine Beschreibung: siehe oben.

3.2.3.6. Rotklee (Trifolium pratense L.)

Abbildung: Abb. 20, 8

Messwerte:
L: 1.50 mm B: 1.00 mm H: 1.25 mm

Fundstatistik: Tab. 12 und 14

Relativ kleiner, ovaler Same mit hervortretender Keimwurzel und relativ kleinem Nabel. Die Grösse und die oben runde und breite Form des Samens sprechen eindeutig für eine Zuordnung zu Trifolium pratense. Die hervortretende, grosse und im Verhältnis zur Höhe breite Keimwurzel ist ebenfalls charakteristisch ausgebildet. Der Same weist zwar auf der linken Seitenfläche relativ grosse Einbuchtungen auf, ist aber ansonsten gut erhalten.

3.2.3.7. Wahrscheinlich Rotklee/Klee (Trifolium cf. pratense und Trifolium spec.)

Abbildung: Abb. 20, 9—10

Messwerte:
L: 1.55 mm B:(1.50 mm) H: 1.40 mm
L: 1.65 mm B: 0.90 mm H: 1.25 mm
L: 1.50 mm B: 1.00 mm H: 1.20 mm
L: 1.40 mm B: 0.80 mm H: 1.20 mm

Fundstatistik: Tab. 12 und 14

Im allgemeinen stark beschädigte Samen, deren nähere Artzuweisung kaum möglich erscheint.

3.2.3.8. Viersamige Wicke (Vicia tetrasperma (L.)S.F. Gray)

Abbildungen: Abb. 20, 11—12

Messwerte:
L: 1.50 mm B: 1.40 mm H: 1.50 mm
L: 2.10 mm B: 1.90 mm H: 1.75 mm
L: 2.15 mm B: 1.75 mm H: 1.85 mm

Indices:

Gesamtlänge GL/Nabellänge NL:	1.6 : 1
	1.4 : 1
	1.8 : 1
Gesamtbreite GB/Nabelbreite NB:	3.5 : 1
	2.7 : 1
	4.4 : 1

Fundstatistik: Tab. 12 und 14

Die Samen der Vicia-Arten lassen sich im allgemeinen durch ihre Form, Grössenunterschiede und Nabelformen recht gut bestimmen. Ausserdem kann die Berechnung diverser Indices bei der Bestimmung hilfreich sein wie z.B. die Gesamtlänge durch die Nabellänge (GL:NL) und Gesamtbreite durch die Nabelbreite (GB:NB). Allgemein sind die Vicia-Samen mehr oder weniger rund, die Keimwurzel steht nicht vor.

Vicia tetrasperma-Samen sind im allgemeinen relativ klein, rund und besitzen einen im Verhältnis zur Grösse langen Nabel. Aufgrund dieser Merkmale konnten 3 Fabaceen-Samen recht eindeutig dieser Art zugewiesen werden. Für den Samen Nr. 2 käme allenfalls noch eine Zuordnung zu Vicia angustifolia in Betracht, da der Nabel etwas kurz ist. Die Grösse spricht allerdings eindeutig für Vicia tetrasperma.

3.2.3.9. Zottige Wicke (Vicia villosa Roth.)

Abbildung: Abb. 20, 13

Messwerte:
L: 3.40 mm B: 2.40 mm H: 3.00 mm

Fundstatistik: Tab. 12 und 14

Die Bestimmung des stark beschädigten, relativ flachen und eckigen Samens war nicht leicht. Seine Grösse und die Form des Samens und seines Nabels nähern sich am ehesten dem Vicia villosa-Typ, obwohl die Gesamtlänge zur Nabellänge etwas kleiner ist als beim Rezentmaterial. (GL:NL=1.7:1 gegenüber ca. 2.4:1).

2 weitere Samen von ähnlicher Grösse und Form, aber sehr schlechtem Erhaltungszustand gehören wahrscheinlich ebenfalls zu dieser Art (Bestimmung als Vicia cf. villosa).

3.2.3.10. Wahrscheinlich Schmalblättrige Wicke (Vicia cf. angustifolia L.)

Messwerte:
L: 2.30 mm B: 2.40 mm H: 2.50 mm

Fundstatistik: Tab. 12 und 14

Der verkohlte, ursprünglich rundliche Same war in zwei mehr oder weniger gleichgrosse Hälften zerbrochen. Der Nabel war gut sichtbar, doch leider oben und unten und auf der einen Seite beschädigt. Trotzdem liessen einerseits die gut abschätzbare Länge des Nabels und andererseits die Grösse des Korns eine relativ sichere Bestimmung zu. Der Nabel war im Verhältnis zur Gesamtlänge des Samens recht lang (etwa halb so lang) länger als z.B. bei Vicia villosa. Dagegen war der Samen deutlich kleiner als diejenigen der letzteren Art. Damit liess sich der vorliegende Same recht gut von solchen der Zottigen Wicke abgrenzen.

3.2.4. Apiaceae

3.2.4.1. Dill (Anethum graveolens L.)

Abbildung: Abb. 20, 15

Messwerte:
L: 2.50 mm B: 1.50 mm H: 0.90 mm

Fundstatistik: Tab. 12

Die vorliegende Achäne wurde durch den Verkohlungsprozess recht stark in Mitleidenschaft gezogen, weshalb die Bestimmung nicht ganz einfach war. Trotzdem war aufgrund seiner Form eine Zuordnung zur Unterfamilie Peucedaneae-Angelicinae eindeutig möglich. Aufgrund von Vergleichen der Früchte der verschiedenen Vertreter dieser Gruppe entsprach die Grösse und Form unserer Achäne am ehesten Anethum graveolens. Die typische Oberflächenstruktur mit zugespitzten Erhebungen (=Rippen) und dazwischenliegenden Tälern mit Ölkanälen war jedoch nur noch ansatzweise erkennbar, indem drei erhabene, längs verlaufende Leisten auf der Dorsalseite sichtbar waren. Die Bestimmung kann aber trotzdem als gesichert gelten, da die Grösse und der Umriss mit den rezenten Früchtchen gut übereinstimmen. Die eiförmig-elliptische Form mit schwach gewölbter Oberseite ist ein kennzeichnendes Merkmal für den Dill.

3.2.4.2. Rundblättriges Hasenohr (Bupleurum rotundifolium L.)

Abbildungen: Abb. 20, 16—18

Messwerte: 17 Messungen
L: 2.20-2.80 mm (2.54 mm)
B: 1.30-1.60 mm (1.34 mm)
H: 1.00-1.30 mm (1.16 mm)

Fundstatistik: Tab. 12 und 14

Die Bestimmung der total 26 gefundenen Achänen von Bupleurum rotundifolium war relativ einfach, da die verkohlten Früchte ihre Grösse und Form im Vergleich zum rezenten Material nur wenig verändert haben; zudem besitzen sie charakteristische, von verwandten Gruppen gut unterscheidbare Früchtchen.

Bupleurum rotundifolium gehört innerhalb der Apiaceae systematisch zur Unterfamilie Ammieae-Carinae, deren Achänen grösstenteils isodiametrisch oder wenig von der Seite zusammengedrückt sind, d.h. die Ventralseite ist meist mehr oder weniger flach und der Rücken gewölbt. Die Dorsalrippen und Lateralrippen sind fadenförmig schmal und mehr oder weniger gleichgestaltet. Von der Dorsalseite aus betrachtet treten meist nur drei Rippen deutlich hervor, dies besonders am verkohlten Material. Am apikalen Ende sind die Achänen relativ breit-abgestutzt, was sie von den ähnlichen Früchten von Pimpinella major (siehe unten) abhebt. Aufgrund dieser charakteristischen Merkmale war die Bestimmung eindeutig möglich.

3.2.4.3. Wahrscheinlich Wiesen-Bärenklau (cf. Heracleum sphondylium L.)

Abbildung: Abb. 20, 19

Messwerte:
L: 3.40 mm B: 2.20 mm H: 1.40 mm

Fundstatistik: Tab. 12 und 14

Im Fundmaterial fand sich eine dorsal-ventral mehr oder weniger stark abgeflachte Achäne; aufgrund ihrer ovalen Form und ihrer Grösse liess sie sich gut dem Peucedaneae-Typ der Apiaceen zuordnen. Die genauere Bestimmung bereitete hingegen einige Schwierigkeiten. So war z. B. nicht mehr erkennbar, ob der Rand der Achäne geflügelt war oder nicht. Die unregelmässige Abbruchkante auf der einen Seite deutet aber darauf hin. Der Grösse und Form nach kamen deshalb die folgenden Arten in Betracht: Pastinaca sativa, eine Peucedanum-Art oder Heracleum sphondylium. Die beiden kurzen, kaum bis zur Fruchtmitte reichenden Ölkanäle auf der Ventralseite sprachen am ehesten für Heracleum; allerdings ist die Frucht im Vergleich zum Rezentmaterial zu klein, auch wenn man eine ziemlich starke Schrumpfung durch den Verkohlungsprozess in Betracht zieht.

3.2.4.4. Grosse Bibernelle (Pimpinella major (L.) Hudson)

Abbildung: Abb. 20, 20

Messwerte:
L: 2.50 mm B: 1.20 mm H: 1.10 mm

Fundstatistik: Tab. 12 und 14

Eine verkohlte, längliche Apiaceen-Frucht, in Richtung Diskus leicht zugespitzt, mit flacher Ventralseite, hingegen deutlich gewölbter Dorsalseite und mit drei schwach hervortretenden, aber gut sichtbaren Rippen versehen. Diese Merkmalskombination spricht für eine Zugehörigkeit der vorliegenden Frucht zur Unterfamilie Ammieae-Carinae der Apiaceae. Aufgrund des deutlich zugespitzten Diskus-Endes konnte die Frucht Pimpinella major zugeordnet werden, obwohl sie ansonsten grosse Ähnlichkeit mit Bupleurum rotundifolium besitzt. Ebenfalls ausgeschlossen werden konnte Aegopodium podagraria, da dessen Früchte deutlich grösser sind.

3.2.5. Brassicaceae

Keine Messwerte und Abbildungen

Fundstatistik: Tab. 12

In Probe 3 kamen 10 kugelige Samen zum Vorschein, die aufgrund ihrer Form und Grösse (um 1 mm) am ehesten den Gattungen Brassica oder Sinapis innerhalb der Brassicaceae zugeordnet werden können. Da die «Kugeln» aber keinerlei Oberflächenstrukturen erkennen liessen, ist die Bestimmung unsicher.

3.2.6. Caryophyllaceae

3.2.6.1. Kornrade (Agrostemma githago L.)

Abbildung: Abb. 20, 21

Messwerte:
L: 2.50 mm B: 2.50 mm H: 1.80 mm
L: 2.30 mm B: 1.85 mm H: 2.50 mm
L: 2.30 mm B: 1.80 mm H: 2.50 mm
L: 2.35 mm B: 1.80 mm H: 2.40 mm

Fundstatistik: Tab. 12 und 14

Von der Kornrade fanden wir in unseren Proben insgesamt 16 entweder ganze, relativ gut erhaltene Samen oder Samenfragmente. Infolge der Verkohlung sind sie im Durchschnitt etwas kleiner als das rezente Vergleichsmaterial. Trotzdem konnten sie anhand ihrer Grösse und ihrer warzigen Oberflächenstruktur, die überall entweder ganz oder teilweise erhalten war, eindeutig bestimmt werden.

3.2.7. Chenopodiaceae

3.2.7.1. Weisser Gänsefuss (Chenopodium album L.)

Abbildung: Abb. 20, 22

Messwerte:
L: 1.30 mm B: 1.25 mm H: 0.70 mm
L: 1.50 mm B: 1.30 mm H: 0.65 mm
L: 1.25 mm B: 1.20 mm H: 0.65 mm
L: 1.20 mm B: 1.20 mm H: 0.70 mm

Fundstatistik: Tab. 12 und 14

Die recht gut erhaltenen Gänsefuss-Diasporen waren in ihrer Form und Grösse charakteristisch für Chenopodium album. Sie wiesen einen mehr oder weniger runden Umriss mit einer scharfen Kante am Rand auf und waren relativ flach (linsenförmig). Die Radicula war durch die Vertiefung vom Nabel bis zur Samenmitte auf der einen Seite deutlich abgesetzt. Die Oberfläche der verkohlten Samen war glänzend und besass auf der einen Seite eine feine radiale Streifung, die von der zentral gelegenen Griffelwarze ausgeht.

3.2.7.2. Bastard-Gänsefuss (Chenopodium hybridum L.)

Abbildung: Abb. 20, 23

Messwerte:
L: 1.60 mm B: 1.60 mm H: 0.90 mm

Fundstatistik: Tab. 12 und 14

Aus der Probe ERF 9 konnte ein Früchtchen als Chenopodium hybridum bestimmt werden. Der gute Erhaltungszustand erlaubte die sichere Artbestimmung. Die charakteristische, grubige Oberflächenstruktur am rezenten Material stellten wir auch am verkohlten Material in praktisch unveränderter Form fest. Die vorliegende Chenopodium hybridum-Frucht ist, von der Seite betrachtet, rund und mehr oder weniger flach. Die eine Lateralseite weist eine Einsenkung auf, die sich vom Nabel bis knapp zur Mitte erstreckt. Durch diese wird die Radicula vom übrigen Fruchtkörper abgegrenzt.

3.2.8. Polygonaceae

3.2.8.1. Winden-Knöterich (Fallopia convolvulus (L.) A. Löve)

Abbildung: Abb. 20, 24

Messwerte:
L: 2.50 mm B: 1.80 mm

Fundstatistik: Tab. 12 und 14

In unseren Proben fanden wir eine gut bestimmbare Windenknöterich-Frucht. Sie war in typischer Weise dreikantig, im Umriss breit-elliptisch und hatte spitz auslaufende Enden. Die Oberfläche ist deutlich warzig-punktiert und erscheint ausser den Kanten matt.

Fallopia ist mit der Gattung Polygonum nahe verwandt. Beide Gattungen lassen sich ihrerseits in Gruppen einteilen. Es gibt Arten, die nur dreikantige Früchte oder nur flache Früchte aufweisen. Andererseits gibt es Arten, die auf derselben Pflanze flache und kantige Formen tragen. Fallopia convolvulus gehört zur Gruppe mit dreikantigen Früchten mit gut abgrenzbarer Grösse und Form.

3.2.8.2. Vogel-Knöterich (Polygonum aviculare L.)

Abbildung: Abb. 20, 25

Messwerte:
H: 1.35 mm B: 1.15 mm L: 2.30 mm

Fundstatistik: Tab. 12 und 14

In unseren Proben konnte nur eine relativ gut bestimmbare Vogel-Knöterich-Frucht gefunden werden. Sie war in typischer Weise im Umriss eiförmig, mit zugespitztem oberen Ende und maximaler Breite im untersten Drittel. Im Querschnitt war sie dreikantig. Sehr typisch war auch die Oberflächenstruktur zu erkennen, welche sich aus länglichen, in Reihen angeordneten Zellen zusammensetzt.

3.2.8.3. Pfirsichblättriger Knöterich (Polygonum persicaria L.)

Abbildung: Abb. 20, 26

Messwerte:
L: 2.20 mm B: 1.45 mm H: 1.00 mm
L: 1.90 mm B: 1.50 mm H: 0.60 mm
L: 1.90 mm B: 1.50 mm H: 1.00 mm
L: 1.80 mm B: 1.65 mm H: 1.00 mm
L: 2.40 mm B: 1.65 mm H: 1.30 mm
L: 2.25 mm B: 1.50 mm H: 1.40 mm

Fundstatistik: Tab. 12 und 14

Insgesamt konnten 28 verkohlte, ganze oder halbe Früchtchen der Art Polygonum persicaria zugeordnet werden. In Form, Grösse und Oberflächengestalt stimmten sie recht gut mit dem rezenten Vergleichsmaterial überein. Die Früchtchen waren im Umriss oval und mehr oder weniger flach oder auf einer Seite gewölbt.

Eindeutig bestimmbar sind praktisch nur flache Formen von Polygonum persicaria, da in der näheren Verwandtschaft viele ähnliche dreikantige Verbreitungseinheiten vorkommen.

Die verkohlten Samen waren alle etwas kleiner a-fc-s die rezenten, ihre glatte und glänzende Oberfläche mit winzigen Zellenstrukturen war jedoch sehr gut erhalten geblieben. An unseren Früchten war ausserdem oft der Griffelansatz deutlich erkennbar.

3.2.8.4. Wahrscheinlich Stumpfblättriger Ampfer (Rumex cf. obtusifolius L.)

Messwerte:
L: 2.00 mm B: 1.10 mm H: 1.10 mm
L: 1.80 mm B: 1.10 mm H: 1.10 mm

Fundstatistik: Tab. 12 und 14

Die Nüsschen der meisten Rumex-Arten können ohne Perianth kaum sicher voneinander abgegrenzt werden. Alle weisen sehr ähnliche Formen auf: sie sind im Umriss oval und laufen gegen oben und unten spitz zu. Im Querschnitt sind sie dreikantig und weisen scharfe Kanten auf.

Aufgrund von Vergleichen mit Rezentmaterial konnten deutlich kleinere und grössere Rumex-Früchte ausgeschlossen werden. Übrig blieben noch drei in Frage kommende Arten, nämlich Rumex obtusifolius, R. conglomeratus und R. sanguineus. Die Form und Oberflächenstruktur dieser drei Species ist nicht klar auseinanderzuhalten, doch lassen sich aufgrund der unterschiedlichen Soziologie und Ökologie Einschränkungen machen. Auf der Basis dieser Erwägungen dürfte es sich am ehesten um Rumex obtusifolius handeln, einer Art, die in Unkrautfluren, in Äckern, Wiesen und auf Schlägen häufig zu finden ist.

3.2.9. Rubiaceae

3.2.9.1. Labkraut (Galium spec.)

Messwerte:
L: 1.60 mm B: 1.50 mm H: 1.26 mm

Fundstatistik: Tab. 12

Eine gut erhaltene Frucht aus Probe 4, die eindeutig der Gattung Galium zugeordnet werden konnte (rundliche Form, Fruchtwandstruktur, Nabel als lochförmige Vertiefung ausgebildet). Da der Same jedoch zum grössten Teil noch in seiner Fruchtwand steckte, und der Nabel deshalb teilweise verdeckt war, war eine nähere Bestimmung nicht möglich. Die Grössenangaben sind für die Bestimmung nicht brauchbar, da die Fruchtwand mitgemessen wurde.

3.2.9.2. Wahrscheinlich Sumpf-Labkraut (Galium cf. palustre L.)

Messwerte:
L: 1.50 mm B: 1.40 mm H: 1.33 mm

Fundstatistik: Tab. 12

Sehr schön erhaltene Frucht aus Probe 4. Da vor allem die Grösse und die Zellstruktur der Samenoberfläche zur Bestimmung der Art wichtig sind, war eine sichere Zuweisung nicht möglich, da letztere nicht erkennbar war, weil die Frucht noch von der stark runzligen Fruchtwand umhüllt war. Die relativ weite, rechteckige Öffnung des Nabels deutet jedoch am ehesten auf Galium palustre hin.

3.2.9.3. Klettenlabkraut (Galium aparine L.)

Abbildung: Abb. 20, 28

Messwerte: 20 Messungen
L: 2.41 mm (1.70 mm-2.80 mm)
B: 2.11 mm (1.50 mm-2.50 mm)
H: 1.76 mm (1.30 mm-2.00 mm)

Fundstatistik: Tab. 12 und 14

Insgesamt wurden 32 Früchtchen von Galium aparine gefunden. Ausser zwei waren alle sehr schön erhalten, weshalb die Bestimmung keine Probleme bereitete.

Verglichen mit rezentem Material sind unsere verkohlten Samen zwar deutlich kleiner (rezente gemessene Samen durchschnittlich L: 3.1 mm, B: 3.0 mm, H: 2.5 mm), aber Nabel und Oberflächenstruktur lassen keine andere Bestimmung zu. Der Nabel ist bei allen Samen rundlich und nimmt weniger als die Hälfte der Bauchfläche ein. Die Struktur der Rückenfläche zeigt langgestreckte Zellen, die schön in Reihen verlaufen, was eindeutig für Galium aparine spricht.

3.2.9.4. Wahrscheinlich Ackerwaldmeister (cf. Asperula arvensis L.)

Abbildung: Abb. 20, 27

Messwerte:
L: 1.70 mm B: 1.50 mm H: 1.20 mm
L: 1.60 mm B: 1.50 mm H: 1.20 mm

Fundstatistik: Tab. 12 und 14

Die recht gut erhaltenen Früchtchen wurden beide in der Probe 4 gefunden. Die Oberflächenstruktur, die für die Bestimmung der Rubiaceae-Früchte ein sehr wichtiges Merkmal ist, war leider bei den vorliegenden Diasporen nicht mehr gut zu erkennen, weshalb keine sichere Zuweisung erfolgen konnte. Die Grösse der Früchte, die rundliche Form des Nabels und der Früchte selbst, zusammen mit ihrer wahrscheinlich ursprünglich glatten Rückenoberfläche lassen aber am ehesten auf Asperula arvensis schliessen.

3.2.10. Caprifoliaceae

3.2.10.1. Schwarzer oder Trauben-Holunder (Sambucus nigra L./racemosa L.)

Keine Messungen und Abbildungen

Fundstatistik: Tab. 11

1 verkohlter, länglicher Steinkern mit charakteristischer, querwelliger Oberflächenstruktur.

3.2.11. Scrophulariaceae

3.2.11.1. Kamm- oder Acker-Wachtelweizen (Melampyrum cristatum L./arvense L.)

Abbildung: Abb. 20, 29

Messwerte:
L: 3.70 mm B: 1.80 mm H: 1.90 mm
L: 4.10 mm B: 2.40 mm H: 2.60 mm

Fundstatistik: Tab. 12 und 14

2 verkohlte, leicht beschädigte Samen von länglichovaler Form und mit abgerundeter Spitze. Das untere Ende (Nabelende) ist abgeflacht. Beide Samen sind durch den Verkohlungsprozess etwas verändert worden. Gegenüber dem rezenten Material wirken sie aufgeblasen und besitzen keine Einbuchtungen parallel zur Höhe mehr. Die Bestimmung der Gattung ist jedoch trotz dieser Veränderung nicht schwierig, da die Grösse, aber auch die Gestalt der Samen eindeutig

für Melampyrum sprechen. Anders steht es mit der Artbestimmung. Melampyrum cristatum und M. arvense weisen nicht nur in der Morphologie der Verbreitungseinheiten, sondern auch in der Soziologie und Ökologie etliche Übergänge auf, weshalb die genaue Zuordnung offen bleiben muss.

3.2.12. Plantaginaceae

3.2.12.1. Spitzwegerich (Plantago lanceolata L.)

Abbildung: Abb. 20, 30

Messwerte:
L: 2.50 mm B: 1.10 mm H: 0.70 mm
L: 2.40 mm B: 1.20 mm H: 0.80 mm
L: 2.70 mm B: 1.20 mm H: 1.00 mm
L: 2.10 mm B: 1.20 mm H: 1.10 mm

Fundstatistik: Tab. 12 und 14

Schmal-elliptische Samen, mit leicht gewölbtem Rücken, der mit einem Mittelstreifen versehen ist. Die Bauchseite weist jeweils eine längliche Vertiefung auf, bei der es sich um das eingesenkte Nabelfeld handelt. Diese Grube ist von beiden Seiten wulstig umrandet. Aufgrund dieser Kriterien waren unsere Samen eindeutig Plantago lanceolata zuweisbar.

3.2.13. Cyperaceae

3.2.13.1. Schlaffe Segge (Carex flacca Schreber)

Abbildung: Abb. 20, 32

Messwerte:
L: 1.40 mm B: 1.10 mm H: 1.20 mm

Fundstatistik: Abb. 12

In der Probe 6 konnte eine relativ gut erhaltene, deutlich dreikantige Carex-Frucht gefunden werden. Im Umriss ist die Frucht verkehrt-dreieckig und hat etwas abgerundete Ecken. Gegen den Nabel hin ist sie zugespitzt. Die verkohlte Frucht weist noch eine mehr oder weniger deutliche, aber feine Grubenstruktur auf und besitzt apikal noch ein Stück des Griffels. Aufgrund des guten Erhaltungszustandes kann die Artbestimmug als gesichert gelten, obwohl einige andere Arten ähnliche Grössen und Formen besitzen.

3.2.13.2. Wahrscheinlich Finger- oder Wald-Segge (cf. Carex digitata L./silvatica Hudson)

Messwerte:
L: 2.20 mm B: 0.80 mm H: 1.30 mm

Fundstatistik: Tab. 12 und 14

Die gut erhaltene Frucht aus der Probe 9 war im Umriss eiförmig-oval und gegen den Griffel hin am oberen Ende zugespitzt. Der Griffelansatz war als kleiner, runder Kreis an der Spitze erkennbar. Das untere Ende war etwas breiter und flach ausgebildet. Zwei Seitenflächen der dreikantigen Diaspore waren deutlich eingesenkt, die eine Seite erschien mehr oder weniger flach. Die Kanten waren stumpf-oval. Die feine, grubige Oberflächenstruktur war noch schwach erkennbar.

Die Bestimmung dieses Früchtchens bereitete einiges Kopfzerbrechen. Nach dem Sichten des Vergleichsmaterials kamen zuletzt zwei Gattungen und einige Arten in die nähere Auswahl. Einerseits besitzt die Grösse und die Form der verkohlten Frucht einige übereinstimmende Merkmale mit zwei Carex-Arten, nämlich C. digitata und C. silvatica. Die Früchte dieser und weiterer Seggen-Arten sind schwer auseinanderzuhalten, weshalb die genaue Artzuordnung offengelassen werden muss. Andererseits kommt aber auch Polygonum aviculare in Frage. Zumindest darf diese Art nicht ausgeschlossen werden, da vor allem der Querschnitt des zu bestimmenden Samens mit vielen Vogelknöterich-Diasporen grosse Ähnlichkeit besitzt. Die Messwerte des rezenten Materials sind allerdings etwas grösser, doch es ist bekannt, dass durch den Verkohlungsprozess die Samen schrumpfen. Letztlich kann also nicht entschieden werden, ob es sich um eine Segge oder um den Vogelknöterich handelt, da die beobachteten Merkmale weder eindeutig für die eine noch für die andere Gattung sprechen.

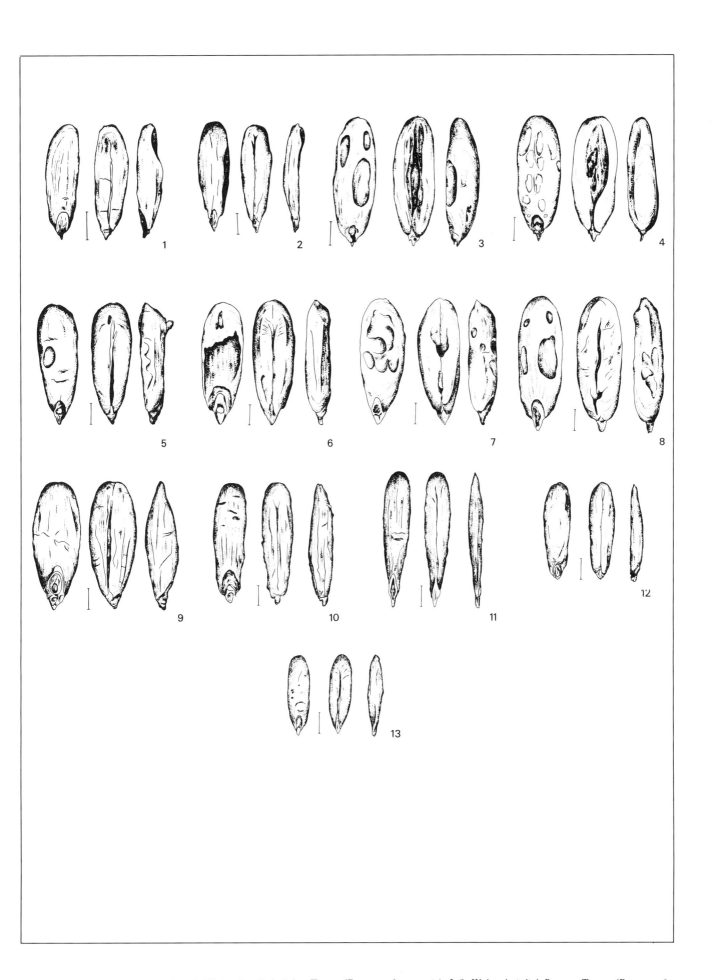

Abb. 21 1–13: Trespen (Bromus): 1–2: Wahrscheinlich Acker-Trespe (Bromus cf. arvensis); 2–8: Wahrscheinlich Roggen-Trespe (Bromus cf. secalinus); 9–13: Trespe, nicht näher bestimmbar (Bromus spec.).

3.2.13.3. Segge (Carex spec.)

Abbildung: Abb. 20, 33

Messwerte:
L: 2.30 mm B: 1.30 mm H: 1.40 mm

Fundstatistik: Tab. 12

2 dreikantige, mehr oder weniger stark beschädigte Carex-Früchte. Die vermessene Frucht weist zwei grössere Querrisse auf. Die grösste Breite befindet sich oberhalb der Mitte, das obere Ende der Frucht erscheint stumpf. Am unteren Ende haftet noch ein Stück des Fruchtschlauchs. Die Ansatzstelle des Griffels ist von oben relativ gut erkennbar. Die genaue Artbestimmung muss allerdings offengelassen werden, da viele Carex-Arten ähnliche Frucht-Formen aufweisen. Die zweite Carex-Frucht konnte nicht vermessen werden, da sie stark beschädigt ist. Die Fruchtwand ist nur noch zur Hälfte vorhanden; im Innern ist daher deutlich der Same erkennbar. Eine Artbestimmung war nicht mehr möglich.

3.2.14. Poaceae

3.2.14.1. Flughafer (Avena fatua L.)

vgl. Kap. 3.1.1.3.

3.2.14.2. Trespen: Wahrscheinlich Roggentrespe (Bromus cf. secalinus L.), wahrscheinlich Ackertrespe (Bromus cf. arvensis L.) und nicht näher bestimmbare Trespe (Bromus spec.)

Abbildungen: Abb. 21

Messwerte: siehe unten

Fundstatistik: Tab. 12, 13 und 14

Allgemeines zur Bestimmung der Trespen-Früchte:

Auf der Riedfluh fanden sich in 4 Proben recht grosse Mengen von Trespen-Früchtchen (vgl. vor allem Tab. 13). Ihre Bestimmung gestaltete sich äusserst schwierig. Sie ist auch dann problematisch, wenn man davon ausgeht, dass wohl nur Getreideunkrautarten in Frage kommen.

Zunächst haben wir die Früchtchen in Formgruppen aufgetrennt. Danach haben wir die ganz erhaltenen Früchte gemessen, eine Auswahl gezeichnet (vgl. Abb. 21) und die erhobenen Messwerte mit den (spärlichen) Literaturangaben, in erster Linie mit GLUZA (1977), verglichen. Trotz unseren Bemühungen sind die einzelnen Arten nicht sicher bestimmbar. Vielmehr lassen sich zwei Gruppen, nämlich schlanke und etwas breitere Formen, unterscheiden, die wir schliesslich einerseits zu Bromus cf. arvensis und andererseits zu Bromus cf. secalinus stellten. Sie treten neben Formen auf, die wir nicht näher bestimmen konnten (Bromus spec.).

Die Beschreibung der einzelnen Arten erfolgt nach Proben.

Probe ERF 1 (Feld 14.1)

In der ersten Probe haben wir zwei Gruppen unterschieden: Bromus cf. secalinus und Bromus spec.

Vergleich der Messwerte unserer Bromus cf. secalinus mit B. secalinus nach GLUZA 1977:

ERF 1	GLUZA 1977
L: 5.00-6.40 (5.72)	5.25-7.25(6.51-6.71)
B: 1.35-2.20 (1.90)	1.17-2.30(1.60-1.68)
H: 1.00-1.75 (1.36)	0.80-1.90(1.57-1.64)

Die Bromusfrüchte von der Riedfluh sind im Durchschnitt wesentlich kürzer (bis 1 mm), dafür etwas breiter (ca. 0.30 mm) und dünner (ca. 0.25 mm) als die Werte nach GLUZA.

Vergleich der Messwerte von ERF 1 mit Bromus arvensis nach GLUZA 1977:

L: 4.90-6.45 (5.88)
B: 0.80-1.40 (1.11)
H: 0.70-1.25 (0.96)

Die Länge der Früchtchen von ERF 1 stimmt mit der Länge der von GLUZA vermessenen B. arvensis-Früchtchen recht gut überein. Hingegen sind unsere deutlich breiter (ca. 0.80 mm) und dicker als jene.

Bromus commutatus-Körner nach GLUZA (1977) sind im Vergleich zu unseren eindeutig zu lang; B. mollis dagegen ist zu dünn, weshalb diese beiden Arten ausgeschlossen werden können.

Unsere Messwerte stimmen am ehesten mit den Werten für Bromus racemosus überein, wobei die von GLUZA vermessenen Früchtchen dieser Art etwas länger (0.25 mm), schlanker (0.30 mm) und dünner (0.15 mm) waren als unsere.

Betrachten wir nicht nur die Grössenverhältnisse, sondern auch die Form der Samen, so bestehen die grössten Ähnlichkeiten zu Bromus secalinus (vgl. KNÖRZER 1967) und B. racemosus. Bromus secalinus besitzt im verkohlten Zustand meist eine ebene oder sogar aufgeblähte, vorgewölbte Bauchfläche. Dies konnte auch bei einigen unserer Exemplare beobachtet werden. Die Rückenfläche ist mehr oder weniger stark gewölbt, der Rücken von der Seite gesehen meist gerade, was ebenfalls mit unseren Körnern gut übereinstimmt. Die sog. «Löffelform», d.h. oben breit, unten relativ spitz zusammmenlaufend, ist typisch für beide Arten. Mit anderen Worten: B. racemosus und B. secalinus können ihrer Form nach nicht eindeutig auseinandergehalten werden. Zieht man noch die Ökologie und Soziologie der beiden Arten in Betracht, so kommt für uns eigentlich nur B. secalinus in Frage. Bromus racemosus ist eine Art, die Nasswiesen oder Nassweiden kalkarmer Lehm- und Tonböden bevorzugt. Bromus secalinus ist hingegen als Unkrautart in Roggen- oder Weizenfeldern, v.a. im Wintergetreide auf nährstoffreichen mineralkräftigen Böden anzutreffen.

Zieht man nun alle aufgeführten Aspekte in Betracht, so handelt es sich bei den meisten der Bromus-Früchtchen aus der Probe ERF 1 aller Wahrscheinlichkeit nach um Bromus secalinus, wobei einige Körner als Bromus spec. ausgeschieden werden mussten.

Probe ERF 2 (Feld 14)

In Probe 2 wurden zwar etwas dünnere und dickere Samen unterschieden, doch die Unterschiede sind minim. Ausserdem ist die Form aller Körner (vgl. Abb. 21) recht einheitlich. Das untere Ende der Samen ist mehr oder weniger zugespitzt, im oberen Bereich sind sie breit und rund, und besitzen gerade Rücken. Wir müssen also annehmen, dass es sich wahrscheinlich um ein und dieselbe Art mit etwas breitem Variationsspektrum handelt, nämlich um Bromus cf. secalinus.

Durchschnittsmesswerte der 20 Früchte aus der Probe 2:

L: 5.57 mm B: 1.92 mm H: 1.44 mm

Probe ERF 3 (Feld 10.2.)

Die ganze Probe 3 muss anders verkohlt sein als die übrigen Proben der Ausgrabung Riedfluh. Dieser markante Unterschied der Verkohlungsart konnte auch bei den Getreidearten beobachtet werden. Die Diasporen liegen im allgemeinen halbverkohlt oder nur zum Teil verkohlt vor, sie sind nicht aufgeblasen, sondern schlank, und weisen oft eine «schrumpelige» Oberflächenstruktur auf.

Die Bromus-Körner der Probe 3 sind schlank und ihre Oberfläche ist runzelig und oft von Furchen und Rillen überzogen. Dies steht im Gegensatz zu Körnern aus anderen Proben, die mehr oder weniger stark aufgeblasen sind und eine glatte Oberfläche aufweisen. Aus der Probe ERF 3 wurden alle gut erhaltenen Bromus-Früchtchen gemessen (24 Stück). Aufgrund ihrer Grössenverhältnisse und Formen konnten drei Gruppen unterschieden werden, wobei die meisten (21) zur Gruppe mit relativ kurzen, schlanken und sehr dünnen Körnern gehörten (Bromus cf. arvensis). Nur eine Frucht konnte als Bromus cf. secalinus ausgeschieden und zwei andere konnten nicht näher bestimmt werden (Bromus spec.).

Durchschnittswerte der als B. cf. arvensis bestimmten Früchte (21 Stk.):

L: 4.7 mm B: 1.26 mm H: 0.67 mm

Vergleicht man diese Werte mit denjenigen der Probe 1, so sind keine Gemeinsamkeiten ersichtlich. Unsere 21 Samen sind im Schnitt kürzer, wesentlich schlanker und dünner als die der Probe 1. Dafür gibt es zwei mögliche Erklärungen: Entweder handelt es sich um verschiedene Bromus-Arten oder aber ihre Grösse und Form wurde durch unterschiedliche Bedingungen während der Verkohlung derart verändert, dass sie als ein und dieselbe Art nicht mehr erkannt werden können.

Der Grösse nach könnte man die 21 Bromus-Früchte aus ERF 3 am ehesten Bromus arvensis zuordnen. Ihre durchschnittliche Länge ist jedoch um ca. 1 mm kürzer als die Werte nach GLUZA (1977); die Breite und die Dicke der Samen stimmen hingegen mit der

Literaturangabe gut überein. Da die Früchtchen der Bromus-Arten ihre Grösse und Form je nach Verkohlungsart mehr oder weniger stark verändern, kann aber nicht mit Sicherheit auf eine bestimmte Art geschlossen werden.

Probe ERF 9 (Feld 14.2.)

In der Probe 9 konnten wiederum zwei Gruppen von Bromus-Früchtchen auseinandergehalten werden. Die breiteren und dickeren Körner wurden den schmalen und dünnen gegenübergestellt. Bei der ersten Gruppe handelt es sich wiederum um den Bromus cf. secalinus-Typ, bei der zweiten um den Bromus cf. arvensis-Typ (vgl. oben).

Wie bereits erwähnt, stimmen die Werte unseres Materials mit denjenigen von GLUZA (1977) nicht immer gut überein. Die Formen dagegen sind mit den Zeichnungen von KNÖRZER (1967) gut vergleichbar. Einige Bromus-Früchte aus der Probe ERF 9, die zur Gruppe von Bromus cf. arvensis gestellt wurden, besitzen ähnliche Gestalt wie die meisten Früchtchen aus der Probe 3 (wenig verkohlt, schrumpelige Oberfläche).

Durchschnittswerte der Bromus cf. secalinus aus ERF 9:

L: 5.55 mm B: 1.99 mm H: 1.30 mm

Durchschnittswerte von Bromus cf. arvensis aus ERF 9:

L: 5.14 mm B: 1.44 mm H: 0.91 mm

3.2.14.3. Wahrscheinlich Hühnerhirse (cf. Echinochloa crus-galli P.B.) und Wahrscheinlich Grüne oder Quirlige Borstenhirse (Setaria cf. viridis/verticillata (L.)P.B)

Abbildungen: Abb. 19

Messwerte: vgl. Tab. 19

Fundstatistik: Tab. 12 und 14

Die Bestimmung der Wildhirsen-Früchtchen ist sehr problematisch. Im Fundmaterial der Riedfluh wurden im ganzen 23 Grasfrüchtchen gefunden, die wahrscheinlich einer Borstenhirsenart zuzurechnen sind. Weitere >35 Karyopsen aus der Hirseprobe 19 könnten zur Hühnerhirse gehören. Die Identifikation erfolgte mit Hilfe von Literaturangaben, insbesondere dem Schlüssel von KNÖRZER (1971) und den Angaben von KROLL (1983). Dabei wurde vor allem auf die Grösse der Körner, dann besonders auf die Form der Keimlingsgrube geachtet.

Die wahrscheinlich zur Borstenhirse gehörenden Körner sind schmal-oval im Umriss und haben eine schmale Keimlingsgrube mit parallelen Seitenrändern. Deren Länge erreicht ca. 3/4 der Kornlänge. Hierdurch sind die Körner eindeutig einer Setaria-Art zuweisbar. Zudem haftet an den meisten Körnern ein mehr oder weniger grosser Teil der Deck- und/oder Vorspelze, die jeweils eine papillöse Oberflächenstruktur aufweist, was die Körner ebenfalls eindeutig als zur Gattung Setaria gehörig erkennen lässt. Von der Morphologie her besteht demzufolge kaum ein Zweifel an der richtigen Bestimmung der Körner. Einzig die Ausmasse der Fundobjekte passen nicht recht ins Bild, indem sie höher als die Angaben aus der Literatur liegen (vgl. Tab. 19; total 22 Messungen). Die der Wildhirse (Borstenhirse) zugewiesenen Körner sind aber deutlich schmaler als die der Kultur-Kolbenhirse zugeordneten, weshalb ihre Bestimmung letztlich richtig sein dürfte.

Sehr unsicher ist hingegen die Bestimmung derjenigen Körner, bei denen es sich um Hühnerhirse handeln könnte. Es sind Körner, die in ihren Ausmassen etwas unter dem Niveau der Kultur-Rispenhirse liegen (Tab. 19). Ihre Form im Umriss ist oval, ihre Keimlingsgrube etwas länger als die Hälfte des Kornes; ausserdem erscheint die Keimlingsgrube etwas schmaler als bei typischer Rispenhirse. Für Hühnerhirse müsste die Keimlingsgrube allerdings noch länger und schmaler sein. Bei den vorliegenden Körnern könnte es sich sowohl um «untypische» Rispenhirsekörner, als auch um etwas eigenartige Körner der Hühnerhirse handeln. Da sich eine ganze Gruppe solcher Körner im Fundmaterial morphologisch recht eindeutig von den typisch ausgebildeten Rispenhirsekörnern abgrenzen liess, haben wir sie als cf. Hühnerhirse bestimmt.

4. Zusammenfassung

Von der hochmittelalterlichen Grottenburg Riedfluh wurden 51 Proben untersucht. Sie lieferten 12'092 verkohlte Reste von Samen, Früchten und diversen Fruchtstandteilen. Im ganzen konnten 14 verschiedene Arten von Kulturpflanzen und >50 Wildpflanzenarten nachgewiesen werden. Unter den Getreidearten ist Hafer am häufigsten gefunden worden, gefolgt von Mehrzeiliger Gerste (meist Spelzgerste), Rispenhirse und den Weizenarten Einkorn und Dinkel. Ausserdem traten Ackerbohnen in recht grosser Zahl auf. An übrigen Kulturpflanzen fanden sich Walnüsse, Pfirsichsteine, Kirschen- und Zwetschgensteine und ein Traubenkern. Erstaunlich ist das Fehlen von Roggen. Letzteres, zusammen mit dem Auftreten luxuriöser Getreide- und Obstarten wie Einkorn, Pfirsiche und Trauben, deuten darauf hin, dass die Bewohner der Riedfluh reiche Leute waren, die sich solches leisten konnten.

Die Wildpflanzensamen stammen vor allem von Ackerunkräutern, wobei die Wintergetreidearten mit 14 Arten dominieren. In einer Probe fanden sich 5 verschiedene Arten von Wiesenpflanzen, was darauf hindeutet, dass nicht nur Essens-, sondern auch Heuvorräte dem Brand zum Opfer gefallen sind.

Die Verteilung der Pflanzenreste in der Fläche lässt eine Interpretation der Funktion dieser Räume zu (Vorratskammer, Scheune). Gleichzeitig scheint es wahrscheinlich, dass die Burg im Spätsommer, nicht lange nach der Einbringung der Getreideernte abgebrannt sein muss, da sonst nicht so umfangreiche Essensvorräte, teilweise noch in ungedroschenem Zustand, zum Vorschein gekommen wären.

Die Verteilung der Unkrautsamen in den Proben lässt den Schluss zu, dass ein Teil des Getreides, vor allem Dinkel, als Winterfrucht, ein weiterer Teil, vor allem Hirse, sicher als Sommerfrucht angebaut worden sein muss. Der Nachweis einzelner wärmeliebender Unkräuter scheint darauf hinzuweisen, dass ein Teil des gefundenen Getreides importiert wurde, ev. aus der Rheinebene unterhalb von Basel.

Vergleicht man das auf der Riedfluh gefundene Pflanzenspektrum mit anderen hochmittelalterlichen Spektren, insbesondere von Burgruinen, so ergibt sich ein uneinheitliches Bild. Dies dürfte in erster Linie durch den schlechten Forschungsstand bedingt sein. Die von der Riedfluh untersuchten Pflanzenkomplexe sind die umfangreichsten in ihrer Art in Mitteleuropa und werfen ein neues Licht auf die Versorgung von adligen Burgbewohnern mit Lebensmitteln. Manche Untersuchungen werden aber noch nötig sein, um die vorliegenden Spektren in ihrer Bedeutung beurteilen zu können.

5. Literaturverzeichnis

ABEL 1967

Abel, W., Deutsche Agrargeschichte II: Geschichte der deutschen Landwirtschaft vom frühen Mittelalter bis zum 19. Jahrhundert. 2. Aufl., Stuttgart.

BEHRE 1976

Behre K.E., Die frühgeschichtliche Marschsiedlung beim Elisenhof in Eiderstedt 2: Die Pflanzenreste. Studien zur Küstenarchäologie in Schleswig-Holstein, Serie A, Bern & Frankfurt 1976, 144 S., 19 Taf.

BEHRE 1983

Behre, K.E., Ernährung un Umwelt der wikingerzeitlichen Siedlung Haithabu. Die Ausgrabungen in Haithabu 8, Neumünster 1983, 219 S.

BINZ/HEITZ 1986

Binz, A., Heitz, Ch., Schul- und Excursionsflora für die Schweiz. 18. Aufl., Basel.

BUURMAN 1981

Buurman, J., Carbonized seeds and fruits from the castle of Valkenburg (L.). Liber Castellorum: 40 Variaties op het Thema Kasteel. Zutphen. pp. 349-353.

DEGEN/HÖGL 1982

Degen, P., Högl, L., Die Burgstelle Riedflue, Eptingen BL. Zwischenbericht der Ausgrabungen 1981. Nachrichten des Schweizerischen Burgenvereins 55. Jg., 12. Bd.: 54-58.

ELLENBERG 1979

Ellenberg, H., Zeigerwerte der Gefässpflanzen Mitteleuropas. Scripta Geobotanica IX, 122 S., Göttingen.

FISCHER 1929

Fischer, H., Mittelalterliche Pflanzenkunde. München, 326 S.

FISCHER-BENZON 1984

Fischer-Benzon, R. von, Altdeutsche Gartenflora. Untersuchungen über die Nutzpflanzen des deutschen Mittelalters, ihre Wanderung und ihre Vorgeschichte im klassischen Altertum. Kiel und Leipzig, 254 S.

FRANZ 1976

Franz, G. (Hrsg.), Deutsches Bauerntum im Mittelalter. WdF 416.

GLUZA 1977

Gluza, I., Remains of the Genus Bromus from a neolithic site in Krakow. Acta Palaeobotanica 18/2: 17-34.

HAJNALOVA 1978

Hajnalova, E., Funde von Triticum-Resten aus einer hallstattzeitlichen Getreidespeichergrube in Bratislava-Devlin/CSSR. Berichte der Deutschen Botanischen Gesellschaft 91: 85-96.

HAUBER 1960

Hauber, L., Geologie des Tafel- und Faltenjura zwischen Reigoldswil und Eptingen (Kanton Baselland). Beiträge zur Geologischen Karte der Schweiz, Neue Folge, 112. Lieferung. Bern.

HEER 1865

Heer, O., Die Pflanzen der Pfahlbauten. Neujahrsblatt der Naturforschenden Gesellschaft Zürich für 1866, 68: 1-54.

HEGI div. Jahre

Hegi, G., Illustrierte Flora von Mitteleuropa.

HELBAEK 1952a

Helbaek, H., Early crops in southern England. Proceedings of the Prehistoric Society 18: 194-233.

HELBAEK 1952b

Helbaek, H., Spelt (Triticum spelta L.) in Bronze Age Denmark. Acta Archaeologica 23: 97-107.

HEYNE 1899-1903

Heyne, M., Fünf Bücher Deutscher Hausaltertümer von den ältesten geschichtlichen Zeiten bis zum 16. Jahrhundert. 1: Wohnung 1899; 2: Nahrung, 1901; 3: Körperpflege und Kleidung, 1903.

HENNEBO 1962

Hennebo, D., Geschichte der deutschen Gartenkunst 1: Gärten des Mittelalters. Hamburg, 196 S.

HOPF 1963

Hopf, M., Die Untersuchung von Getreideresten und anderen Feldfrüchten aus Altkalkar, Kr. Kleve und Xanten, Kr. Moers. Bonner Jahrbücher 163: 416 ff.

HOPF 1955

Hopf, M., Formveränderungen von Getreidekörnern beim Verkohlen. Berichte der Deutschen Botanischen Gesellschaft LXVIII, 191 ff.

HOPF 1974

Hopf, M., Verkohlte Pflanzenreste aus Grab 48 von Schwyz St. Martin. Mitteilungen des Historischen Vereins des Kantons Schwyz 66: 153-156.

HOPF 1975

Hopf, M., Beobachtungen und Überlegungen bei der Bestimmung von verkohlten Hordeum-Früchten. Folia Quaternaria 46: 83-92.

JACOMET 1981

Jacomet, S., Die Hölzer und Früchte im Sodbrunnen. In: Müller, F. et al.: Die Burgstelle Friedberg bei Meilen am Zürichsee. ZAM Zeitschrift für die Archäologie des Mittelalters 9: 69-77.

JACOMET 1986

Jacomet, S., Verkohlte Pflanzenreste aus einem römischen Grabmonument beim Augster Osttor (1966). Jahresberichte aus Augst und Kaiseraugst 6: 7-53.

JACOMET 1987

Jacomet, S., Prähistorische Getreidefunde. Eine Anleitung zur Bestimmung prähistorischer Gersten- und Weizenfunde. Botan. Institut der Universität Basel; 70 S.

JACOMET 1987

Jacomet, S., Ackerbau, Sammelwirtschaft und Umwelt der Egolzwiler- und Cortaillod-Siedlungen. In: Suter, P.: Zürich-Kleiner Hafner, Tauchgrabung 1981-1984. Monographien-Zürcher Denkmalpflege 3.

JACOMET et al., in Vorbereitung

Jacomet, S. et al., Pflanzenreste aus den holozänen, römerzeitlichen und mittelalterlichen Sedimenten des Areals «Vigier-Häuser» in der Altstadt von Solothurn.

JACQUAT/PAWLIK/SCHOCH 1982

Jacquat, Ch., Pawlik, B., Schoch, W., Die mittelalterlichen Pflanzenfunde. In: Schneider, J. et al.: Der Münsterhof in Zürich. Walter, Olten. pp. 267-278.

JÄGER 1951

Jäger, H., Die Entwicklung der Kulturlandschaft im Kreise Hofgeismar. Göttinger Geographische Abhandlungen 8.

JÄGER 1966

Jäger, K.D., Die pflanzlichen Grossreste aus der Burgwallgrabung Tornow, Kr. Calau. In: Herrmann, J.: Tornow und Vorberg: Ein Beitrag zur Frühgeschichte der Lausitz. Deutsche Akademie der Wissenschaften zu Berlin, Schriften der Sektion für Vor- und Frühgeschichte 21: 164-189.

JÄNICHEN 1970

Jänichen, H., Beiträge zur Wirtschaftsgeschichte des schwäbischen Dorfes. Veröffentlichungen der Kommission für geschichtliche Landeskunde in Baden-Württemberg B, 60.

KNÖRZER 1967

Knörzer, K.H., Die Roggentrespe als prähistorische Nutzpflanze. Archaeo-Physica 2: 30-38.

KNÖRZER 1970

Knörzer, K.H., Römerzeitliche Pflanzenfunde aus Neuss. Novaesium IV, Limesforschungen 10, 162 S., 23 Taf.

KNÖRZER 1971

Knörzer, K.H., Eisenzeitliche Pflanzenfunde aus dem Rheinland. Bonner Jahrbücher 171: 40-58.

KNÖRZER 1981

Knörzer, K.H., Römerzeitliche Pflanzenfunde aus Xanten. Archaeo-Physica 11, 1981, 176 S.

KNÖRZER 1984

Knörzer, K.H., Aussagemöglichkeiten von palaeo-ethnobotanischen Latrinenuntersuchungen. In: van Zeist W. & W.A. Casparie: Plants and Ancient Man. Rotterdam & Boston. pp. 331-338.

KÖRBER-GROHNE 1967

Körber-Grohne, U., Geobotanische Untersuchungen auf der Feddersen Wierde. Wiesbaden.

KÖRBER-GROHNE 1977

Körber-Grohne, U., Mittelalterliche Roggenfunde aus Württemberg. Fundberichte aus Baden-Württemberg 3: 579-584.

KÖRBER-GROHNE 1978

Körber-Grohne, U., Pollen-, Samen- und Holzbestimmungen aus der mittelalterlichen Siedlung unter der oberen Vorstadt in Sindelfingen (Württemberg). In: Scholkmann, B.: Sindelfingen / Obere Vorstadt: Eine Siedlung des hohen und späten Mittelalters. Forschungen und Berichte der Archäologie des Mittelalters in Baden-Württemberg, Bd. 3: 184-198.

KÖRBER-GROHNE 1979

Körber-Grohne, U., Samen, Fruchtsteine und Druschreste aus der Wasserburg Eschelbronn bei Heidelberg (13. Jahrhundert). Forschungen und Berichte der Archäologie des Mittelalters in Baden-Württemberg 6: 113-127.

KROLL 1978

Kroll, H., Kirschfunde aus dem 13./14. bis 16. Jahrhundert aus der Lübecker Innenstadt. Berichte der Deutschen Botanischen Gesellschaft 91: 181-185.

KROLL 1983

Kroll, H., Kastanas, Ausgrabungen in einem Siedlungshügel der Bronze- und Eisenzeit Makedoniens 1975-1979: Die Pflanzenfunde. Prähistorische Archäologie in Südosteuropa 2, Berlin 1983, 176 S.

KROLL 1987

Kroll, H., Vor- und Frühgeschichtlicher Ackerbau in Archsum auf Sylt. Eine botanische Grossrestanalyse. Römisch-Germanische Forschungen 44: 51-158.

LANGE 1970

Lange, E., Ein Getreidefund aus dem slawischen Burgwall bei Mecklenburg/Dorf, Kr. Wismar. Ausgrabungen und Funde 15/4: 220-221.

MEYER 1979

Meyer, W., Rodung, Burg und Herrschaft. Schweizer Beiträge zur Kulturgeschichte und Archäologie des Mittelalters 5: 43-80.

MEYER 1985

Meyer, W., Hirsebrei und Hellebarde. Auf den Spuren des mittelalterlichen Lebens in der Schweiz. Olten u. Freiburg i. Br..

MEYER 1987

Meyer, W., Essen und Trinken im Mittelalter. Uni Press 53: 6-10 (Bern).

NETOLITZKY 1914

Netolitzky, F., Die Hirse aus antiken Funden. Sitzungsberichte der Akademie der Wissenschaften (Wien), Math.-Naturwiss. Klasse 123: 725-759.

NEUWEILER 1905

Neuweiler, E., Die prähistorischen Pflanzenreste Mitteleuropas mit besonderer Berücksichtigung der schweizerischen Funde. Vierteljahrsschrift der Naturforschenden Gesellschaft Zürich 50: 23-134.

OBERDORFER 1983

Oberdorfer, E., Süddeutsche Pflanzengesellschaften Teil III: Wirtschaftswiesen und Unkrautgesellschaften. Fischer, Stuttgart.

RÖSENER 1986

Rösener, W., Bauern im Mittelalter. C.H. Beck München.

ROTHMALER 1955

Rothmaler, W., Zur Fruchtmorphologie der Weizenarten. Feddes Repertorium 57: 209-216.

RUAS/BROECKNER/VAQUER 1985

Ruas, M.P., Broeckner, R. & Vaquer, J., Découverte de semences carbonisées dans trois gisements médiévaux du Toulousain. Archéologie du Midi Médiéval III: 61-71.

SCHOCH 1985

Schoch, W., Die Pflanzenfunde. In: Högl, L.: Burgen im Fels. Olten & Freiburg i. Br.. Katalog der Kleinfunde von Malvaglia, Casa dei Pagani. pp. 98-100.

SCHWARZ 1970

Schwarz, D.W.H., Sachgüter und Lebensformen. Einführung in die materielle Kulturgeschichte des Mittelalters und der Neuzeit. Grundlagen der Germanistik 11.

SCHWEINGRUBER 1970

Schweingruber, F.H., Fruchtreste. In: Bürgi, J. et al.: Die Wasserburg Mülenen. Mitteilungen des historischen Vereins des Kantons Schwyz 63: 325-326.

SCHWEIZER 1955

Schweizer, Th., Die Erdburg «Moosgräben» bei Breitenbach. Oltner Neujahrsblätter 1955 (vgl. den Beitrag von L. Frey über die Getreidekörner, S. 38).

SLICHER VAN BATH 1963

Slicher van Bath, B.H., The Agrarian History of Western Europe (500-1850). London.

SUTER 1926

Suter, P., Beiträge zur Landschaftskunde des Ergolzgebietes. Diss. Univ. Basel 1926.

VAN ZEIST 1968

van Zeist, W., Prehistoric and Early Historic food plants in the Netherlands. Palaeohistoria 14: 42-173.

VILLARET-VON ROCHOW 1967

Villaret-von Rochow, M., Frucht- und Samenreste aus der neolithischen Station Seeberg-Burgäschisee-Süd. Acta Bernensia II, Bern: 21-64

WASYLIKOWA 1978

Wasylikowa, K., Plant remains from early and late medieval time found on the Wawel Hill in Cracow. Acta Palaeobotanica XIX/2: 115-200.

WILLERDING 1970

Willerding, U., Vor- und frühgeschichtliche Kulturpflanzenfunde in Mitteleuropa. Neue Ausgrabungen und Forschungen in Niedersachsen 2: 287-375.

WILLERDING 1971

Willerding, U., Methodische Probleme bei der Untersuchung und Auswertung von Pflanzenfunden in vor- und frühgeschichtlichen Siedlungsschichten. Nachrichten aus Niedersachsens Urgeschichte 40: 180-198.

WILLERDING 1972

Willerding, U., Untersuchung und Auswertung von Pflanzenresten aus prähistorischen Mineralbodensiedlungen. Informationsblätter d. Nachbarwissenschaften der Ur- und Frühgeschichte 3, Botanik 5: 1-18.

WILLERDING 1974

Willerding, U., Mittelalterliche Pflanzenreste von der Büraburg. In: Wand, N.: Die Büraburg bei Fritzlar. Burg - «oppidum» - Bischofssitz in karolingischer Zeit. Kasseler Beiträge zur Vor- und Frühgeschichte 4: 191-214.

WILLERDING 1978

Willerding, U., Bibliographie zur Palaeo-Ethnobotanik des Mittelalters in Mitteleuropa 1945 – 1977 (Teil 1). ZAM Zeitschrift für die Archäologie des Mittelalters 6: 173-223.

WILLERDING 1979

Willerding, U., Bibliographie zu Paläo-Ethnobotanik des Mittelalters in Mitteleuropa 1945-1977 (Teil 2). ZAM Zeitschrift für die Archäologie des Mittelalters 7: 207-225. (Erschienen 1981).

WILLERDING 1980

Willerding, U., Anbaufrüchte der Eisenzeit und des frühen Mittelalters, ihre Anbauformen, Standortsverhältnisse und Erntemethoden. In: H. Beck et al.: Untersuchungen zur eisenzeitlichen und frühmittelalterlichen Flur in Mitteleuropa und ihrer Nutzung. Abhandlungen der Akademie der Wissenschaften in Göttingen, Phil.-Hist. Kl., 3. Folge, Nr. 116: 126-196.

WILLERDING 1984

Willerding, U., Paläo-Ethnobotanische und schriftliche sowie ikonographische Zeugnisse in Zentraleuropa. In: van Zeist, W. & W.A. Casparie: Plants and Ancient Man. Studies in Palaeo-Ethnobotany. Rotterdam & Boston. pp. 75-98.

Dank

Zum Schluss möchten wir allen Institutionen und Personen, die zum guten Gelingen dieser Arbeit beigetragen haben, ganz herzlich danken, im besonderen:
dem Botanischen Institut der Universität Basel für die Benützung der Infrastruktur, dem Kanton Basellandschaft für die namhafte finanzielle Unterstützung, Jürg Tauber vom Amt für Museen und Archäologie Baselland für seinen Einsatz in unserer Sache, Christian Meyer für einige wertvolle Tips zur Geologie des Untersuchungsgebietes, Martin Dick und Jörg Schibler für ihre geduldigen EDV-Instruktionen, Heini Albrecht für diverse Hilfeleistungen praktischer und moralischer Art und Sabine Huber für die sorgfältige Ausführung der Reinzeichnungen.

6. Anhang: Tabellen

Tab. 1: Eptingen-Riedfluh, Makrorest-Proben 1-19

Probe-Nr.	Gewicht/g	Feld	Schicht	Horizont	Hauptbestandteil
1	230.60	14.1	41	4B BHB	Hafer, Gerste
2	160.50	14.0	46	6	Hafer, Gerste
3	132.60	10.2	41	4B BHB	Gerste, Rispenhirse
4	143.10	10.1	41	4B BHB	Hafer
5	22.90	14.0	41	4B BHB	verschiedene
6	35.50	15.3	57	4B BHB	Dinkel
7	225.70	15.3	79	4A	keine Funde
8	7.30	13.0	41	4B BHB	Hafer, Dinkel
9	270.00	14.2	41	4B BHB	verschiedene
10	150.30	14.1	40	4A	Hafer
11	54.10	10.2	40/63c	4A	Dinkel
12	23.20	15.1	57	4B BHB	Ackerbohne
13	23.20	20.0	57	4B BHB	Ackerbohne
14	36.70	10.0	41	4B BHB	Rispenhirse
15	21.20	15.1	78	4A	Dinkel
16	41.40	15.1	?	?	Ackerbohne
17	0.30	11.2	100	4B BHB	verschiedene
18	0.70	12.0	9	4A	Dinkel
19	3.90	Schacht	(41)	(4B BHB)	Rispenhirse
TOTAL	1583.20				

Tab. 2: Eptingen-Riedfluh, Makrorest-Proben 20-51

Probe-Nr.	Feld	Schicht	Horizont
20	3.2	92	4A
21	10.2	41/46	4B BHB/6
22	11.3	60	4A
23	12.0	17	4B BHC
24	12.0	88 -	4A
25	24.0	28	2
26	19.1	66 -	4A
27	17.0	28	2
28	30.0	Wasserbecken	?
29	22.3	66 -	4A
30	23.0	100	4B BHB
31	22/4.3	15/67	3/4A
32	14.2	41	4 BHB
33	15.3	57	4 BHB
34	18.0	104	3
35	11.3	unbestimmt	?
36	11.3	61	4A
37	11.2	64	4A
38	12.0	12	4A
39	11.1	12 -	4A
40	13.0	40	4A
41	14.1	37A	4A/4B
42	3.2	66/67	4A
43	10.2	40/63-B	4A
44	10.1	40 -	4A
45	22.2	66	4A
46	10.2	40/63-C	4A
47	14.1	38	4A
48	1.3	44 -	6
49	Schacht	(41/63)	4 BHB/4A
50	26.0	29b	3
51	19.2	66	4A

Tab. 3: Eptingen-Riedfluh, Gesamtspektrum der Samen und Früchte

Probennummer Feld	ERF 1 14.1	ERF 2 14	ERF 3 10.2	ERF 4 10.1	ERF 5 14	ERF 6 15.3	ERF 7 15.3	ERF 8 13	ERF 9 14.2	ERF 10 14.1	ERF 11 10.2	ERF 12 15.1	ERF 13 20	ERF 14 10	ERF 15 15.1	ERF 16 15.1	ERF 17 11.2
GETREIDE																	
Avena sativa (fatua)	1132	677	192	427	64	1		55	572	11				3			10
Avena sativa /fatua	4	1	67														
Hordeum vulgare	1028	646	17	1	43			2	471	7							5
Panicum miliaceum	1		113	9	6				41					713			8
Panicum cf. miliaceum			100						21					43			
Setaria italica									1								
Triticum monococcum	400	247	31	35	23	5		11	132	3				1			
Triticum dicoccum	8																
Triticum cf. dicoccum	15	30						1	2								
Triticum spelta	189	362	7	10	44	11		55	109	4	2			2	2		5
Triticum cf. spelta	211	141		2	5			6	37								
Triticum cf. aestivum	6	10	1	1					2								
Triticum spec.	193	80	14	15	20			14	35	2							
TOTAL Getreide	3187	2194	542	500	205	17	0	144	1423	27	2	0	0	762	2	0	28
HUELSENFRUECHTE																	
Vicia faba	36	21				28						251	202		1	350	
Pisum sativum						1							2				
Pisum oder Vicia	15	11	4	1	1	7			1	1	1		1			2	
TOTAL Hülsenfrüchte	51	32	4	1	1	36	0	0	1	1	1	251	205	0	1	352	0
NUESSE																	
Juglans regia (nur verk.)												15	12				
Corylus avellana (nur verk.)								11				2	6				
cf. Corylus (verk.)																	
TOTAL Nüsse	0	0	0	0	0	0	0	11	0	0	17	0	18	0	0	0	0
OBST (nur verkohlte)																	
Prunus persica																	
Prunus avium																	
Prunus domestica																	
Sambucus nigra/racemosa	1																
Vitis vinifera																	
TOTAL Obst	1	0	0	0	0	0	0	0	0	0	0	0	0	0	0	0	0
WILDKRAEUTER																	
Gatt./Arten vgl. Tab. 12	201	70	87	38	11	9		6	143		3			3			
GESAMT-TOTAL	3440	2296	633	539	217	62	0	161	1567	28	23	251	223	765	3	352	28

19 HT	ERF 21 10.2	ERF 22 11.3	ERF 23 12	ERF 26 19.1	ERF 27 17	ERF 29 22.3	ERF 30 23	ERF 32 14.2	ERF 38 12	ERF 41 14.1	ERF 43 10.2	ERF 44 10.1	ERF 47 14.1	ERF 48 1.3	ERF 51 19.2	TOTAL	Deutsche Pflanzennamen
			6													3152	Saat-Hafer
																72	Saat- oder Flughafer
3																2220	Mehrzeilige Gerste
																2194	Rispenhirse
4																164	wahrsch. Rispenhirse
																15	Kolbenhirse
																888	Einkorn
																8	Emmer
																48	wahrsch. Emmer
1																820	Dinkel
																403	wahrsch. Dinkel
																21	wahrsch. Saatweizen
																373	Weizen allg.
8	0	0	6	0	0	0	0	0	0	0	0	0	0	0	0	10378	
				1	1											891	Ackerbohne
																3	Erbse
																46	Erbse oder Ackerbohne
0	0	0	0	1	1	0	0	0	0	0	0	0	0	0	0	940	
							1	1		1	1	16				49	Walnuss
	14		1				17	1		1		4	1			58	Haselnuss
	3							1		1						5	wahrsch. Haselnuss
0	17	0	1	0	0	0	18	3	0	3	1	20	1	0	0	112	
		1			1				1					5	1	9	Pfirsich
											1					1	Kirsche
	2															2	Pflaume
																1	Holunder
																1	Weintraube
0	2	1	0	0	0	1	0	0	1	0	1	0	0	5	1	14	
																648	
5	19	1	7	1	1	1	18	3	1	3	2	20	1	5	1	12092	

Tab. 4: Eptingen-Riedfluh, Hafer

PROBENUMMER Feldnummer	ERF 1 14.1	ERF 2 14	ERF 3 10.2	ERF 4 10.1	ERF 5 14	ERF 6 15.3	ERF 8 13	ERF 9 14.2	ERF 10 14.1	ERF 14 10	ERF 17 11.2	ERF 18 12	ERF 23 12	TOTAL
AVENA SATIVA Körner mit Spelzen	108	107	2	19	9		18	74	2	1				339
AVENA SATIVA/FATUA nackte Körner	748	403	117	215	30	1	25	328	4	2	5	2	6	1884
AVENA SATIVA/FATUA Kornfragmente	276	167	73	193	25		12	170	5		5			929
TOTAL AVENA SATIVA(/FATUA)	1132	677	192	427	64	1	55	572	11	3	10	2	6	3152
AVENA FATUA Körner mit Spelzenbasis	1													6
AVENA FATUA Spelzenbasen	1	2			3			2						3
TOTAL AVENA FATUA	2	2	0	0	3	0	0	2	0	0	0	0	0	9
AVENA FATUA/SATIVA Körner mit Spelzen	3		2											5
AVENA FATUA/SATIVA Körner in Spelz	1	1												2
cf. AVENA nicht näher bestimmbar			41											41
Bruchstücke von Körnern			24											24
TOTAL AVENA nicht näher bestimmbar	4	1	67	0	0	0	0	0	0	0	0	0	0	72
TOTAL aller Hafer-Reste	1138	680	259	427	67	1	55	574	11	3	10	2	6	3233

Tab. 5: Eptingen-Riedfluh, Gerstenkörner

PROBENUMMER Feldnummer	ERF 1 14.1	ERF 2 14	ERF 3 10,2	ERF 4 10.1	ERF 5 14	ERF 8 13	ERF 9 14.2	ERF 10 14.1	ERF 17 11.2	TOTAL
GERSTE allg.	841	531	12		30	1	400	7		1822
SPELZGERSTE 6-ZEILIG	35	14			3		25		1	78
GERSTE 6-zeilig, cf. Spelzgerste		14								14
SPELZGERSTE 4-ZEILIG	148	32	5		10	1	38			234
GERSTE 4-zeilig, cf. Spelzgerste		32							4	36
GERSTE, cf. Nacktgerste	4	23		1			8			36
TOTAL	1028	646	17	1	43	2	471	7	5	2220

Tab. 6: Eptingen-Riedfluh, Weizen

PROBENUMMER Feldnummer	ERF 1 14.1	ERF 2 14	ERF 3 10.2	ERF 4 13.1	ERF 5 14	ERF 6 15.3	ERF 8 13	ERF 9 14.2	ERF 10 14.1	ERF 11 10.2	ERF 14 10	ERF 15 15.1	ERF 17 11.2	ERF 18 12	TOTAL
TRITICUM MONOCOCCUM Einkorn															
Körner	192	112	27	12	8	2	3	75	3						434
Ährchengabeln/Hüllspelzenbasen	206	135	4	23	13	3	8	55			1				448
Ährchen	2				2			2							6
TOTAL Einkorn	400	247	31	35	23	5	11	132	3	0	1	0	0	0	888
TRITICUM DICOCCUM Emmer															
Ährchengabeln/Hüllspelzenbasen	8														8
TOTAL Emmer	8	0	0	0	0	0	0	0	0	0	0	0	0	0	8
TRITICUM cf. DICOCCUM wahrsch. Emmer															
Körner	15	21					1				1				39
Ährchengabeln/Hüllspelzenbasen		9						2							9
TOTAL wahrsch. Emmer	15	30	0	0	0	0	1	2	0	0	0	0	0	0	48
TRITICUM SPELTA Dinkel															
Körner	58	168	1		23	1	31	38	3		1				346
Ährchengabeln/Hüllspelzenbasen	131	183	6	10	21	10	24	69	1	2	1	2	5	18	460
Ährchen		11						2							14
TOTAL Dinkel	189	362	7	10	44	11	55	109	4	2	2	2	5	18	820
TRITICUM cf. SPELTA wahrsch. Dinkel															
Körner	211	135		2			6	29						1	378
Ährchengabeln/Hüllspelzenbasen					5			8							19
Ährchen		6													6
TOTAL wahrsch. Dinkel	211	141	0	2	5	0	6	37	0	0	0	0	0	1	403
TRITICUM cf. AESTIVUM wahrsch. Saatweizen															
Körner	6	10	1	1				2						1	21
TOTAL wahrsch. Saatweizen	6	10	1	1	0	0	0	2	0	0	0	0	0	1	21
TRITICUM SPEC. Weizen allg.															
Körner	193	80	14	15	11	16	14	35	2						364
Diverse Reste					9										9
TOTAL Weizen allg.	193	80	14	15	20	16	14	35	2	0	0	0	0	0	373
TOTAL aller Weizen-Reste	1022	870	53	63	92	16	87	317	9	2	3	2	5	20	2561

Tab. 7: Eptingen-Riedfluh, kultivierte Hirsen

PROBENNR. Feld-Nr.	ERF 1 14.1	ERF 3 10.2	ERF 4 10.1	ERF 6 15.3	ERF 9 14.2	ERF 14 10	ERF 17 11.2	ERF 19 Schacht	TOTAL
PANICUM MILIACEUM Rispenhirse									
Körner nackt	1	113	9	6	41	139	8	1088	1405
Körner bespelzt						70		171	241
Kornfragm./deformierte Kö.						167			167
Spelzenfragmente						337		44	381
Total Rispenhirse	1	113	9	6	41	713	8	1303	2194
PANIC.CF.MIL.wahrsch.Rispenh.									
Körner		100			21			43	164
SETARIA ITALICA Kolbenhirse									
Körner					1			14	15
Total Hirsen	1	213	9	6	63	713	8	1360	2373

Tab. 8: Eptingen-Riedfluh, Ackerbohnen

Probennummer Feld-Nr.	ERF 1 14.1	ERF 2 14	ERF 6 15.3	ERF 12 15.1	ERF 13 20	ERF 15 15.1	ERF 16 15.1	ERF 26 19.1	ERF 27 17	TOTAL
VICIA FABA Samen ganz	11	9	16	188	137	1	181	1	1	545
VICIA FABA Samenfragment	25	12	12	63	65	0	169	0	0	346
TOTAL	36	21	28	251	202	1	350	1	1	891

Tab. 9: Eptingen-Riedfluh, Erbsen

Probennummer Feld-Nr.	ERF 1 14.1	ERF 2 14	ERF 3 10.2	ERF 4 13.1	ERF 5 14	ERF 6 15.3	ERF 9 14.2	ERF 10 14.1	ERF 11 10.2	ERF 13 20	ERF 16 15.1	ERF 18 12	TOTAL
PISUM SATIVUM Erbse													
Ganze										2			2
Fragmente						1							1
Total Erbsen						1				2			3
cf. Pisum sativum,ganze	9	1											10
Pisum od. Vicia	6	10	4	1	1	7	1	1	1	2	2	1	36

Tab. 10: Eptingen-Riedfluh, Nüsse und Eicheln

Probennummer Feld-Nr.	ERF 8 13	ERF 11 10.2	ERF 13 20	ERF 18 12	ERF 20 3.2	ERF 21 10.2	ERF 23 12	ERF 24 12	ERF 28 3	ERF 29 22.3	ERF 30 23	ERF 32 14.2	ERF 41 14.1	ERF 43 10.2	ERF 44 10.1	ERF 47 14.1	TOTAL
CORYLUS AVELLANA Haselnüsse																	
Ganze, verkohlt							1						1				1
Fragmente, verkohlt	11	2	6	2	5	14					17	1	1	1	4	1	57
unverkohlte (ob rezent?)																	5
Total Haselnüsse	11	2	6	0	5	14	1	0	0	0	17	1	1	1	4	1	63
CF.CORYLUS wahrsch. Haselnüsse												1	1				5
JUGLANS REGIA Walnüsse																	
Fragmente, verkohlt		15	12	2				2	1		1	1	1	1	16		49
Fragm.,unverk.(ob rezent?)									1								3
Total Walnüsse	0	15	12	2	0	0	0	2	1	0	1	1	1	1	16	0	52
QUERCUS SPEC. Eicheln																	0
ev. angekohlt(ob rezent?)										7							7
TOTAL NÜSSE UND EICHELN (inklusive unsichere)	11	17	18	2	5	17	1	2	1	7	18	3	3	1	20	1	127
																	0
TOTAL NÜSSE UND EICHELN (ohne unsichere)	11	17	18	2	0	14	1	0	0	0	18	2	2	1	20	1	107

Tab. 11: Eptingen-Riedfluh, Obst

Probennummer Feld-Nr.	ERF 1 14.1	ERF 18 12	ERF 20 3.2	ERF 21 10.2	ERF 22 11.3	ERF 23 12	ERF 29 22.3	ERF 36 11.3	ERF 38 12	ERF 40 13	ERF 42 3.2	ERF 43 10.2	ERF 48 1.3	ERF 51 19.2	TOTAL
PRUNUS PERSICA Pfirsich															
verkohlt, ganz							1		1					1	2
verkohlt, Fragm.					1		1						5	1	7
Pfirsich Total					1				1				5		9
PRUNUS AVIUM Süsskirsche															
verkohlt												1			1
unverkohlt(ob rezent?)						2		1		1					4
PRUNUS DOMESTICA s.l.Pflaume															
verkohlt, Fragm.			2	2											2
ev. angekohlt											1				3
VITIS VINIFERA Weintraube		1													1
SAMBUCUS NI/RAC Holunder	1														1
TOTAL Obst	1	1	2	2	1	2	1	1	1	1	1	1	5	1	21
TOTAL Obst, ohne unverkohlte	1	1	0	2	1	0	1	0	1	0	0	1	5	1	14

Tab. 12: Eptingen-Riedfluh, Wildkräuter, systematische Reihenfolge

Probennummer FELD-NR.	ERF 1 14.1	ERF 2 14	ERF 3 10.2	ERF 4 10.1	ERF 5 14	ERF 6 15.3	ERF 8 13	ERF 9 14.2	ERF 11 10.2	ERF 14 10	ERF 19 SCHACHT	TOTAL	Deutsche Pflanzennamen
RANUNCULACEAE													Hahnenfussgewächse
Ranunculus cf. acris						1						1	Scharfer Hahnenfuss
FABACEAE													Hülsenfrüchtler
Fabaceae, indet			3	3		5						11	div. Hülsenfrüchtler
Lathyrus aphaca	1	1										2	Ranken-Platterbse
Melilotus altissima/alba				5				2				7	Hoher/Weisser Honigklee
Melilotus cf. alba								1				1	W. Weisser Honigklee
Melilotus spec.			1		1							2	Honigklee
Melilotus/Trifolium	1											1	Honigklee od. Klee
Trifolium pratense				1								1	Rotklee
Trifolium cf. pratense	1											1	wahrsch. Rotklee
Trifolium spec.			1	1								2	Klee allg.
cf.Trifolium/Melilotus				1								1	wahrsch. Klee od. Honigklee
cf. Trifolium spec.			1									1	wahrsch. Klee
Vicia cf. angustifolia	1											1	wahrsch. Schmalblättr.Wicke
Vicia tetrasperma	1	1						1				3	Viersamige Wicke
Vicia villosa	1											1	Zottige Wicke
Vicia cf. villosa	2											2	wahrsch. Zottige Wicke
TOTAL Fabaceae	8	2	6	11	1	5	0	4	0	0	0	37	
APIACEAE													Doldenblütler
Apiaceae, indet				2								2	div. Doldenblütler
Anethum graveolens				1								1	Dill
Bupleurum rotundifolium	11	1		1	1			12				26	Rundblättr. Hasenohr
cf. Heracleum sphondylium				1								1	wahrsch. Bärenklau
Pimpinella major				1								1	Grosse Bibernelle
TOTAL Apiaceae	11	1	0	6	1	0	0	12	0	0	0	31	
BRASSICACEAE													Kreuzblütler
cf. Brassica/Sinapis			10									10	wahrsch.Kohl od. Senf
CARYOPHYLLACEAE													Nelkengewächse
Agrostemma githago	2		1	2				11				16	Kornrade
CHENOPODIACEAE													Gänsefussgewächse
Chenopodium album											4	4	Weisser Gänsefuss
Chenopodium hybridum								1				1	Bastard-Gänsefuss
POLYGONACEAE													Knöterichgewächse
Fallopia convolvulus	1											1	Windenknöterich
Polygonum aviculare		1										1	Vogelknöterich
Polygonum persicaria	6					1		2			19	28	Pfirsichblättr.Knöterich
Rumex cf. obtusifolius				4								4	wahrsch. Stumpfblättr. Ampfer
TOTAL Polygonaceae	7	1	0	4	0	1	0	2	0	0	19	34	
RUBIACEAE													Krappgewächse
cf. Asperula arvensis				1								1	wahrsch. Acker-Waldmeister
Galium aparine s.l.	10	5						14	3			32	Kletten-Labkraut
Galium cf. aparine	1											1	wahrsch. Kletten-Labkraut
Galium cf. odoratum				1								1	wahrsch. Waldmeister
Galium cf. palustre				1								1	wahrsch. Sumpflabkraut
Galium spec.				1								1	Labkraut
TOTAL Rubiaceae	11	5	0	4	0	0	0	14	3	0	0	37	
SCROPHULARIACEAE													Rachenblütler
Melampyrum arvense/cristatum								2				2	Acker-/Kamm-Wachtelweizen
PLANTAGINACEAE													Wegerichgewächse
Plantago lanceolata			1	2				1				4	Spitzwegerich
CYPERACEAE													Sauergräser
Carex digitata/silvatica								3				3	Finger-/Waldsegge
Carex flacca						1						1	Schlaffe Segge
Carex cf. flacca		1										1	wahrsch. Schlaffe Segge
Carex spec.				2								2	Segge
TOTAL Cyperaceae	0	1	0	2	0	1	0	3	0	0	0	7	
POACEAE													Süssgräser
Avena fatua	2	2			3			2				9	Flughafer
Bromus cf. arvensis			61	1				22				84	Ackertrespe
Bromus cf. secalinus	153	58	1	2	6		6	66				292	Roggentrespe
Bromus spec.	6		5	4								15	Trespe
cf. Bromus	1				1							2	wahrsch. Trespe
cf. Echinochloa crus-galli											35	35	Hühnerhirse
Setaria cf. viridis/vertic.			1							3	19	23	Grüne/Quirlige Borstenhirse
TOTAL Poaceae	162	60	68	7	9	1	6	90	0	3	54	460	
VARIA INDET				1				1				2	Unbestimmbare
TOTAL	201	70	87	38	11	9	6	143	3	3	77	648	

Tab. 13: Eptingen-Riedfluh, Trespen

Probennummer	ERF 1	ERF 2	ERF 3	ERF 4	ERF 5	ERF 6	ERF 8	ERF 9	TOTAL
Feld-Nr.	14.1	14	10.2	10.1	14	15.3	13	14.2	
BROMUS cf. SECALINUS									
Ganze	95	45	1	2	4		5	42	194
Fragmente	58	13			2		1	24	98
TOTAL cf. Roggentrespe	153	58	1	2	6		6	66	292
BROMUS cf. ARVENSIS									
Ganze			53	1				22	76
Fragmente			8						8
TOTAL cf. Ackertrespe			61	1				22	84
BROMUS SPEC.									
Ganze	6		3	1					10
Fragmente			2	3					5
TOTAL Trespe allg.	6		5	4					15
cf. BROMUS	1	0	0	0	0	1	0	0	2
TOTAL Bromus inkl. cf.	160	58	67	7	6	1	6	88	393

Tab. 14: Eptingen-Riedfluh: Wildkräuter, geordnet nach pflanzensoziologischen Kriterien

Probennummer Feld-Nr.	ERF 1 14.1	ERF 2 14	ERF 3 10.2	ERF 4 10.1	ERF 5 14	ERF 6 15.3	ERF 8 13	ERF 9 14.2	ERF 11 10.2	ERF 14 10	ERF 19 SCHACHT	TOTAL	Deutsche Pflanzennamen
WINTERGETREIDE-UNKRAEUTER													
V. CAUCALIDION													
cf. Asperula arvensis			1									1	Acker-Meister
Bupleurum rotundifolium	11	1	1	1				12				26	Rundblättriges Hasenohr
Lathyrus aphaca	1	1										2	Ranken-Platterbse
Melampyrum arvense/cristatum								2				2	Acker-/Kamm-Wachtelweizen
V.APERION													
Vicia tetrasperma	1	1						1				3	Viersamige Wicke
Vicia villosa	1											1	Zottige Wicke
Vicia cf. villosa	2											2	w.Zottige Wicke
O. APERETALIA													
Bromus cf. secalinus	153	58	1	2	6	0	6	66				292	Roggen-Trespe
Fallopia convolvulus	1											1	Winden-Knöterich
K. SECALINETEA													
Agrostemma githago	2		1	2				11				16	Kornrade
Avena fatua	2	2			3			2				9	Flug-Hafer
Galium aparine	10	5						14	3			32	Kletten-Labkraut
Galium cf. aparine	1											1	wahrsch. Klettenlabkraut
Vicia cf. angustifolia	1											1	Schmalblättrige Wicke
TOTAL Wintergetreideunkräuter	186	68	2	6	10	0	6	108	3	0	0	389	
SOMMERGETREIDE-UNKRAEUTER													
K.CHENOPODIETEA/O.POLYGONO-CH.													
Bromus cf. arvensis			61	1				22				84	Acker-Trespe
Chenopodium album											4	4	Weisser Gänsefuss
Chenopodium hybridum								1				1	Bastard-Gänsefuss
cf. Echinochloa crus-galli											35	35	Hühnerhirse
Polygonum persicaria	6					1		2			19	28	Pfirsichblättr. Knöterich
Setaria cf. viridis/verticill.			1							3	19	23	Grüne/Quirlige Borstenhirse
TOTAL Sommergetreideunkräuter	6	0	62	1	0	1	0	25	0	3	77	175	
RUDERALPFLANZEN													
Melilotus cf. alba								1				1	Weisser Honigklee
Polygonum aviculare		1										1	Vogel-Knöterich
Rumex cf. obtusifolius				4								4	Stumpfblättriger Ampfer
TOTAL Ruderalpflanzen	0	1	0	4	0	0	0	1	0	0	0	6	
WIESENPFLANZEN													
cf. Heracleum sphondylium				1								1	wahrsch. Bärenklau
Pimpinella major				1								1	Grosse Bibernelle
Plantago lanceolata			1	2				1				4	Spitz-Wegerich
Ranunculus cf. acris						1						1	Scharfer Hahnenfuss
Trifolium pratense				1								1	Rotklee
Trifolium cf. pratense		1										1	wahrsch. Rotklee
TOTAL Wiesenpflanzen	0	1	1	5	0	1	0	1	0	0	0	9	
WALDPFLANZEN													
Galium cf. odoratum				1								1	Waldmeister
Carex digitata/silvatica								3				3	Finger-/Wald-Segge
TOTAL Waldpflanzen	0	0	0	1	0	0	0	3	0	0	0	4	
VARIA													
Carex flacca						1						1	Schlaffe Segge
Carex cf. flacca		1										1	wahrsch. Schlaffe Segge
Galium cf. palustre				1								1	Sumpflabkraut
TOTAL Varia	0	1	0	1	0	1	0	0	0	0	0	3	
TOTAL	192	71	65	18	10	3	6	138	3	3	77	586	
Nicht zugeordnet (vgl. Tab. 12)												62	

Tab. 15: Kulturpflanzenspektren diverser hochmittelalterlicher Siedlungsplätze, insbesondere Burgruinen

Fundstelle	Riedfluh	Eschelbronn	Meilen-Friedberg	Ulm	Giengen
Art der Fundstelle	Burgruine	Wasserburg (I)	Burgruine	Stadtkern	Stadtkern
Datierung	11.-12.Jh.	13. Jh.	13.-14. Jh.	13. Jh.	cf. 13. Jh.
Herkunft der Funde	Brandschicht	Laufhoriz./Aufschütt.	Sodbrunnen	Keller	Grube
Anzahl Proben	51	18	keine Angaben	2	1
Probengewicht Total	über 1583,2 g	ca. 13 kg	Einzelfunde	350 g	250 g
Erhaltungsform	verkohlt	v.a.unverkohlt	unverkohlt	verkohlt	verkohlt
Publikation/BearbeiterIn	Jacomet et al. 1987	Körber-Grohne 1979	Jacomet 1981	Körber-Grohne 1977	Körber-Grohne 1977
1. GETREIDE					
Weizen:					
Einkorn (Triticum monococcum)	888				
Emmer (T. dicoccum)					
Dinkel (T. spelta)	820	2			38
Saatweizen (T. aestivum s.l.)					85
Gerste (Hordeum vulgare)	2220	4			3
Roggen (Secale cereale)		578		250 g	ca. 80 cm3
Hafer (Avena sativa)	3152	4			
Rispenhirse (Panicum miliaceum)	2194				4
Kolbenhirse (Setaria italica)	15				
Reis (Oryza sativa)					
2. HUELSENFRUECHTE					
Erbse (Pisum sativum)	3				
Ackerbohne (Vicia faba)	891				
Linse (Lens culinaris)					
Linsenwicke (Vicia ervilia)					
Kicherplatterbse (Lathyr.cicera)					
3. OELFRUECHTE/FASERPFLANZEN					
Lein (Linum usitatissimum)		1076			
Schlafmohn (Papaver somniferum)					
Hanf (Cannabis sativa)					
4. OBST/NUESSE					
Steinfrüchte:					
Pfirsich (Prunus persica)	9		6		
Pflaume/Zwetschge (P.ins/dom)	2	124	5		
Süsskirsche (P. avium)	1		3		
Sauerkirsche (P. cerasus)			16		
Aepfel/Birnen (Malus/Pyrus)		114			
Weinreben (Vitis vinifera)	1	84			
Walnüsse (Juglans regia)	49		52		
Kastanien (Castanea sativa)					

Sindelfingen Stadtkern 11.-14. Jh. Kulturschicht 5 ca. 400 g verk.+ unverk. Körber-Grohne 1978	Valkenburg Burgruine 12. Jh. Keller 6 unbekannt verkohlt Buurman 1981	Union St. Caprais ?? 11.-12. Jh. ?? 1 unbekannt verkohlt Ruas 1985	Balma Le Castera ? Burgruine 13.-14. Jh. ?? 1 unbekannt verkohlt Ruas 1985	Roques Frassinet ?? 13.-14. Jh. Grube 1 unbekannt verkohlt Ruas 1985	Moosgräben Erdburg 13. Jh. Keller 1 unbekannt verkohlt Schweizer 1955	Malvaglia Grottenburg 13.-14. Jh. Kulturschicht ?? unbekannt unverkohlt/trocken Schoch 1986
					76	
			5			
	3	24	45	239	9	
	7	13			31	xx
1				589		xx
						xx
	55					
	283		46			
		2				
		1				
		1				
	1					
	7					
						xx
						xx
						xx
						xx
						xx
	16					xx
	1					xx
						xx

Tab. 16: Eptingen-Riedfluh, Messwerte Weizen

Körner:	Länge	Breite	Höhe	Länge/Breite	Länge/Höhe	Breite/Höhe	B/L*100
Triticum cf. dicoccum (5 Stück)							
Durchschnitt	5.50	3.35	2.83	1.65	1.95	1.19	60.96
Minima	5.00	3.00	2.50	1.49	1.78	1.03	53.45
Maxima	5.80	3.90	3.20	1.87	2.20	1.24	67.24
Triticum cf dicoccum-Typ (21 Stück)							
Durchschnitt	5.48	3.35	2.81	1.64	1.96	1.20	61.18
Minima	4.70	2.90	2.40	1.43	1.63	0.97	51.79
Maxima	6.00	3.90	3.20	1.93	2.21	1.33	70.00
Triticum monococcum (24 Stück)							
Durchschnitt	5.68	3.09	2.98	1.85	1.92	1.04	54.61
Minima	5.00	2.50	2.60	1.56	1.69	0.81	44.64
Maxima	6.20	3.60	3.50	2.24	2.26	1.19	64.00
Triticum spelta (63 Stück)							
Durchschnitt	6.15	3.39	2.52	1.85	2.46	1.35	55.23
Minima	5.30	2.40	1.70	1.49	1.94	1.10	45.07
Maxima	7.10	4.00	3.09	2.22	3.06	2.12	67.27
Triticum cf. spelta (10 Stück)							
Durchschnitt	5.77	3.20	2.81	1.81	2.07	1.15	55.65
Minima	5.10	3.00	2.40	1.49	1.81	0.97	50.85
Maxima	6.00	3.50	3.20	1.97	2.40	1.30	67.31
Triticum cf. aestivum (7 Stück)							
Durchschnitt	5.76	3.91	2.87	1.47	2.01	1.36	68.20
Minima	5.10	3.70	2.70	1.31	1.70	1.27	63.33
Maxima	6.20	4.30	3.00	1.58	2.30	1.48	76.47

Spindelglieder, Ährchengabeln, Ährchen:

Art	Einkorn Triticum monococcum		Einkorn	wahrsch. Emmer Triticum cf. dicoccum		wahrsch. Emmer dicoccum	Dinkel Triticum spelta	Dinkel
Probe	ERF 1	ERF 2		ERF 1		ERF 2	ERF 1	ERF 2
Hüllspelzenbasisbreite								
Minimum mm	0,50	0,55		1,05		1,25	0,90	1,00
Maximum mm	0,90	0,75		1,20		1,25	1,50	1,30
Durchschnitt mm	0,61	0,66					1,11	1,20
Standardabweichung	0,12	0,06					0,16	0,12
Anzahl Messungen	10	10		2			18	7
Aehrchenbasisbreite								
Minimum mm	1,55	1,60					1,40	2,20
Maximum mm	2,00	2,05		2,45		2,00	2,70	3,00
Durchschnitt mm	1,75	1,77					1,94	2,47
Standardabweichung	0,17	0,16					0,35	0,31
Anzahl Messungen	10	10		1		1	16	7

Tab. 17: Eptingen-Riedfluh, Messwerte Gerstenkörner

	Länge	Breite	Höhe	L/B	L/H	B/H	B/L*100
Hordeum vulgare cf. Nacktgerste (16 Stück)							
Durchschnitt	6.01	3.32	2.74	1.82	2.22	1.22	55.33
Minima	4.80	2.50	2.00	1.57	1.81	1.13	46.97
Maxima	7.50	4.00	3.30	2.13	2.64	1.40	63.49
Hordeum vulgare cf. Spelzgerste (17 Stück)							
Durchschnitt	5.89	3.45	2.75	1.72	2.15	1.25	58.63
Minima	5.40	2.90	2.40	1.48	1.90	1.13	50.00
Maxima	6.60	4.00	3.10	2.00	2.44	1.40	67.80
Hordeum vulgare Spelzgerste 6-zeilig (9 Stück)							
Durchschnitt	5.88	3.59	2.97	1.64	1.99	1.21	61.25
Minima	5.00	3.10	2.50	1.43	1.79	1.09	58.33
Maxima	6.40	4.00	3.20	1.90	2.27	1.36	70.00
Hordeum vulgare Spelzgerste eher 6-zeil. (8 Stück)							
Durchschnitt	6.14	3.67	3.00	1.68	2.06	1.23	60.55
Minima	5.20	3.30	2.60	1.34	1.67	1.09	51.35
Maxima	7.40	4.10	3.50	1.95	2.48	1.33	74.55
Hordeum vulgare Spelzgerste 4-zeilig (27 Stück)							
Durchschnitt	6.20	3.19	2.56	1.96	2.44	1.24	51.51
Minima	5.10	2.60	2.10	1.66	2.04	1.07	41.27
Maxima	7.20	4.00	3.30	2.42	3.00	1.48	60.38

Tab. 18: Eptingen-Riedfluh und andere Fundstellen, Messwerte von Haferkörnern

	Länge	Breite	Höhe	L/B	L/H	B/H	
AVENA cf. SATIVA Riedfluh 12.Jh. 30 Messungen	4.9 - 7.7 6.6	1.8 - 2.5 2.14	1.4 - 2.2 1.78	3.09	3.78	1.22	
AVENA SPEC. Riedfluh 12.Jh. 16 Messungen	5.3 - 7.2 6.36	1.6 - 2.6 2,12	1.3 - 2.6 1.93	3.04	3.38	1.10	
AVENA SATIVA Haithabu Probe 112 67 Messungen	3.7 - 7.4 5.33	1.4 - 2.6 1.9	1.0 - 2.7 1.67	2.81	3.19	1.14	Behre 1983
AVENA SATIVA Haithabu Probe 113 100 Messungen	3.7 - 7.8 5.34	1.5 - 2.7 1.96	1.1 - 2.4 1.71	2.73	3.13	1.15	Behre 1983
AVENA SATIVA Elisenhof 8.Jh. Probe 8109 130 Messungen	3.9 - 8.5 5.48	1.3 - 3.2 1.93	1.1 - 2.5 1.68	2.84	3.26	1.15	Behre 1976
AVENA SATIVA/FATUA Feddersen Wierde 1./2.Jh. 450 Messungen	3.9 - 7.5 5.8	1.3 - 2.4 1.8	1.0 - 2.0 1.5	3.2	4.0	1.3	Körber-Grohne 1967

Tab. 19: Eptingen-Riedfluh und andere Fundstellen, Messwerte von Hirsenkörnern (Kultur- und Wild-Hirsen)

		Länge	Breite	Höhe	H/L*100	Autor
PANICUM MILIACEUM nackt, verkohlt Minima-Maxima Durchschnitt	(41 Stück)	1.1-2.0 1.85	1.1-1.9 1.63	0.8-1.46 1.46		
bespelzt, verkohlt Minima-Maxima Durchschnitt	(20 Stück)	2.6-3.1 2.75	1.65-2.0 1.83	1.2-1.45 1.31		
unverkohlte Körner Minima-Maxima Durchschnitt	(100 Stück)	2.4-3.1 2.83	1.8-2.4 2.07	1.0-2.0 1.43	33.3-71.4 50.55	Behre 1983
verkohlte Körner Minima-Maxima Durchschnitt	(>400 Stück)	1.0-2.2 1.38-1.87	0.8-2.0 1.35-1.75	0.8-2.0 1.16-1.49		Kroll 1983
PANICUM MILIACEUM PANICUM CRUS-GALLI SETARIA ITALICA	Minima-Maxima Minima-Maxima Minima-Maxima	1.4-2.1 1.2-1.4 1.2-1.4	0.9-1.1			Knörzer 1971
SETARIA ITALICA nackt, verkohlt (Pr. 19) Minima-Maxima Durchschnitt	(10 Stück)	1.33-2.0 1.57	1.20-1.66 1.36	0.8-1.36 1.01		
bespelzt, verkohlt (Pr. 19) Minima-Maxima Durchschnitt	(5 Stück)	1.9-2.1 2.02	1.46-1.60 1.54	0.85-1.30 1.14		
verkohlt Minima-Maxima Durchschnitt	(25 Stück)	1.1-1.7 1.31-1.43	1.1-1.5 1.22-1.29	0.7-1.2 0.76-0.99		Kroll 1983
SETARIA VIRIDIS/VERTICILLATA verkohlt (Pr. 19) Minima-Maxima Durchschnitt	(8 Stück)	1.2-1.6 1.41	1.0-1.3 1.07	kaum messbar		
verkohlt (Pr. 19 und 14) Minima-Maxima Durchschnitt	(12 Stück)	1.46-2.10 1.83	1.0-1.4 1.17	0.7-1.0 0.83		
SETARIA VIRIDIS verkohlt Minima-Maxima Durchschnitt	(55 Stück)	0.9-1.6 1.13-1.33	0.6-1.0 0.7-0.84	0.4-0.8 0.54		Kroll 1983
cf. ECHINOCHLOA CRUS-GALLI verkohlt (Pr. 19) Minima-Maxima Durchschnitt	(7 Stück)	1.6-1.86 1.67	1.23-1.43 1.33	0.93-1.06 0.97		
ECHINOCHLOA CRUS-GALLI verkohlt Minima-Maxima Durchschnitt	(40 Stück)	1.0-1.4 1.17	0.7-1.1 0.99	nicht gemessen		Kroll 1983
SETARIA GLAUCA verkohlt Minima-Maxima Durchschnitt	(10 Stück)	1.6-2.0 1.77	1.2-1.4 1.26	nicht gemessen		Kroll 1983

Tab. 20: Eptingen-Riedfluh, Messwerte Ackerbohnen

		Länge	Breite	Höhe	B/L*100
Vicia faba	(8 Stück)				
Durchschnitt		7.40	6.20	6.50	83.80
Minima		6.30	4.90	5.50	83.80
Maxima		8.20	6.80	7.30	83.80
Vicia faba länglich	(20 Stück)				
Durchschnitt		8.77	6.38	6.22	73.13
Minima		7.20	5.20	5.00	73.13
Maxima		10.00	7.70	7.00	73.13
Vicia faba rundlich	(20 Stück)				
Durchschnitt		7.17	6.13	6.16	85.42
Minima		6.30	5.00	5.20	85.42
Maxima		8.50	7.20	7.30	85.42

Tab. 21: Eptingen-Riedfluh, Messwerte Trespen

		Länge	Breite	Höhe	L/B	L/H	B/H
Bromus cf. secalinus	(76 Stück)						
Durchschnitt		5.67	1.95	1.38	2.94	0.71	0.24
Minima		5.00	1.35	1.00	2.49	0.53	0.19
Maxima		6.40	2.30	2.00	4.30	1.07	0.34
Bromus cf. arvensis	(32 Stück)						
Durchschnitt		4.87	1.34	0.78	3.64	0.58	0.16
Minima		3.70	1.05	0.40	2.96	0.31	0.10
Maxima		6.80	1.75	1.20	5.04	0.80	0.25
Bromus spec.	(9 Stück)						
Durchschnitt		5.24	1.83	1.27	2.90	0.70	0.25
Minima		4.55	1.55	0.90	2.10	0.46	0.13
Maxima		6.80	2.45	1.65	3.49	0.86	0.32
cf. Bromus	(1 Stück)						
Durchschnitt		3.95	1.10	0.90	3.59	0.82	0.23

Teil IV: Die Holzkohlen aus der hochmittelalterlichen Grottenburg Riedfluh bei Eptingen (Kanton BL)

von Heiner ALBRECHT

1. Einleitung

Anlässlich der Ausgrabung der hochmittelalterlichen Grottenburg Riedfluh wurden etliche Holzkohlenfunde geborgen und mir 1986 von Frau Jacomet zur Bearbeitung übergeben (vgl. Beitrag Jacomet et al. in diesem Band).

Weil die Burg um 1200 einem Grossbrand zum Opfer fiel, konnten 46 reine Holzkohlenproben und 16 mit Holzkohlen vermischte Kulturpflanzenproben zu Tage gefördert werden, die zusammen 1286 zu bestimmende Stücke lieferten.

Der meist gute Erhaltungszustand der Holzkohlen lässt den Schluss zu, dass der Brand vermutlich nicht im Erdgeschoss ausgebrochen ist. Die Bauweise der Burg wirkte wie ein Hochkamin, sodass das unterste Geschoss nur durch die brennend zusammenstürzende Holzkonstruktion angesengt und langsam verkohlt worden ist.

Wir können also davon ausgehen, dass die Holzkohlenfunde aus dem unteren Stockwerk und dem Zwischenboden (Decke) stammen. Die darüberliegenden Holzkonstruktionen (Obergeschoss, Dachgeschoss) und übrigen Holzelemente wie Möbel und hölzerne Gebrauchsgegenstände dürften zum grössten Teil in der enormen Brandhitze von bis zu 1200°C (vgl. Beitrag Brianza im Anhang) vollständig verascht worden sein.

Von der Untersuchung der Holzkohlen erhoffte man sich Aufschlüsse über die beim Bau und während der Bewohnung der Burg verwendeten Hölzer, deren Herkunft und etwaige Auslese. Davon ausgehend sollten Aussagen über die Zusammensetzung des umliegenden Waldes und seine Bewirtschaftung gemacht werden.

Ausserdem ist ein Vergleich des Baumartenspektrums der Riedfluh mit anderen mittelalterlichen Ausgrabungen angestellt worden (Tab. 12).

1.1. Material

Von 62 untersuchten *Holzkohlenproben* (Tab. 1) bestanden 46 nur aus Holzkohlen (Tab. 2). Von diesen enthielten 34 Proben nur eine Baumart (Tab. 9). 24 der letzteren konnten einer bestimmten Funktion (Tab. 10) zugeordnet werden. Die restlichen 12 Proben waren Mischproben mit mehreren verschiedenen Arten.

Die Proben verteilen sich – ausser drei von ausserhalb der Burg – auf alle vier Räume, wobei der Raum IV mit vier Proben eher unterrepräsentiert ist. Praktisch alle stammen aus der Brandschicht 4 (Tab. 4 und 5).

Alle Holzproben, ausgenommen die versinterten aus dem Zisternensumpf, waren in verkohltem oder angesengtem Zustand erhalten.

Die Holzkohlen aus den 16 Getreideproben (Tab. 3) stammen aus den Räumen I und II und gehören vorwiegend dem Hauptbrandhorizont 4B (BHB) an (Tab. 6); sie wurden mir von Jacomet, Felice und Füzesi aus den Fraktionen von 2-8 mm übergeben und waren ohne Ausnahme verkohlt (vgl. Tab. 1 und 2 im Beitrag Jacomet et al. in diesem Band).

Die Verteilung der Proben in der Grabungsfläche ersieht man in den Abb. 1-10, ihre Schicht-, Horizont-, Feld- und Raumzuweisung geht aus den Tab. 1-6 hervor.

1.2. Methoden

Die Holzkohlenstücke wurden in trockenem Zustand entlang ihren anatomischen Schwächezonen mit Hilfe eines Skalpells gebrochen. Die so erhaltenen Bruchflächen wurden anschliessend unter einem Auflichtmikroskop M20 von Wild mit einer bis zu 600fachen Vergrösserung untersucht, mit Hilfe des Bestimmungsatlas von SCHWEINGRUBER (1978) bestimmt und den einzelnen Gehölzen zugewiesen. Die *Art- oder Gattungsbestimmung* brachte in den meisten Fällen keine Schwierigkeiten, vereinzelt machte jedoch eine zu starke Verwitterung (v. a. bei den Fraktionen) oder Versinterung eine genauere Diagnose unmöglich. Bei diesen Stücken konnte letztlich nur gesagt werden, ob es sich um Laub- oder Nadelhölzer handelt.

Die Auswertung der reinen Holzkohlenproben und der Getreideproben erfolgte getrennt, da wir annehmen müssen, dass in den Getreideproben vor allem Bruchstücke der Lagerregale und der zusammengestürzten Decke enthalten sind.

Für die Auswertung wurde einerseits der absolute und prozentuale Anteil der Holzarten, andererseits deren *Stetigkeit* (vgl. Frequenzbegriff von SCHWEINGRUBER 1976) in den Proben bestimmt. Das heisst: In wieviel Prozent aller Proben kommt eine bestimmte Holzart vor? Damit soll vor allem vermieden werden, dass zum Beispiel von einem Balken viele einzelne Bruchstücke bestimmt werden und sich daraus zwar ein hoher absoluter und prozentualer Anteil dieser Holzart im Baumartenspektrum abzeichnet, diese aber insgesamt nur in ein paar wenigen Proben vorkommt. Um eine solche Verfälschung der Resultate zu erkennen und falsche Interpretationen zu vermeiden, sind die sogenannten *Ranglisten* zwischen Stückzahl und Stetigkeit der Arten gemacht worden (Tab. 7-8).

2. Untersuchungsergebnisse

2.1. Holzspektren

2.1.1. Holzspektrum, Stückzahl, Stetigkeit

2.1.1.1. Alle Proben

(Tab. 1 und 4/Abb. 1)

In den 62 Proben mit 1286 Holzkohlen umfasst das *Holzartenspektrum* insgesamt 13 verschiedene Baum- und Straucharten (bzw. -gattungen). Die Weisstanne ist mit ca. 55 % am stärksten vertreten. Ihr folgen mit abnehmender Häufigkeit Rotbuche (22 %), Fichte (10 %), Eiche (3 %), Hasel (2 %) und Linde (1 %). Der Rest der Gehölze (Kirsche, Bergahorn, Hainbuche, Erle, Kernobst, Pappel, Esche) weisen alle einen Anteil von weniger als 1 % auf.

Die *Reihenfolge* der Arten sieht nach *Stetigkeit* folgendermassen aus (vgl. Tab 1). Die Weisstanne kommt in 50 von 62 Proben vor, gefolgt von Rotbuche (in 22), Fichte (in 10), Hasel (in 7), Eiche, Linde, Kirsche (in 3), Ahorn (in 2), die übrigen jeweils in einer.

68 Holzkohlen (5.3 %) konnten nicht näher bestimmt werden. Sie unterteilen sich in 4 Weisstannen/Fichtenstücke, 33 Nadelhölzer, 27 Laubhölzer und 4 absolut unbestimmbare.

2.1.1.2. Holzkohlenproben (HKP)

(Tab. 2 und 5/Abb. 2)

In den 46 *Holzkohlenproben* fanden sich 10 der 13 oben genannten Holzarten. Wiederum liegt die Weisstanne mit über 57 % an erster Stelle. Es folgen ihr Rotbuche (18.8 %), Fichte (14.7 %), Eiche (4.5 %), Linde (1.8 %), Hasel (1.1 %) und der Rest (Kirsche, Hainbuche, Ahorn, Esche < 1 %). Acht Holzkohlen konnten nicht näher bestimmt werden (inklusive der vier völlig unbestimmbaren).

■ Weisstanne

⊞ Fichte

☐ Rotbuche

⫴ Eiche

⊟ Linde   alle Baumarten prozentual (Stückzahl) in Kreisdiagramm eingezeichnet

■ Hasel

☐ Restliche Baumarten

N   Nadelholz

L   Laubholz

N und L in den restlichen Baumarten nur dann angegeben, wenn grösser als 1%

1286/62   Erste Zahl = Stückzahl
              Zweite Zahl = Probenanzahl

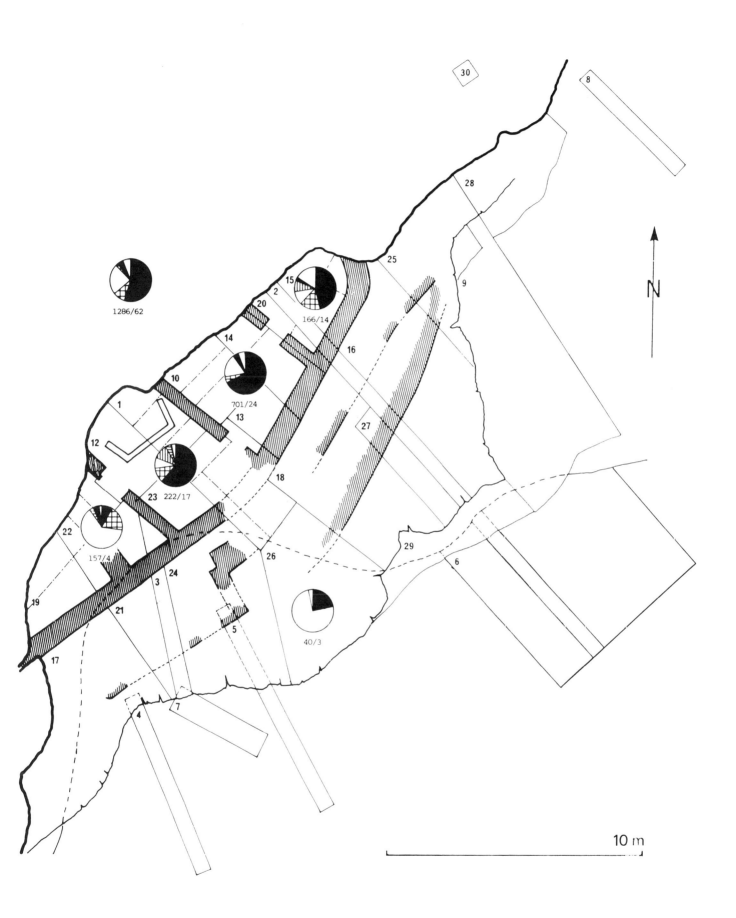

Abb. 1 Baumspektrum der Räume für alle Proben

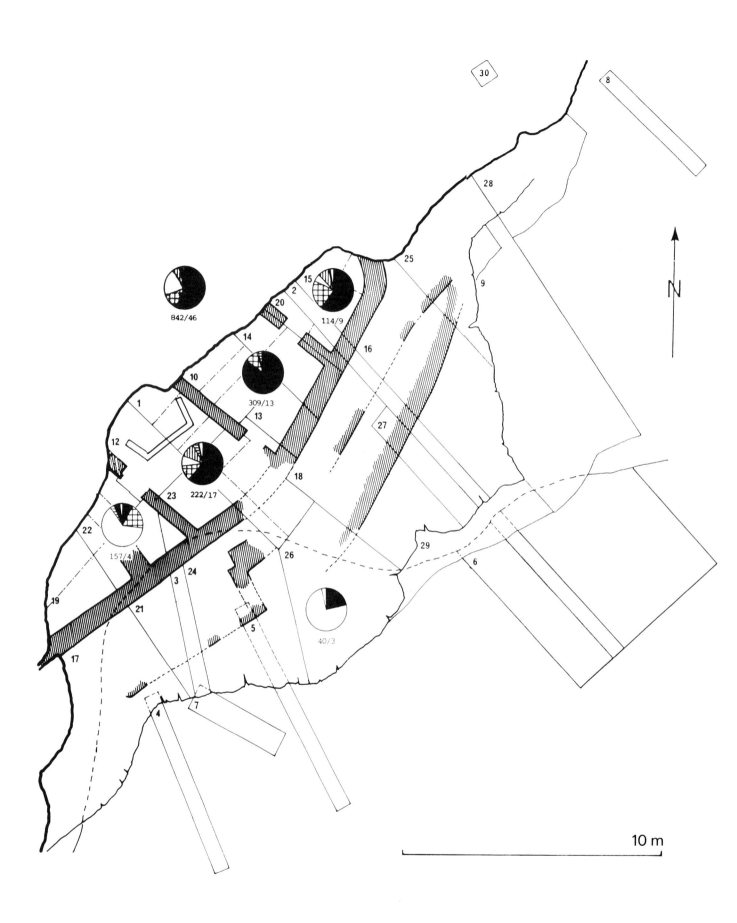

Abb. 2   Baumspektrum der Räume für Holzkohlenproben (HKP)

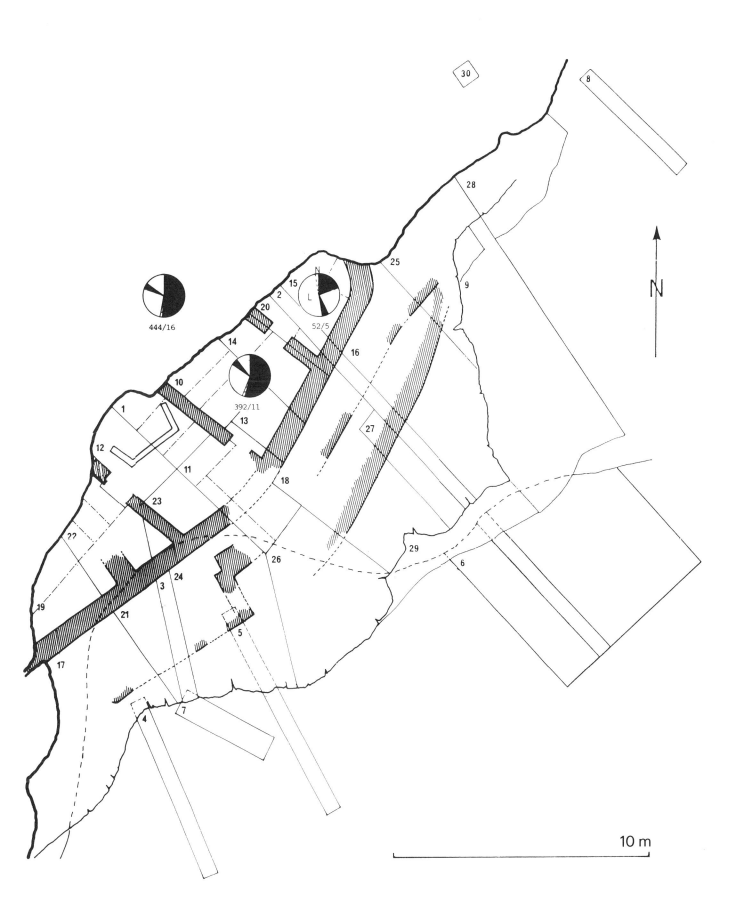

Abb. 3 Baumspektrum der Räume für Getreideproben (GP)

Nach *abnehmenden Stetigkeiten* sieht das Bild wie folgt aus: Weisstanne (in 35 von 46 Proben), Rotbuche (in 9), Fichte (in 8), Hasel (in 4), Eiche und Linde (in 3), Kirsche (in 2) und Ahorn, Esche, Hainbuche je einmal.

2.1.1.3. Getreideproben (GP)

(Tab. 3 und 6/Abb. 3)

Das *Artenspektrum* der 16 Getreideproben ist auf 9 Holzarten zusammengeschrumpft. Trotzdem behauptet die Weisstanne ihren Anteil von 50%. Die Rotbuche mit 29.1% erreicht hier ihren höchsten Wert. Die Hasel mit 4.5% und die Fichte mit 1.4% liegen noch über einem Prozent. Erle, Ahorn, Kirsche, Kernobst und Pappel bilden den Rest. Der Anteil der nicht näher bestimmten Holzkohlen ist in diesen Proben mit 60 Stück oder knapp 14% sehr hoch. Die zu bestimmenden Holzkohlen mit einer Grösse von 2-8 mm waren so klein, dass eine genauere Bestimmung oft unmöglich war.

Von der *Stetigkeit* her betrachtet, hält die Weisstanne ihren ersten Platz mit 15 von 16 Proben. Auch die Rotbuche bleibt auf Platz 2 mit 13 Proben. Hasel kommt in drei, Fichte in 2 Proben vor, der Rest der Gehölze (Ahorn, Kernobst, Kirsche, Erle, Pappel kommen in genau drei Proben nur je einmal vor).

2.1.1.4. Vergleich der Artenspektren (HKP und GP)

Der Anteil der Weisstanne liegt bei beiden Probentypen über der Hälfte der jeweils bestimmten Holzkohlen. Einen Unterschied erkennt man jedoch bei der *Rotbuche,* deren Häufigkeit in den Getreideproben mehr als 10% höher ist. Genau umgekehrt verhält es sich mit der *Fichte,* sie kommt in den Getreideproben kaum vor. Die Hasel zeigt wie die Rotbuche eine höhere Stückzahl in den Getreideproben.

Die *Stetigkeiten* der einzelnen Baumarten in den beiden Probentypen zeigen eigentlich nur bei der Rotbuche einen wesentlichen Unterschied. Diese weist in den Getreideproben (Tab. 6) eine Stetigkeit von über 80% (13 von 16 Proben) auf, das heisst, sie ist ähnlich hoch wie jene der Weisstanne. Die Stückzahl jedoch macht im Vergleich nur die Hälfte aus. Dies hängt wohl mit der grösseren Brüchigkeit der Weisstanne in verkohltem Zustand zusammen. Bei den Holzkohlenproben (Tab. 5) ist zwar die Stückzahl der Rotbuche sehr gross, aber sie kommt praktisch nur von einer Probe. Von der Stetigkeit her gesehen, ist allerdings der zweite Platz hinter der Weisstanne durchaus gerechtfertigt.

Die Verteilung der Baumarten in den Probentypen zeigen die Tabellen 5-6 und 7-8 (Ranglisten). Eiche, Linde, Hainbuche und Esche kommen einzig in den HKP vor; Erle, Kernobst und Pappel nur in den GP. Die übrigen Gehölze sind in beiden Probentypen vertreten. Dies zeigt, dass eine nach Probentypen getrennte Analyse wichtig und sinnvoll ist.

2.1.2. Ranglisten

(Tab. 7 und 8)

2.1.2.1. Für Probentypen

(Tab. 7)

Die Tabelle 7 soll die Ränge der Baumarten nach abnehmender Stückzahl und Stetigkeit für die drei Probentypen aufzeigen.

Für die *Stückzahl* wie für die *Stetigkeit* der einzelnen Probentypen finden wir sowohl bei allen Proben als auch bei den Getreideproben nur sehr geringe Verschiebungen in den Rängen und diese vor allem in den unteren Regionen. Bei den HKP fällt die Hasel aus dem Rahmen, indem sie zwar eine hohe Stetigkeit, aber nur eine geringe Stückzahl zu verzeichnen hat. Dies wirkt sich in einem Unterschied von immerhin zwei Rängen aus.

2.1.2.2. Für Stückzahlen und Stetigkeiten

(Tab. 8)

In dieser Tabelle werden die Ränge der verschiedenen Probentypen für die Stückzahlen und für die Stetigkeiten zusammengefasst und miteinander verglichen.

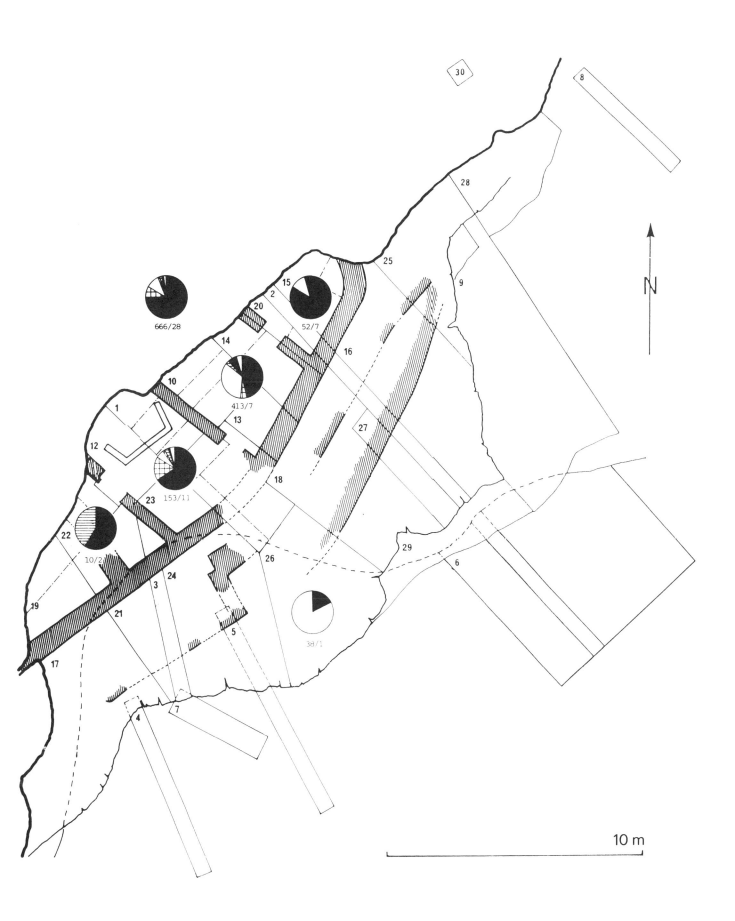

Abb. 4   Baumspektrum der Räume des Horizontes 4A für alle Proben

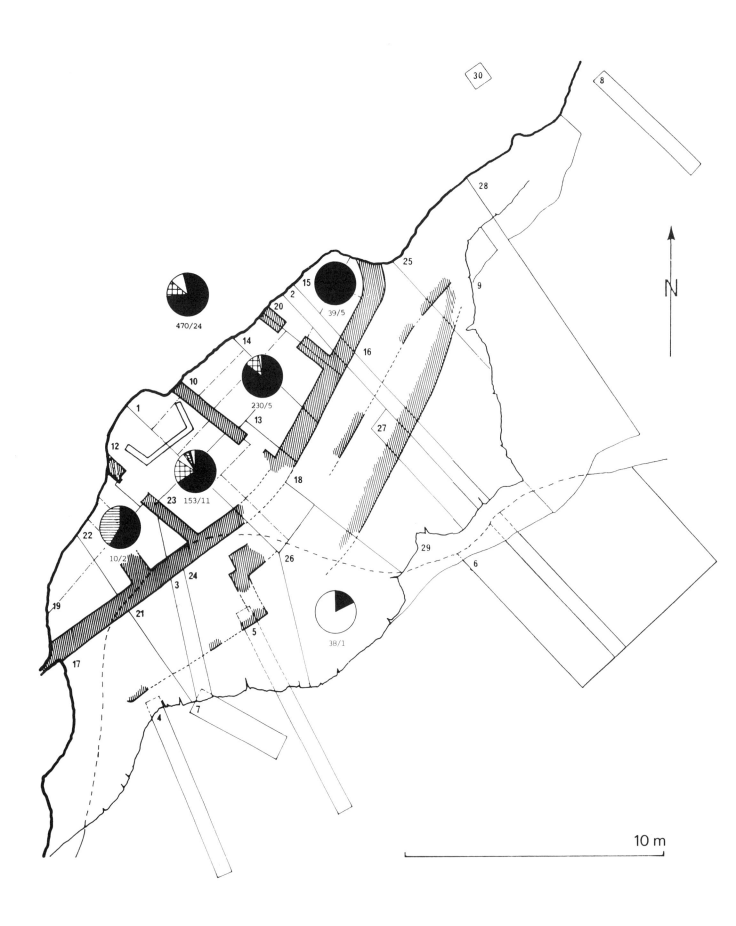

Abb. 5 Baumspektrum der Räume des Horizontes 4A für HKP

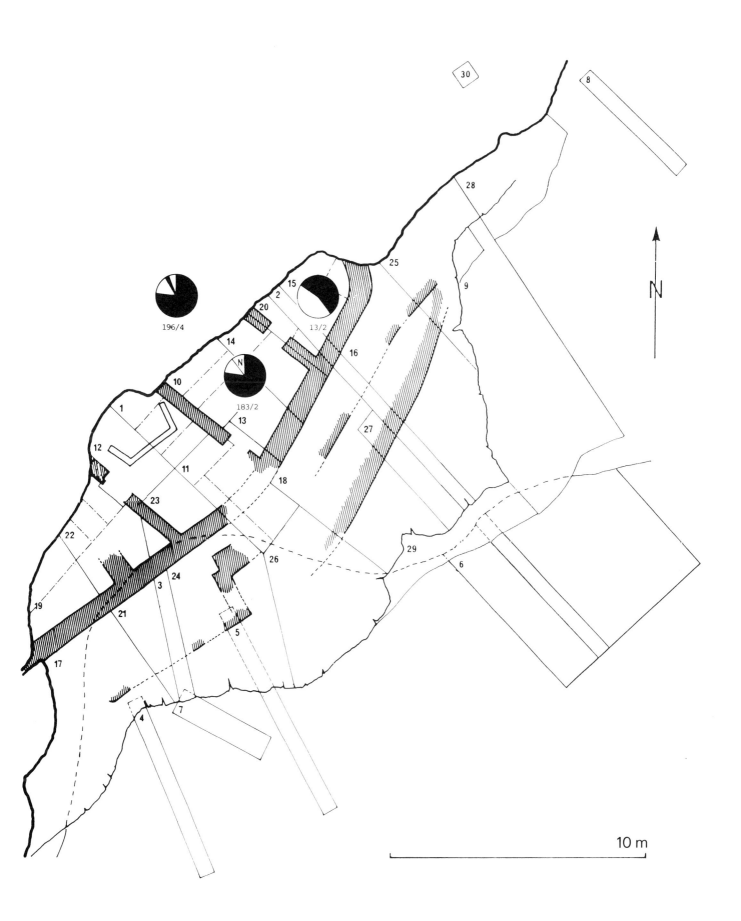

Abb. 6   Baumspektrum der Räume des Horizontes 4A für GP

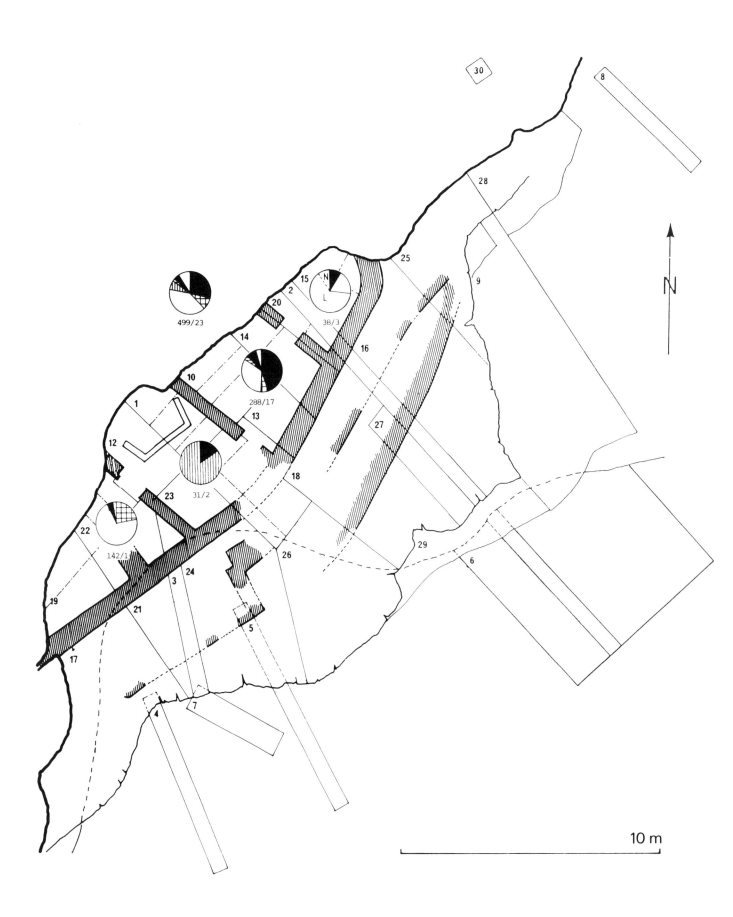

Abb. 7   Baumspektrum der Räume des Horizontes 4B für alle Proben

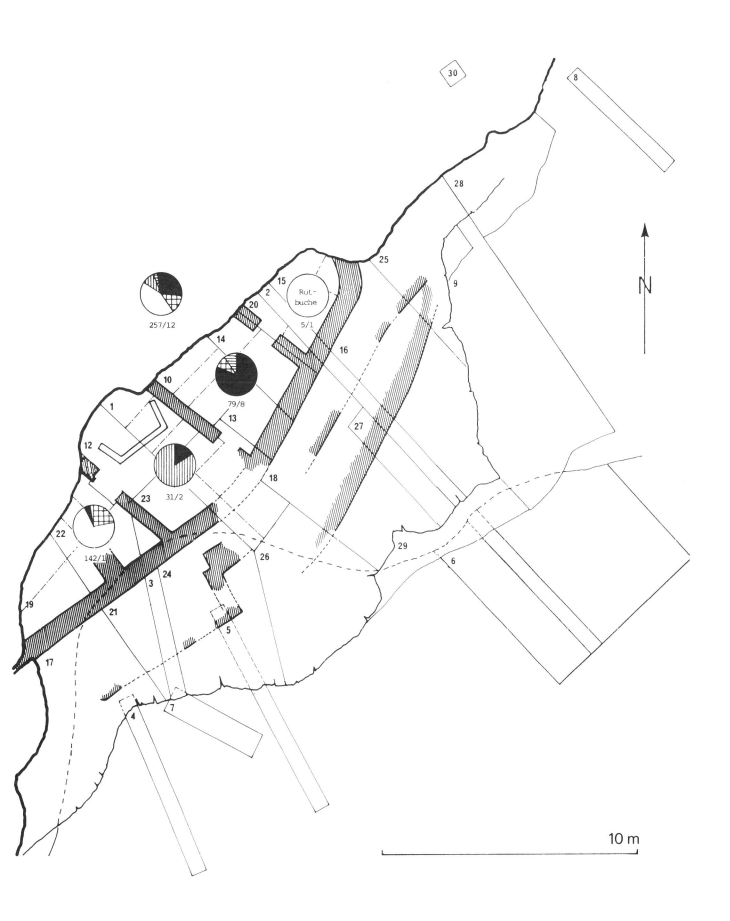

Abb. 8 Baumspektrum der Räume des Horizontes 4B für HPK

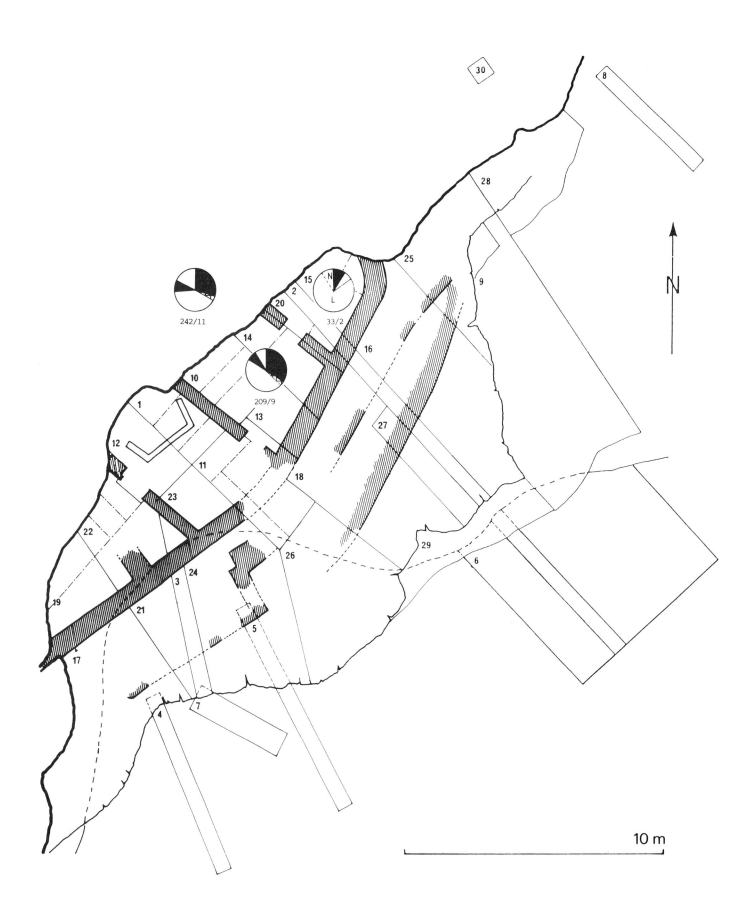

Abb. 9 Baumspektrum der Räume des Horizontes 4B für GP

Bei den *Stückzahlen* erkennt man, dass die Hasel, die bei den HKP auf dem 6. Rang liegt, bei den GP plötzlich auf Rang 3 emporschnellt und dabei sogar die Fichte überflügelt. Für die Stetigkeiten ergeben sich keine nennenswerten Rangverschiebungen.

2.1.2.3. Vergleich der Ranglisten

Zusammenfassend nimmt in allen Ranglisten die *Weisstanne* den Platz 1, die *Rotbuche* den Platz 2 ein. Die *Fichte* behauptet den Platz 3, der ihr nur in den GP von der *Hasel* streitig gemacht wird; letztere nimmt sonst im allgemeinen den Platz 4 ein, mit Ausnahme bei den Stückzahlen der HKP, wo die *Eiche* auf Rang 4 liegt und sich sogar die *Linde* auf Rang 5 dazwischen schieben kann. Die *anderen Baumarten* zeigen kleine, nicht nennenswerte Verschiebungen.

Da weder die Weisstanne noch die Fichte so häufig in der näheren Umgebungen der Grottenburg vorkamen (vgl. Kap. 2.3.1.), können wir die hohe Stückzahl und Stetigkeit dahingehend interpretieren, dass diese Nadelhölzer von den damaligen Erbauern der Burg wegen ihrer guten Spaltbarkeit vorwiegend als Brett-, Balken- oder Schwellenholz ausgelesen, ja offensichtlich sogar gesucht worden sind. Auch die Hasel wurde sehr wahrscheinlich für die Rutenlehmwände bevorzugt und kam sicherlich in den infolge Rodungen und Waldweide aufgelichteten Wäldern häufig vor. Die Rotbuche war sicher die dominierende Baumart in den umliegenden Wäldern und wurde dementsprechend genutzt, wie ihr zweiter Rang uns anzeigt. Das sehr geringe Auftreten der Eiche erstaunt, ist aber vielleicht dadurch erklärbar, dass man sie wegen ihres geringen Vorkommens in den näheren Wäldern als Futterbaum für die Schweinemast schone und ihr Holz nur wenn unbedingt nötig verbaute, ansonsten sich mit Buchenholz begnügte (vgl Kap. 2.3.3.).

2.2. Verteilung der Holzkohlenfunde

2.2.1. Vertikale Verteilung: Horizonte

(Tab. 4-6/Abb. 4-10)

2.2.1.1. HKP

(Tab. 5/Abb. 5 und 8)

Über 80 % aller gefundenen Holzkohlen kommen in der Brandschicht 4 vor. Dabei entfallen auf den Horizont 4A ungefähr 56 % und auf 4B 30 % aller Holzkohlen. Daneben weist der Horizont 3 mit 8 % noch einen Anteil über 1 % auf.

Bei der Stetigkeit liegen genau doppelt soviel Proben für 4A als für 4B vor. Vom Horizont 3 liegen nur 2 Proben vor.

Auch der Hauptanteil an verschiedenen *Baumarten* verteilt sich auf diese drei Horizonte, wie dies die Tabelle 2 sehr schön zeigt. Dabei sind Weisstanne, Rotbuche, Fichte, Hasel und Eiche in allen drei vertreten, wobei jeweils im Horizont 4A die Stetigkeit bedeutend höher ist als in den beiden anderen (ausser bei der Eiche). Auch die restlichen Holzarten verteilen sich auf diese drei Horizonte mit Ausnahme der Esche, die nur in der *Falldeponie* (Horizont 5) geborgen wurde.

2.2.1.2. GP

(Tab. 6/Abb. 6 und 9)

Bei den Getreideproben kommen nur die beiden Brandhorizonte 4A und 4B vor. Hierbei überwiegt im Gegensatz zu den Holzkohlenproben hier der Horizont 4B mit knapp 55 % bei den Stückzahlen. Jedoch bei der Stetigkeit liegt das Verhältnis zwischen 4A und 4B schon bei 1:3, das heisst, 4B weist dreimal soviel Proben auf wie 4A.

Allein Weisstanne, Rotbuche und Hasel sind in beiden Horizonten vertreten, alle übrigen Gehölze sind einzig in 4B zum Vorschein gekommen.

2.2.1.3. Vergleich zwischen HKP und GP

(Abb. 10)

In der Abbildung 10 ist mit Kreisdiagrammen eine Zusammenstellung der prozentualen Stückzahl der vorkommenden Baumarten sowohl für die Haupthorizonte 4A und 4B als auch für die Haupträume I und II dargestellt worden. Somit ist ein *direkter Vergleich*

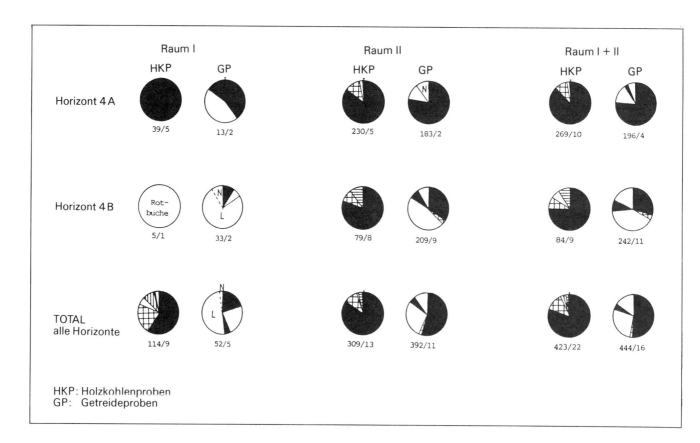

Abb. 10   Darstellung des Baumspektrums der Räume I und II und Ihren Horizonten 4A und 4B für HPK und GP

zwischen den beiden Probentypen HKP und GP möglich.

In den Getreideproben fehlt die Fichte in 4A, die Linde in 4B, in den Holzkohlenproben fehlt die Hasel in 4B.

Wie wir schon bemerkt haben, haben die einzelnen Probentypen ihr Hauptgewicht in verschiedenen Horizonten. Deshalb lässt sich vermuten, dass in den HKP zusammengestürztes *Konstruktionsholz* der Decke und des Obergeschosses enthalten ist, während die Getreideproben, wie die Bezeichnung schon sagt, wohl eher Holz von der *Innenausstattung* der «Keller»räume enthalten (Regale?) und wohl auch zum Teil das oben erwähnte Konstruktionsholz.

2.2.2. Horizontale Verteilung: Räume

(Tab. 4-6/Abb. 1-3)

2.2.2.1. HKP

(Tab. 5/Abb. 2)

Aus allen vier Räumen erhielten wir Holzkohlenfunde. Auf die Räume II und III entfallen zusammen fast 2/3 der 46 Proben (II = 13; III = 17). Der Raum I hatte 9 Proben aufzuweisen, der Raum IV deren 4. Von ausserhalb der Ringmauer M2 stammen drei Proben.

Die *Stückzahl* der einzelnen Räume ist quasi gleichgross, jedoch unterscheiden sich die Räume in der Anzahl gefundener Baumarten. Insbesondere sticht der Raum III heraus, bei dem es sich um die Eingangshalle handelt.

Die Weisstanne, Rotbuche, Fichte und Hasel kommen *in allen Räumen* vor. Das Maximum an Stückzahl und Stetigkeit erreichen die Weisstanne und die Fichte in Raum II. Die Rotbuche hat in Raum III die höchste Stetigkeit, in Raum IV die höchste Stückzahl (diese aus einer einzigen Probe!). Die Hasel erhält in allen vier Räumen die gleiche Stetigkeit und nur in Raum IV eine etwas höhere Stückzahl. Die Linde kommt in den Räumen II, III, IV in je einer Probe mit geringen Stückzahlunterschieden vor. Die Eiche und Kirsche kommen nur in den Räumen I und III vor; bei der Eiche handelt es sich vermutlich um das *Treppenholz* der Vorratskammer und der Eingangshalle; bei der Kirsche vermutlich um *Möbelholz.*

Von den drei Proben von ausserhalb stammen eine von der Falldeponie in Feld 29 mit der einzigen *Eschenholzkohle,* die beiden anderen aus einem Raum (Stall?) zwischen der Ringmauer M 2 und M 6 (Feld 3.1 und 24) mit Weisstanne und Rotbuche.

2.2.2.2. GP

(Tab. 6/Abb. 3)

Aus Tabelle 6 wird ersichtlich, dass der Schwerpunkt sowohl in Probenzahl, Stückzahl wie auch Baumartenanzahl in Raum II liegt. Nur Weisstanne, Rotbuche und Hasel kommen in Raum I und II vor. Alle drei zeigen in Raum II eine höhere Stückzahl und Stetigkeit.

2.2.2.3. Vergleich zwischen HKP und GP

(Abb. 10)

Aus der Abbildung 10 können wir erkennen, dass in Raum II im Vergleich zu den GP in den HKP zwar fast gleichviel Proben geborgen wurden, diese aber 4 Baumarten weniger enthielten. In Raum I wurden dagegen in den HKP fast das Doppelte an Proben, Stück- und Baumartenanzahl zu Tage gefördert.

Die *Verteilung der Baumarten* auf die Räume kann auch Hinweise auf ihre Funktion geben. So dürfte die *Eiche* als Treppenholz in den Räumen I (Vorratskammer) und III (Eingangshalle) gedient haben, denn es ist kaum denkbar, dass nur eine einzige Treppe in Raum III die Verbindung zwischen Erd- und Obergeschoss ermöglicht hat. Das häufige Auftreten von *Buche und Hasel* in den GP des Raumes II deutet auf Holzelemente von *Lagergestellen* hin. Die Hasel könnte auch noch für geflochtene *Vorratskörbe* verwendet worden sein (vgl. Kap. 2.4., SCHOCH 1985). Ein weiterer Grund zur Annahme, dass in Raum II Vorräte aufbewahrt wurden.

2.2.3. Weitere Untersuchungsaspekte und ihre Verteilung

2.2.3.1. Einzelproben

(Tab. 9)

Von insgesamt 34 Einzel-Holzkohlenproben (d. h.: in einer Probe kommt allein nur eine Baumart vor) stammen 17 aus dem Horizont 4A und 10 aus 4B. Daraus erkennt man, dass es sich wohl mehrheitlich um einzelne *Konstruktions- oder Möbelfragmente* handeln muss. Diese sind beim Zusammenbruch der Burg anscheinend in grösseren Einzelstücken abgelagert und dementsprechend als solche geborgen worden.

Aus der Tabelle 9 gehen sowohl Raum- und Horizontverteilung der Baumarten hervor als auch ihre jeweiligen Stückzahlen und Stetigkeiten; ausserdem ist aufgeführt, wieviele davon Bearbeitungsspuren aufweisen.

Von den 34 Einzelproben zeigten 17 klare Bearbeitungsspuren, dabei kann von 6 eine genauere Funktion angegeben werden: Aus *Weisstannenholz* sind die beiden geborgenen *Schwellenhölzer* der Türöffnungen in M 1 und M 7, sowie zwei Bretter und ein Balken aus Raum II (Decke?); aus *Fichte* ein Brett der *Zisternenabdeckung* aus Raum III.

2.2.3.2. Bearbeitungsspuren

(Tab. 10)

In dieser Tabelle sind im Gegensatz zu oben alle Holzkohlenproben mit *Bearbeitungsspuren* aufgeführt. In den Räumen II und III und dem Horizont 4A kommen demnach am meisten bearbeitete Holzreste vor. Im Raum III sind jedoch mehr Baumarten daran beteiligt.

Auf Bearbeitungsspuren ist dann geschlossen worden, wenn die Holzkohlenstücke zum Beispiel eine glatte Oberfläche oder eine Bohrung aufwiesen. Auch sogenannte Rundhölzer oder Prügel sind wegen ihrer vermuteten Funktion als bearbeitet bewertet worden. Auch bei einem Rundstab aus Kirsche kann eine Bearbeitung nicht ausgeschlossen werden.

259

Weisstanne und Fichte wurden eindeutig zur Herstellung von Brettern, Schwellen- und Balkenhölzern bevorzugt, weil sie gut zu spalten und leicht zu bearbeiten sind. *Linde* ist in allen drei Räumen als Lattenfragmente geborgen worden. Auch *Ahorn und Buche* liefern Lattenfragmente. Die *Rotbuche* weist häufig brettchenartige Form auf und hat Löcher. Bei den Rundhölzern kommen neben zwei Weisstannen-, auch eine *Eichenprobe* vor. Der Rundstab aus *Kirsche* könnte als Geländerstab der Treppe in Raum III, als Stuhlbein von einem Möbelstück oder als Stiel eines Gerätes verwendet worden sein (vgl. Kap. 2.4.).

Die meisten Bretter- und Brettchenreste stammen aus den Räumen II und III. In Raum II dürften sie von den schon erwähnten Lagergestellen oder der Decke stammen. In Raum III bildeten sie die Zisternenabdeckung (vgl. Kap. 2.3.3.4/Tab. 10).

2.2.3.3. Erhaltungszustand der Holzkohlen und sonstige Reste

Der Zustand der Holzfunde der HKP war im allgemeinen verkohlt. In 12 Proben, davon 11 Einzelproben, war die Weisstanne nur angekohlt. Diese verteilen sich auf alle vier Räume und fast zu gleichen Teilen auf die Horizonte 4A und 4B.

Die Verteilung der angekohlten Holzproben auf Räume und Horizonte sieht folgendermassen aus:

Raum:		Horizont:	
I	3	4A	4
II	4	4B	5
III	4	6	1
IV	1	M 1/M 7	2
	12 Proben		12 Proben

Daran auffallend ist, dass von 12 Proben 8 nahe oder auf der Rohplanie liegen. Dies bekräftigt die These, dass das Feuer entweder im Obergeschoss ausbrach oder aber im Keller und sich dort so schnell ausbreitete, dass die Deckenkonstruktion gleich einbrach (vgl. Kap. 1).

In Raum I (Feld 2.2/Horizont 3) wurden Weisstannenholzkohlen gefunden, die zum Teil richtiggehend *glasig verkrustet* aussahen. In derselben Probe war auch noch ein gleichartig verkrusteter Knochen zu finden. Da es sich dabei wahrscheinlich um *Fetteinwirkung* handelt, können wir dies als einen weiteren Hinweis auf eine Vorrats- oder Speisekammer in Raum I nehmen (vgl. Kap. 2.2.2.1. und 2.2.2.3.).

Aus der Zisterne des Raumes III (Felder 1.1; 12/Horizont 4A; unbest.) sind zwei Proben mit versintertem Holz geborgen worden. Eine genaue Artbestimmung war nicht mehr möglich, aber eine grobe Zuteilung, ob es sich um ein Laub- oder Nadelholz handelt, konnte noch vorgenommen werden.

Bei den GP waren zwar sämtliche Holzreste verkohlt. Daneben wurden aber noch andere Reste gefunden. Wie wir oben gesehen haben, spielt der Raum II bei den Getreideproben die Hauptrolle. In ihm fanden sich neben Knochensplittern direkt neben der Türöffnung 7 (Feld 15.1/Horizont 4B), noch zusätzlich nicht näher analysierte Eierschalen (Feld 10.1/Horizont 4B) und Walnussfragmente (Feld 10.2/Horizont 4A). Im Raum I wurden eventuell Strohhäcksel (Feld 15.1/Horizont 4A) und von uns sogenanntes «Gepapptes» (Feld 15.3/Horizont 4B) gefunden (das «Gepappte» sieht Blätterteig ähnlich). Eine genauere Analyse wurde meines Wissens nicht gemacht.

2.2.3.4. Hinweise auf die Funktion bestimmter Hölzer

Wie schon bemerkt, hatten die Weisstanne und Fichte vor allem Brettfunktion. Die beiden als Brett 1 und 2 geborgenen *Bretter* aus Raum II (Horizont 4A), wie auch die restlichen als Bretter taxierten, sind alle zusammen vermutlich Bodenbretter des Obergeschosses gewesen. Die Funktion der *Schwellenbalken* der Türöffnungen in M 1 und M 7 dürfte eindeutig sein.

In Raum III konnte ein Teil der *Zisternenabdeckung* geborgen werden, der zusammen mit Proben aus dem Zisternensumpf bestätigt, dass diese Abdeckung aus Weisstannen- und Fichtenholz bestand (Tab. 11). Dieses Resultat wird auch durch eine nachträgliche Bestimmung der zusammenhängend geborgenen Zisternenabdeckung bestätigt. Bemerkenswert ist, dass beim Brechen eines solchen Weisstannenstückes sogar die Rostspur eines Nagels zum Vorschein kam.

Die Verteilung des Eichenholzes auf die Räume I (Speise- oder Vorratskammer) und III (Eingangshalle) darf als Hinweis auf Treppen gedeutet werden, denn wie in Kap. 2.4. gesagt wird, ist die Eiche im Mittelalter vorwiegend für tragende Elemente verbaut worden.

Auch die Interpretation der Lindenholzlatten als Statuen (SCHWEINGRUBER 1976) oder geschnitzte Zierelemente (möglicherweise Türstürze oder Ähnliches) kommt von ihrer Verteilung und Funktion her, kommen sie doch immerhin in drei Räumen vor, wobei in Raum II und III direkt neben den Türöffnungen in M 1 und M 7 (Feld 14.2 und 1.1), in Raum IV mitten im Raum beim Fels (Feld 22.2).

2.3. Herkunft des Holzmaterials

2.3.1. Heutige Waldgesellschaften

Die heutigen Waldgesellschaften im umliegenden Gebiet zeigen folgendes Bild:

● An den südexponierten Hängen im kollin-untermontanen Höhenstufenbereich (bis max. 1000 m ü.M.) wie zum Beispiel am Ränggen stockt im allgemeinen der wärmeliebende *Seggen-Buchenwald* (Carici-Fagetum), in dem neben der Buche (Fagus silvatica) auch regelmässig die Mehlbeere (Sorbus aria), die Waldföhre (Pinus silvestris), die Traubeneiche (Quercus petraea) und der Feldahorn (Acer campestris), seltener die Weisstanne (Abies alba), der Bergahorn (Acer pseudoplatanus) oder die Esche (Fraxinus excelsior) vorkommen. Im Unterwuchs treten zahlreiche Sträucher auf, wie die Hasel (Corylus avellana), das Geissblatt (Lonicera xylosteum) oder der Wollige Schneeball (Viburnum lantana).

Lokal kann diese Gesellschaft in einen *Blaugras-Buchenwald* (Seslerio-Fagetum) (zum Beispiel westlich oberhalb der Burgstelle) oder unterhalb der Felsbänder in einen *Lindenwald* (Tilietum) übergehen, der von der Hainbuche (Carpinus betulus) begleitet ist.

● An den Nordhängen im gleichen Höhenstufenbereich (bis max. 800 m.ü.M.) kommt der *Zahnwurz-Buchenwald* (Cardamino-Fagetum) vor. Hier dominiert die Buche die Baumschicht, wird aber meist von Bergahorn und Esche, lokal auch von Weisstanne, Feld- und Spitzahorn (Acer platanoides) oder auf Kalkschuttrieselflächen von der Winterlinde (Tilia cordata) begleitet. Durch diese Dominanz der Buche ist der Schatten zu stark, als dass eine starke Strauchschicht aufkommen könnte.

● Den *Waldmeister-Buchenwald* (Galio odorati - Fagetum), der ebenfalls in kollin-untermontaner Lage (400-max. 700 m.ü.M) vorkommt, finden wir in der näheren Umgebung beim Hasel und Eichbüchel. Wiederum dominiert die Buche neben Esche, Bergahorn, Hainbuche und Eichen (Traubeneiche, Quercus petraea und Stieleiche, Quercus robur). Im Unterwuchs findet sich häufig, wie der eine Flurname besagt, die Hasel.

● In der weiteren Umgebung in grösserer Höhe, d. h. in der Montanstufe (ab 800 m.ü.M.) schliesst an die oben beschriebenen Waldgesellschaften der *Weisstannen-Buchenwald* (Abieti-Fagetum) an, mit Buche und Weisstanne zu gleichen Anteilen an der Baumschicht und mit wenig Bergahorn, der dann aber in der noch höher gelegenen Waldgesellschaft, dem *Hochstauden-Buchenwald* (Aceri-Fagetum) häufiger bis dominant wird.

Spezialstandorte:

● Auf den Flühen und Graten finden wir sowohl den *Kronwicken-Eichenwald* (Coronillo-Quercetum) mit Trauben- und Flaumeiche (Quercus pubescens), Mehlbeere und Waldföhre, sowie einer reichen Strauchschicht, als auch den *Seidelbast-Föhrenwald* (Daphno-Pinetum) mit Waldföhre und Mehlbeere.

● Auf Grobblockschutt kommt der *Blockfichtenwald* (Asplenio- oder Bazzanio- Piceetum) vor, in dem die Fichte (Picea abies) ursprünglich dominiert, zum Beispiel am Nordhang der Belchenfluh, des Ankenballens oder des Waltens.

● In den Talniederungen entlang den Bächen finden wir Fragmente von *Erlen- oder Eschenwäldern*. Von dort stammen sehr wahrscheinlich auch die Erlen- und Pappelholzkohlen, die bei der Ausgrabung gefunden wurden.

2.3.2. Ehemalige Waldgesellschaften

Wir müssen uns bewusst sein, dass das heutige Waldbild durch die jahrhundertelange Bewirtschaftung und durch klimatische Veränderungen nicht mehr dem mittelalterlichen entspricht.

Das *Klima* während des Hochmittelalters (Pollenzone Subatlantikum) von ca. 1000 bis 1200 war relativ mild und trocken (WILLERDING 1977), bis dann um 1200 die sogenannte Hochmittelalter-Kältephase in den Alpen eintrat (WILLERDING 1979). Auf Grönland wurde es schon ab ca. 1130 zunehmend kälter und feuchter (LE ROY LADURIE 1983).

Nach WILLERDING (1979 und 1980) hat sich die Zusammensetzung der ursprünglichen Wälder Mitteleuropas seit dem Mittelalter bis in die Neuzeit massgeblich zugunsten der *Nadelhölzer* geändert. Das Verhältnis zwischen Laub- und Nadelhölzer hat sich gesamthaft umgekehrt.

Im Jura dürfte sich die oben beschriebene Klimaverbesserung vielleicht in einer leichten Verschiebung der Höhengrenze der wärmeliebenden Gehölze wie Eiche und Hasel nach oben ausgewirkt haben. Dadurch hat sich die Konkurrenzsituation zwischen den verschiedenen Waldbäumen und dementsprechend die Artenzusammensetzung des Waldes gewandelt.

Gleichzeitig wirkte auch der Mensch mit seiner *Waldnutzung* in einem noch stärkeren Masse, zum Teil durch die klimatischen Veränderungen unterstützt, auf den Wald ein, sodass wir nicht mit letzter Gewissheit den Grund für die Veränderungen des Waldbildes angeben können.

Im grossen Ganzen dürfen wir davon ausgehen, dass in der Umgebung der Burgstelle Riedfluh in den unteren Lagen bis 600 m.ü.M. *Buchenmischwälder* und in den darüberliegenden Höhenlagen *Buchen- und Buchen-Tannenwälder* vorgeherrscht haben, das heisst ähnliche Waldgesellschaften wie heute, wenn auch mit einer etwas anderen Zusammensetzung, Nutzung und Flächenausdehnung.

Der oben gegebene Überblick der heute vorkommenden Waldgesellschaften soll zeigen, dass sämtliche im Holzkohlenspektrum nachgewiesenen Arten in einem Umkreis von ca. 4 km Entfernung der Grottenburg vorkommen konnten und sicher auch im Mittelalter schon vorhanden waren. Die Frage, ob das Waldflächenareal im Vergleich zu heute kleiner, gleich gross oder grösser war, da dort, wo Landwirtschaft vom Boden her möglich war, gerodet wurde, kann nicht endgültig beantwortet werden. Wahrscheinlich rodete man zur Zeit der Burgbewohner der Riedfluh in den *Talniederungen* und rund um die eventuell schon vorhandenen Versorgungshöfe (vgl. Beitrag Jacomet et al. in diesem Band, Kap. 2.5.2.) und gebrauchte die damaligen Hochwälder zur Waldweide und für die Holznutzung.

Erst mit der erneuten, weitaus stärkeren Rodungswelle im 13. Jahrhundert wurde wahrscheinlich die Waldfläche oberhalb der Riedfluh, wie auf der Übersichtkarte des Ergolzgebietes von SUTER (1926) für das Jahr 1680 sehr schön dargestellt ist, in grösserer Masse gerodet. Es zeigt sich, dass die flacheren Gebiete oberhalb der Grottenburg vom Hasel bis zur Oberburg 1680 waldfrei waren. Die Bauernhöfe *Oberburg und Unterburg* waren demnach, wie die Namen vermuten lassen, Versorgungshöfe einer Burg. Vielleicht ein weiterer Hinweis, dass das Gebiet einmal waldfrei war oder als Niederwald benutzt wurde, könnte der heute darauf stockende Kronwicken-Eichenwald sein (POTT 1985).

STEINLIN (1975) schreibt über den alemannischen Raum, dass bis 600 m.ü.M. *Laubmischwald* mit Eiche, Rotbuche, Ahorn, Esche, Hainbuche, Linde, Kirsche, Birne und Apfel und vielen Sträuchern herrscht, oberhalb davon aber die montanen *Buchen- und Buchen-Tannenwälder* mit Rotbuche, Weisstanne, Ahorn, Esche und Ulme dominieren. Im weiteren hätte sich die alemannische Landnahme vorwiegend im Laubmischwaldbereich abgespielt, da die Buchen-Tannenwälder schlechter für die Waldweide seien. Alle ebeneren Flächen seien für Kulturland gerodet worden. Dies könnte ein weiterer Hinweis sein (siehe oben), dass die Fläche oberhalb der Riedfluh gerodet und der Hof Oberburg neben der Unterburg einer der Versorgungshöfe der Riedfluh war (vgl. Beitrag Jacomet et al. in diesem Band).

2.3.3. Waldbewirtschaftungsformen

Als Einleitung für diese Kapitel möchte ich STEINLIN (1975) zitieren, der in seinem Aufsatz schrieb: «Aber auch der nach Rodung verbleibende Wald wurde vom Menschen in mannigfaltiger Weise geformt und beeinflusst, damit er bestimmte Funktionen erfüllen und bestimmte Leistungen erbringen konnte. Teilweise unbewusst durch bestimmte Nutzungsformen, teilweise bewusst und geplant, ergab sich eine Gestalt und Erscheinungsform des Waldes, die bestimmte Bedürfnisse des Menschen unter gegebenen Verhältnissen am besten zu erfüllen versprach. In den Dorf- und Weilersiedlungen des Laubmischwaldgebietes mit der Dreifelderwirtschaft und Flurzwang stellte der Wald neben seiner Rolle als Brenn- und Bauholzlieferant vor allem eine wichtige Ergänzung der Futtergrundlage für das Vieh, sowohl Rindvieh als auch Ziegen, Pferde und Schweine dar. (...) Ein lichter, parkähnlicher, unterholzarmer Wald mit grossen, breitkronigen, fruchttragenden Bäumen wie Eiche, Buche, Kirsche und Wildobst begünstigte das Gedeihen einer gras- und krautreichen Bodenvegetation für das Weidevieh, Eicheln und Bucheckern spielten eine ganz gewaltige Rolle für die Schweinehaltung. (...) Der montane Buchen-Tannenwald eignet sich (...) weniger zur Viehweide und zur Schweinemast und kann mangels stockausschlagfähiger Baumarten auch nicht als Mittelwald bewirtschaftet werden. Dagegen liefert er ausgezeichnetes Brennholz und lange, gerade und starke Stämme als Bauholz und lässt sich verhältnismässig leicht durch Samen natürlich verjüngen.»

Über die wichtige Rolle der Waldweide und Eichelmast sind sich sämtliche Autoren, die über Waldnutzung im Mittelalter oder über Waldgeschichte schreiben, einig (wie BROCKMANN-JEROSCH 1910 und 1936, DELORT 1972, ELLENBERG 1954 und 1982, GROSSMANN 1927, HAUSER 1972, SUTER 1926, WILLERDING 1979, WULLSCHLEGER 1979).

ELLENBERG (1982) schreibt dazu, dass sich geschlossene Buchenhochwälder oder Eichenmischwälder recht gut als *Mastwälder* eignen. Jedoch seien lockere Bestände ergiebiger, da sie praktisch jedes Jahr Früchte ansetzten. Deshalb galten früher lichte Eichenhaine als Wälder von höchstem Werte, da sie dazu noch gutes Bauholz lieferten.

Durch das Beweiden des Waldes kommt es zur *Auflichtung* der Waldbestände (GROSSMANN 1927, ELLENBERG 1954 und 1982 und weitere Autoren) durch Abfressen der Sträucher, des Jungwuchses und der Baumrinde; dies hat eine grössere *Lichteinstrahlung* zur Folge und dadurch ein vermehrtes Futterangebot an nährstoffreichen Gräsern und Kräutern. Daneben wachsen nun auch mehr Sträucher und Jungwuchs wie Esche, Ulme, Linde, Feldahorn, Hasel und Hainbuche heran, die allesamt ein gutes Stockausschlagvermögen aufweisen und gute Futter- und Speiselaubbäume (BROCKMANN-JEROSCH 1910 und 1936, GROSSMANN 1927) sind. Das heisst, sie dienten wohl für die Waldweide, konnten aber auch für die Winterfütterung des Viehes genutzt werden.

Welche Hinweise auf Waldnutzungsformen gibt es aber rund um die Riedfluh?

Flurnamen:

● *Waldweide:* Im Süden, gegenüber der Riedfluh, liegt die Ruine Witwald, nach MEYER (1979) eine Rodungsburg des 13. Jahrhunderts mit dem gleichnamigen Versorgungshof. Der Name deutet auf «Wytweide», was soviel wie Waldweide bedeutet (GROSSMANN 1927).

● Der Flurname *Hasler,* westlich der Riedfluh, dürfte auf ein grosses Haselvorkommen und somit auf einen aufgelichteten Wald oder einen Waldrand deuten.

● *Eichelmast:* Im Westen finden wir drei Flurnamen mit Eiche darin, nämlich Eichernest, Eichelsgrund und Eichbüchel. Zum letzteren bemerkt SUTER (1926), dass es dort sogenannte Weidgräben gehabt habe, die das Vieh abhalten sollten. Die Eichenwälder durften nur in der Obhut der Hirten beweidet werden.

Am Nordhang des Ränggen finden wir noch heute den Flurnamen *Schweini,* der auf eine Schweineweide hinweist.

Baumartenspektrum:

Ein indirekter Versuch, Waldweide und Schweinemast nachzuweisen:

● Alle in der Untersuchung nachgewiesenen Baumarten kommen und kamen in der nahen Umgebung der Riedfluh vor, vor allem im Buchenmischwald oder in einem *aufgelichtetem Buchenwald* (vgl. Kap. 2.3.1. und 2.3.2.).

● Es fanden sich nur drei *Eichenproben*. Dies zeigt, dass zwar Eiche vorhanden war; ob sie aber beim Burgbau öfters verbaut wurde, restlos verbrannte oder aber wirklich für die Eichelmast geschont und nur in Ausnahmefällen als Bauholz gebraucht wurde, kann nicht gesagt werden. Der oben genannte Flurname Schweini dürfte jedoch eine Schonung der Eiche als Futterbaum als das Wahrscheinlichste erscheinen lassen.

● Das häufige Vorkommen von *Hasel* (Flurname Hasler) kann auch ein Hinweis auf durch Waldweide aufgelichtete Wälder sein.

● Ein sehr magerer Hinweis ist vielleicht noch die Bevorzugung oder wissentliche Auslese der Weisstanne und Fichte, die vom Weidevieh ungern gefressen werden. Auch des Fehlen der Eibe könnte darauf deuten, dass der Wald beweidet wurde; sie wäre wegen ihrer Giftigkeit für Pferde abgeholzt worden ist. Eine während der Grabung aufgrund des Vorkommens in der Umgebung geäusserte Vermutung auf Eibenspäne (DEGEN 1983) konnte somit nicht bestätigt werden.

Die Knochenreste

Die Analyse der gefundenen Knochenreste (vgl. Beitrag Kaufmann in diesem Band) zeigt, dass zwar häufig Rinder gegessen wurden, aber auch Schweine und Schafe, die an den steilen Hängen keine Probleme mit der Beweidung des Waldes haben, aber enorme Schäden an den Gehölzen anrichten und viel zur Auflichtung des beweideten Bestandes beitragen (GROSSMANN 1927).

2.4. Verwendung und Herkunft der einzelnen Holzarten

Die Holzkohlen gerieten beim Ausbrand der Burg in die Fundschichten. Da der grösste Anteil aus technologisch wertvollen Hölzern (SCHWEINGRUBER 1976, JACOMET 1982) und typischen Flechtwerkarten (BEHRE 1976 und 1983, KÖRBER-GROHNE 1967 und 1978) besteht, gehen wir davon aus, dass es sich vorwiegend um *Konstruktionshölzer*, Möbel oder sonstiges Innenausstattungsholz, nicht aber um Brennholz handelt.

Holzreste von Geräten des täglichen Gebrauchs, wie Waffen, Werkzeug, Geschirr und Besteck kann man zwar anhand der allgemein üblichen Verwendung einer bestimmten Holzart vermuten, nicht aber beweisen. Es fehlen die entsprechenden, bearbeiteten Teile solcher Fundstücke.

Einen direkten Hinweis auf den Verwendungszweck eines Holzes finden wir bei den geborgenen Schwellenhölzern der Türöffnungen, bei grösseren Stücken von Brettern, zum Beispiel der Zisternenabdeckung. Wenn wir nur zum Beispiel eine glatte Fläche oder eine Bohrung in einem Brettchenstück vorfinden, können wir zwar daraus schliessen, dass dieses Holzfragment bearbeitet wurde, zu welchem Zweck es ehemals benutzt wurde, wissen wir allerdings nicht.

Indirekt lassen sich anhand der Verteilung der Holzarten in der Grabungsfläche (vgl. Kap. 2.2.) und im Vergleich mit anderen mittelalterlichen Ausgrabungen Vermutungen über ihren Gebrauch anstellen, wie zum Beispiel in dieser Ausgrabung auf Treppen, geschnitzte Zierelemente, Gestelle und Rutenlehm.

Nadelhölzer:

Weisstanne: Kommt beigemischt in den kollin-untermontanen Buchenwäldern vor, hat aber den grössten Anteil in den montanen Weisstannen-Buchenwäldern. Wurde im Mittelalter wegen ihrer guten Spaltbarkeit (Bretter, Balken, Türschwellen) bevorzugt (KÖRBER-GROHNE 1978, JACOMET 1981 und 1982, SCHOCH/SCHWEINGRUBER 1982). Sogar die Kirchendachstühle wurden im Mittelalter ganz aus Weisstannenholz gebaut (SCHWEINGRUBER 1976).

Fichte: Kam ausser in den Blockfichtenwäldern relativ selten vor, heute häufig angebaut. Ansonsten die gleichen Vorteile wie die Weisstanne.

Eibe: Obwohl heute häufig an Steilhängen in der Umgebung anzutreffen (Witwald), wurde kein einziges Holzkohlenstück gefunden. Ihr Holz ist schon immer wegen seiner Elastizität für Waffen (wie Bogen) und Gerätschaften für den täglichen Gebrauch (wie Löffel) gesucht und ausgelesen worden. Inwieweit die Eiben wegen ihrer Giftigkeit für Pferde in der Nähe der Burg abgeholzt wurden und deshalb nicht im Holzkohlenmaterial vorkommen, kann nur Spekulation bleiben.

Föhre: Sicher im Gebiet auf den Felsköpfen vorkommend, nicht aber im Fundmaterial. Grund dafür könnte sein, dass die Föhre auf Extremstandorten meist krummwüchsig, also schwer zu bearbeiten und schwierig abzutransportieren ist; vielleicht wurden aus ihr Kienspäne hergestellt oder durch Einritzen der Rinde Harz gewonnen.

Laubhölzer:

Buche: Wie heute auch sicher die am häufigsten vorkommende Baumart in der Umgebung der Burg Riedfluh. Da das Holz gut zu bearbeiten ist, wurde es vor allem für Balken und Bretter/Latten verwendet (JACOMET 1981 und 1982, SCHOCH/SCHWEINGRUBER 1982). In unserem Falle kann vermutet werden, dass die Gestelle für den Getreidevorrat und vielleicht auch die Deckenbalken oder Estrichkonstruktion aus Buchenholz fabriziert waren.

Eiche: Wie die Flurnamen Eichelsgrund, Eichernest (beide Gemeinde Eptingen) und Eichbüchel (Gemeinde Bennwil) rund um den Ränggen zeigen, ist die Eiche sicherlich in der Umgebung vorgekommen, wurde aber, wie der Flurname Schweini andeutet, ziemlich sicher für die Eichelmast der Schweine geschont (vgl Kap. 2.3.3.). Wohl deshalb sind nur in drei Proben Eichenholzkohlen aufgefunden worden. Ihr Holz wurde demnach nur für wichtige tragende Elemente benutzt oder ist beim Brand völlig verbrannt. Im Vergleich zu anderen mittelalterlichen Ausgrabungen ist bei der Riedfluh die Eiche gegenüber der Rotbuche absolut unterrepräsentiert (JACOMET 1981 und 1982, KÖRBER-GROHNE 1978, SCHOCH/SCHWEINGRUBER 1982)

Hasel: Sicher häufig an sonnigen Waldrändern und in aufgelichteten Wäldern nahe der Burg vorgekommen (vgl. Nussfunde, Beitrag Jacomet et al. in diesem Band). Haselruten dürften, anhand der Stetigkeit, den Hauptbestandteil der Rutenlehmwände gebildet und wahrscheinlich auch bei den Regalen im Untergeschoss eine wichtige Rolle gespielt haben. Ausserdem könnte die Hasel zu Körben geflochten der Vorratshaltung gedient haben (SCHOCH 1985).

Linde: Wie oben beschrieben, unterhalb von Kalkfelsbändern wachsend. In der Burg sind drei Proben, in drei Räumen (II, III, IV) geborgen worden und alle weisen Bearbeitungsspuren auf. Es sind lattenartige Reste, vielleicht von geschnitzten Zierelementen oder Statuen (vgl. KÖRBER-GROHNE 1978, SCHWEINGRUBER 1976).

Die übrigen Laubhölzer haben sowohl eine zu geringe Stückzahl und Stetigkeit als auch keine klar erkennbare Funktion. Deshalb können wir sie nur im Vergleich zu anderen Ausgrabungen betrachten und ihre Verwendung vermuten.

Ahorn: Drechslerholz für Schalen (KÖRBER-GROHNE 1978, SCHOCH 1985, SCHOCH/SCHWEINGRUBER 1982), Balken (JACOMET 1981) und Löffel (KÖRBER-GROHNE 1978, SCHWEINGRUBER 1976).

Erle: Drechslerholz für Schalen (KÖRBER-GROHNE 1978, SCHOCH 1985).

Esche: Werkzeugstiele (SCHOCH/SCHWEINGRUBER 1982, SCHWEINGRUBER 1976).

Kirsche, Kernobst: Vor allem Möbel (JACOMET 1981, SCHOCH 1985).

Pappel, Hainbuche: Vermutlich für Flechtwerk (vgl. oben, SCHOCH 1985).

3. Zusammenfassung

Von der hochmittelalerlichen Burg Riedfluh sind in 62 Proben 1286 Holzkohlenstücke von 13 Gehölzen bestimmt worden. Das Probenmaterial musste für die weitere Untersuchung in zwei Probentypen, Holzkohlenproben (HKP) und Getreideproben (GP), unterteilt werden.

Die häufigste Baumart war die Weisstanne, gefolgt von Rotbuche, Fichte, Hasel, Eiche, Linde und den restlichen Hölzern. Alle diese Bäume konnten aus den umliegenden Wäldern bezogen werden. Anscheinend wurden sie teilweise ausgelesen oder sogar geschont.

Anhand der horizontalen und vertikalen Verteilung der Holzreste, ihrer mutmasslichen Verwendung und Bearbeitung, lässt sich einerseits auf die Funktion der Räume (Eingangshalle, «Scheune», Speisekammer), wie auch auf die mögliche Gebrauchsart (Zisternenabdeckung, Treppe, geschnitzte Zierelemente oder gar Figuren, Deckenbretter usw.) schliessen.

Hinweise auf die wahrscheinliche Bewirtschaftung des Waldes ergeben sich aus Literatur, Flurnamen und Baumartenspektrum.

Beim Vergleich des Baumartenspektrum der Riedfluh mit anderen mittelalterlichen Burgen erkennt man, dass die Eiche einen sehr geringen, die Rotbuche einen grossen Anteil aufweist. Daraus ergibt sich die Frage, weshalb die Eiche von den Erbauern der Burg so wenig verbaut wurde, oder wieso sie sie anscheinend durch andere Hölzer ersetzt haben.

4. Literaturverzeichnis

BEHRE 1976

Behre, K. E., Die frühgeschichtliche Marschsiedlung beim Elisenhof in Eiderstedt 2: Die Pflanzenreste. Studien zur Küstenarchäologie in Schleswig-Holstein, Serie A, Bern & Frankfurt 1976, 144 S., 19 Taf.

BEHRE 1983

Behre, K. E., Ernährung und Umwelt der wikingerzeitlichen Siedlung Haithabu. Die Ausgrabungen in Haithabu 8, Neumünster 1983, 219 S.

BINZ/HEITZ 1986

Binz, A. & Heitz, Ch., Schul- und Exkursionsflora für die Schweiz. 18. Aufl., Basel.

BROCKMANN-JEROSCH 1910

Brockmann-Jerosch, H. und M., Die natürlichen Wälder der Schweiz. Berichte der Schweizerischen Botanischen Gesellschaft, Heft XIX, Jg. 1910: 171-226.

BROCKMANN-JEROSCH 1936

Brockmann-Jerosch, H., Futterlaubbäume und Speiselaubbäume. Berichte der Schweizerischen Botanischen Gesellschaft, Festband Rübel, Bd. 46: 594-613.

DEGEN 1983

Degen, P., Grottenburg Riedflue Eptingen. Zwischenbericht über die Grabungen 1982, Amt für Museen und Archäologie Baselland, ARGOS. 75 S.

DEGEN/HÖGL 1982

Degen, P. & Högl, L., Die Burgstelle Riedflue, Eptingen BL. Zwischenbericht der Ausgrabungen 1981. Nachrichten des Schweizerischen Burgenvereins, 55. Jg., 12. Bd.: 54-58.

DELORT 1972

Delort, R., Le Moyen Age, Histoire illustrée de la vie quotidienne, Lausanne.

ELLENBERG 1954

Ellenberg, H., Steppenheide und Waldweide, ein vegetationskundlicher Beitrag zur Siedlungs- und Landschaftsgeschichte. In: Erdkunde, Band VIII, Lfg. 3, Bonn: 188-194

ELLENBERG 1982

Ellenberg, H., Vegetation Mitteleuropas mit den Alpen in ökologischer Sicht. 3., verb. Aufl., Stuttgart.

ELLENBERG/KLÖTZLI 1972

Ellenberg, H. & Klötzli, F., Waldgesellschaften und Waldstandorte der Schweiz. Mitteilungen der Schweiz. Anstalt für das forstliche Versuchswesen, Bd. 48, Heft 4, Birmensdorf: 589-930.

GROSSMANN 1927

Grossmann, H., Die Waldweide in der Schweiz. Diss. ETH Zürich: 123 S.

HAUSER 1972

Hauser, A., Wald und Feld in der alten Schweiz. Zürich, München.

JACOMET 1981

Jacomet, S., Die Hölzer und Früchte im Sodbrunnen. In: Müller, F. et al.: Die Burgstelle Friedberg bei Meilen am Zürichsee. ZAM Zeitschrift für die Archäologie des Mittelalters 9: 69-77.

JACOMET 1982

Jacomet, S., Die Holzkohlenfunde von der Burgruine Scheidegg bei Gelterkinden/BL., unveröffentlichtes Manuskript.

KÖRBER-GROHNE 1967

Körber-Grohne, U., Geobotanische Untersuchungen auf der Feddersen Wierde. Wiesbaden.

KÖRBER-GROHNE 1978

Körber-Grohne, U. 1978: Pollen-, Samen- und Holzbestimmungen aus der mittelalterlichen Siedlung unter der oberen Vorstadt in Sindelfingen (Württemberg). In: Scholkmann, B.: Sindelfingen / Obere Vorstadt: Eine Siedlung des hohen und späten Mittelalters. Forschungen und Berichte der Archäologie des Mittelalters in Baden-Württemberg. Bd. 3: 184-198.

LE ROY LADURIE 1983

Le Roy Ladurie, E., Histoire du climat depuis l'an mil. Paris.

MAYER 1986

Mayer, H., Europäische Wälder, ein Überblick und Führer durch die gefährdeten Naturwälder. Stuttgart, New York, UTB 1386.

MEYER 1979

Meyer, W., Rodung, Burg und Herrschaft. Schweizer Beiträge zur Kulturgeschichte und Archäologie des Mittelalters 5: 43-80.

MEYER 1985

Meyer, W., Hirsebrei und Hellebarde. Auf den Spuren des mittelalterlichen Lebens in der Schweiz. Olten, Freiburg in Brg.

MOOR 1952

Moor, M., Die Fagion-Gesellschaften im Schweizer Jura. Beiträge zur geobotanischen Landesaufnahme der Schweiz, Heft 31, Bern, 201 S.

MOOR 1954

Moor, M., Fichtenwälder im Schweizer Jura. VEGETATIO Vol. V-VI: 542-552.

RÖSENER 1986

Rösener, W., Bauern im Mittelalter. München.

POTT 1985

Pott, R., Vegetationsgeschichtliche und pflanzensoziologische Untersuchungen zur Niederwaldwirtschaft in Westfalen. Abhandlungen aus dem Westfälischen Museum für Naturkunde, 47. Jg., Heft 4, Münster: 1-75.

SCHOCH 1985

Schoch, W., Die Holzreste. In: Högl, L.: Burgen im Fels. Olten & Freiburg i. Br. Katalog der Kleinfunde von Malvaglia, Casa dei Pagani: 87-89.

SCHOCH/SCHWEINGRUBER 1982

Schoch, W. & Schweingruber, F. H., Die Bestimmung der Holzreste. In: Schneider, J. et al.: Der Münsterhof in Zürich. Walter, Olten: 265-266.

SCHWARZ 1955

Schwarz, U. 1955: Die natürlichen Fichtenwälder des Juras. Beiträge zur geobotanischen Landesaufnahme der Schweiz, Heft 34, Bern, 143 S.

SCHWEINGRUBER 1976

Schweingruber, F. H., Prähistorisches Holz. Academica Helvetica 2, Bern, Stuttgart. 106 S.

SCHWEINGRUBER 1978

Schweingruber, F. H., Mikroskopische Holzanatomie, Zug. 226 S.

STEINLIN 1975

Steinlin, H., Wandel in Funktion und Bewirtschaftung des Waldes im alemannischen Raum. Freiburg i. Brg.: 1-16.

SUTER 1926

Suter, P., Beiträge zur Landschaftskunde des Ergolzgebietes. Diss. Univ. Basel 1926.

WILLERDING 1977

Willerding, U., Über Klima-Entwicklung und Vegetationsverhältnisse im Zeitraum Eisenzeit bis Mittelalter. In: Das Dorf der Eisenzeit und des frühen Mittelalters. Abhandlungen der Akademie der Wissenschaften in Göttingen, Philologisch-Historische Klasse, 3. Folge, Nr. 101: 357-405.

WILLERDING 1979

Willerding, U., Botanische Beiträge zur Kenntnis von Vegetation und Ackerbau im Mittelalter. In: Jahnkuhn, H. und Wenskus, R. (Hrsg.): Geschichtswissenschaft und Archäologie, Vorträge und Forschungen XXII, Sigmaringen: 271-353.

WILLERDING 1980

Willerding, U., Anbaufrüchte der Eisenzeit und des frühen Mittelalters, ihre Anbauformen, Standortsverhältnisse und Erntemethoden. In: H. Beck et al.: Untersuchungen zur eisenzeitlichen und frühmittelalterlichen Flur in Mitteleuropa und ihrer Nutzung. Abhandlungen der Akademie der Wissenschaften in Göttingen, Phil.-Hist. Kl., 3. Folge, Nr. 116: 126-196.

WULLSCHLEGER 1979

Wullschleger, E., Über frühere Waldnutzungen. Bericht Nr. 196 der Eidg. Anstalt für das forstliche Versuchswesen, Birmensdorf: 110 S.

Dank

Zum Schluss möchte ich mich bei all den Personen bedanken, die mich bei dieser Arbeit unterstützt haben. Besonders bei Stefanie Jacomet für diesen Auftrag und ihre Unterstützung und Geduld bei der Ausführung, bei Werner Schoch für die Einführung in die Holzkohlenbestimmung und die Nachbestimmung eines Holzstückes sowie bei allen Mitarbeitern des Botanischen Instituts.

5. Anhang: Tabellen

269

Tab. 2 : Gesamtspektrum der Holzkohlenproben (HKP)

	Horizont	Feld	Schicht	EP	B	Z	Weisstanne	Fichte	Nadelholz	Buche	Eiche	Linde	Hasel	Kirsche	Hainbuche	Ahorn	Esche	Laubholz	unbest.	TOTAL
RAUM I	3	2.2	50 (b)				18	27		1	11									57
	3	15.3	53				6						1		2					9
	4A	15.1	79	x	x		8													8
	4A	15.2	78	x			4													4
	4A	15.2	79/82	x	x		1													1
	4A	15.3	79	x	x		8													8
	4A	15.3	(79)	x	x		18													18
	4B	15.3	57	x	x					5										5
	M7	20.2	M7	x	x		4													4
			TOTAL				67	27	0	6	11	0	1	2	0	0	0	0	0	114
RAUM II	4A	10	40				1	19												20
	4A	10.1	40/41		x		12	11		3			1							27
	4A	10.2	40/63	x	x		75													75
	4A	10.2	40/63	x	x		59													59
	4A	14.1	40	x	x		49													49
	4B	10.1	41/46	x			2													2
	4B	10.2	41/46	x	x		3													3
	4B	14.1	41	x	x		6													6
	4B	14.1	41	x				3												3
	4B	14.2	41	x			9													9
	4B	14.2	41	x			3													3
	4B	14.2	41		x		29	5					8							42
	4B	14.2	41	x	x		11													11
			TOTAL				259	38	0	3	0	8	1	0	0	0	0	0	0	309
RAUM III	4A	1.1	12		x		21			8		3	1		1					34
	4A	1.2	9	x	x			18												18
	4A	1.3	7		x		14			2									4	20
	4A	1.3	7/9/35		x	x	3				1									4
	4A	11.1	12	x			5													5
	4A	11.1	14	x			49													49
	4A	12	9	x	x		7	10												17
	4A	12	9	x	x					3										3
	4A	12	18	x			1													1
	4A	12	88	x	x						1									1
	4A	12	106	x			1													1
	4B	12	17	x	x									26						26
	4B	12	17	x			5													5
	5	1.2	33	x	x	x				5										5
	M1	11.3	M1	x	x		18													18
	unbest.	1	unbest.	x	x												1			1
	unbest.	1.1	unbest.	x			13							1						14
			TOTAL				137	28	3	16	27	3	1	1	0	1	0	1	4	222
RAUM IV	4A	22.1	66	x			6													6
	4A	22.2	66	x	x								4							4
	4B	19.1	68/69		x			31		102			6		3					142
	6	22.2	93	x			5													5
			TOTAL				11	31	0	102	0	4	6	0	3	0	0	0	0	157
ausserhalb	2	24	28	x			1													1
	4A	3.1	32				7			31										38
	5	29	31	x													1			1
			TOTAL				8	0	0	31	0	0	0	0	0	0	1	0	0	40
							482	124	3	158	38	15	9	3	3	1	1	1	4	842

EP = Einzelproben
B = Bearbeitungsspuren
Z = Zisterne

Tab. 3 : Gesamtspektrum der Getreideproben (GP)

	Horizont	Feld	Schicht	GP	Weisstanne	Fichte	Nadelholz	Buche	Hasel	Kirsche	Ahorn	Erle	Kernobst	Pappel	Laubholz	TOTAL
RAUM I	4A	15.1	78	ERF15	5			5	2							12
	4A	15.3	79	ERF 7				1								1
	4B	15.3	57	ERF 6	2		3	1						25		31
	4B	20	57	ERF13	1			1								2
	unbest.	15.1	unbest.	ERF16	2			4								6
			TOTAL		10	0	3	12	2	0				25		52
RAUM II	4A	10.2	40/63	ERF11	8		21	18								47
	4A	14.1	40	ERF10	136											136
	4B	10	41	ERF14	8			22	17							47
	4B	10.1	41	ERF 4	11		1	6		1		1				20
	4B	10.2	41	ERF 3	8	4	1	10			1					24
	4B	13	41	ERF 8	2		1									3
	4B	14	41	ERF 5	3		1	1								5
	4B	14.1	41	ERF 1	11		2		1							14
	4B	14.1	41	ERF 2	14		3	25			2		1		1	46
	4B	14.2	41	ERF 9	4	2	1	3								10
	4B	ss/si	(41)	ERF19	8			32								40
			TOTAL		213	6	31	117	18	1	1	2	1	1	1	392
			GESAMTTOTAL		223	6	34	129	20	1	1	2	1	1	26	444

GP = Getreideproben (entspricht Kulturproben Jacomet)

Tab. 4 : Baumartenspektrum für alle Proben

Baumart			Raum I	II	III	IV	auss.	Horizont 2	3	4A	4B	5	6	unb.	TOTAL P/S	%
ABIES ALBA		P	12	23	9	2	2	1	2	23	19		1	4	48	80.6
Weisstanne		S	77	472	137	11	8	1	24	498	140		5	37	705	54.8
FAGUS SILVATICA		P	7	9	4	1	1		1	8	11	1		1	22	35.5
Rotbuche		S	18	120	16	102	31		1	69	208	5		4	287	22.3
PICEA ABIES		P	1	6	2	1			1	4	5				10	16.1
Fichte		S	27	44	28	31			27	58	45				130	10.1
CORYLUS AVELLANA		P	2	3	1	1			1	3	3				7	11.3
Hasel		S	3	19	1	6			1	4	24				29	2.3
QUERCUS SP.		P	1		2				1	1	1				3	4.8
Eichen		S	11		27				11	1	26				38	3.0
TILIA SP.		P		1	1	1				2	1				3	4.8
Linden		S		8	3	4				7	8				15	1.2
PRUNUS cf. AVIUM		P	1	1	1				1		1			1	3	4.8
Kirsche		S	2	1	1				2		1			1	4	0.3
ACER cf. PSEUDOPLATANUS		P		1	1					1	1				2	3.2
Bergahorn		S		1	1					1	1				2	0.2
CARPINUS BETULUS		P				1					1				1	1.6
Hainbuche		S				3					3				3	0.2
ALNUS SP.		P		1							1				1	1.6
Erlen		S		2							2				2	0.2
POMOIDEAE		P		1							1				1	1.6
Kernobst		S		1							1				1	0.1
POPULUS SP.		P		1							1				1	1.6
Pappeln		S		1							1				1	0.1
FRAXINUS EXCELSIOR		P					1					1			1	1.6
Esche		S					1					1			1	0.1
UNBESTIMMT		P	1	8	3					3	8			1	12	19.3
		S	28	32	8					28	39			1	68	5.3
TOTAL	Anzahl Proben	P	14	24	17	4	3	1	2	20	23	2	1	5	62 =	100
	Anzahl Stuck	S	166	701	222	157	40	1	66	666	499	6	5	43	1286 =	100
	Prozent (S)	%	12.9	54.5	17.3	12.2	3.1	0.1	5.1	51.8	38.8	0.5	0.4	3.3	=	100
	Anzahl Baumarten		6	10	8	6	3	1	6	7	12	2	1	3	13 =	100

Tab. 5 : Baumartenspektrum für Holzkohenproben (HKP)

Baumart		Raum					Horizont							TOTAL	
		I	II	III	IV	auss.	2	3	4A	4B	5	6	unb.	P/S	%
ABIES ALBA	P	8	12	9	2	2	1	2	20	8		1	3	35	76.1
Weisstanne	S	67	259	137	11	8	1	24	349	68		5	35	482	57.2
FAGUS SILVATICA	P	2	1	4	1	1		1	5	2	1			9	19.6
Rotbuche	S	6	3	16	102	31		1	45	107	5			158	18.8
PICEA ABIES	P	1	4	2	1			1	4	3				8	17.4
Fichte	S	27	38	28	31			27	58	39				124	14.7
CORYLUS AVELLANA	P	1	1	1	1			1	2	1				4	8.7
Hasel	S	1	1	1	6			1	2	6				9	1.1
QUERCUS SP.	P	1		2				1	1	1				3	6.5
Eichen	S	11		27				11	1	26				38	4.5
TILIA SP.	P		1	1	1				2	1				3	6.5
Linden	S		8	3	4				7	8				15	1.8
PRUNUS cf. AVIUM	P	1		1				1					1	2	4.3
Kirsche	S	2		1				2					1	3	0.4
CARPINUS BETULUS	P				1					1				1	2.2
Hainbuche	S				3					3				3	0.4
ACER cf. PSEUDOPLATANUS	P			1						1				1	2.2
Bergahorn	S			1						1				1	0.1
FRAXINUS EXCELSIOR	P					1					1			1	2.2
Esche	S					1					1			1	0.1
UNBESTIMMT	P		3					2					1	3	6.5
	S		8					7					1	8	0.9
TOTAL Anzahl Proben	P	9	13	17	4	3	1	2	24	12	2	1	4	46 =	100
Anzahl Stück	S	114	309	222	157	40	1	66	470	257	6	5	37	842 =	100
Prozent (S)	%	13.5	36.7	26.4	18.6	4.8	0.1	7.9	55.8	30.5	0.7	0.6	4.4	=	100
Anzahl Baumarten		6	5	8	6	3	1	6	7	7	2	1	2	10 =	100

Tab. 6 : Baumartenspektrum für Getreideproben (GP)

Baumart			Raum I	Raum II	Horizont 4A	Horizont 4B	unb.	TOTAL P/S	%
ABIES ALBA		P	4	11	3	11	1	15	93.8
Weisstanne		S	10	213	149	72	2	223	50.2
FAGUS SILVATICA		P	5	8	3	9	1	13	81.3
Rotbuche		S	12	117	24	101	4	129	29.1
CORYLUS AVELLANA		P	1	2	1	2		3	18.8
Hasel		S	2	18	2	18		20	4.5
PICEA ABIES		P		2		2		2	12.5
Fichte		S		6		6		6	1.4
ALNUS SP.		P		1		1		1	6.3
Erlen		S		2		2		2	0.5
ACER cf. PSEUDOPLATANUS		P		1		1		1	6.3
Bergahorn		S		1		1		1	0.2
POMOIDEAE		P		1		1		1	6.3
Kernobst		S		1		1		1	0.2
POPULUS SP.		P		1		1		1	6.3
Pappeln		S		1		1		1	0.2
PRUNUS cf. AVIUM		P		1		1		1	6.3
Kirsche		S		1		1		1	0.2
UNBESTIMMT		P	1	8	1	8		9	56.3
		S	28	32	21	39		60	13.5
TOTAL	Anzahl Proben	P	5	11	4	11	1	16 =	100
	Anzahl Stück	S	52	392	196	242	6	444 =	100
	Prozent (S)	%	11.7	88.3	44.1	54.5	1.4	=	100
	Anzahl Baumarten		3	9	3	9	2	9 =	100

273

Tab. 7 : Ranglisten der Probentypen

ALLE PROBEN :

Rang	Stückzahl	Rang	Stetigkeit
1.	Weisstanne	1.	Weisstanne
2.	Rotbuche	2.	Rotbuche
3.	Fichte	3.	Fichte
4.	Eiche	4.	Hasel
5.	Hasel	5.	Eiche/Linde/Kirsche
6.	Linde	6.	
7.	Kirsche	7.	
8.	Hainbuche	8.	Ahorn
9.	Ahorn/Erle	9.	Kernobst/Esche/Hainbuche/Erle/Pappel
10.		10.	
11.	Kernobst/Esche/Pappel	11.	
12.		12.	
13.		13.	

HOLZKOHLENPROBEN (HKP) :

Rang	Stückzahl	Rang	Stetigkeit
1.	Weisstanne	1.	Weisstanne
2.	Rotbuche	2.	Rotbuche
3.	Fichte	3.	Fichte
4.	Eiche	4.	Hasel
5.	Linde	5.	Eiche/Linde
6.	Hasel	6.	
7.	Kirsche/Hainbuche	7.	Kirsche
8.		8.	Ahorn/Esche/Hainbuche
9.	Ahorn/Esche	9.	
10.		10.	

GETREIDEPROBEN (GP) :

Rang	Stückzahl	Rang	Stetigkeit
1.	Weisstanne	1.	Weisstanne
2.	Rotbuche	2.	Rotbuche
3.	Hasel	3.	Hasel
4.	Fichte	4.	Fichte
5.	Erle	5.	Ahorn/Kernobst/Kirsche/Erle/Pappel
6.	Ahorn/Kernobst/Kirsche/Pappel	6.	
7.		7.	
8.		8.	
9.		9.	

Tab. 8 : Ranglisten für Stückzahl und Stetigkeit

STÜCKZAHLEN :

Rang	Alle Proben	Rang	Holzkohlenproben (HKP)	Rang	Getreideproben (GP)
1.	Weisstanne	1.	Weisstanne	1.	Weisstanne
2.	Rotbuche	2.	Rotbuche	2.	Rotbuche
3.	Fichte	3.	Fichte	3.	Hasel
4.	Eiche	4.	Eiche	4.	Fichte
5.	Hasel	5.	Linde	5.	Erle
6.	Linde	6.	Hasel	6.	Ahorn/Kernobst/Kirsche/Pappel
7.	Kirsche	7.	Kirsche/Hainbuche	7.	
8.	Hainbuche	8.		8.	
9.	Ahorn/Erle	9.	Ahorn/Esche	9.	
10.		10.			
11.	Kernobst/Esche/Pappel				
12.					
13.					

STETIGKEITEN :

Rang	Alle Proben	Rang	Holzkohlenproben (HKP)	Rang	Getreideproben (GP)
1.	Weisstanne	1.	Weisstanne	1.	Weisstanne
2.	Rotbuche	2.	Rotbuche	2.	Rotbuche
3.	Fichte	3.	Fichte	3.	Hasel
4.	Hasel	4.	Hasel	4.	Fichte
5.	Eiche/Linde/Kirsche	5.	Eiche/Linde	5.	Ahorn/Kernobst/Kirsche/Erle/Pappel
6.		6.		6.	
7.		7.	Kirsche	7.	
8.	Ahorn	8.	Ahorn/Esche/Hainbuche	8.	
9.	Kernobst/Esche/Erle/Hainbuche/Pappel	9.		9.	
10.		10.			
11.					
12.					
13.					

Tab. 9 : Einzelproben (HKP)

Baumart		Raum I	II	III	IV	auss.	Horizont 2	4A	4B	5	6	M1/7	unb.	TOTAL P/S	Proben mit Bearbeitungsspuren
ABIES ALBA Weisstanne	P S	6 43	9 217	6 79	2 11		1 1	13 284	7 39		1 5	2 22		24 351	12 Proben
FAGUS SILVATICA Rotbuche	P S	1 5		2 6				1 1	1 5	1 5				3 11	3 Proben
PICEA ABIES Fichte	P S		1 3	1 18				1 18	1 3					2 21	1 Probe
QUERCUS SP. Eichen	P S			1 26					1 26					1 26	1 Probe
TILIA SP. Linden	P S				1 4			1 4						1 4	1 Probe
FRAXINUS EXCELSIOR Esche	P S									1 1				1 1	
LAUBHOLZ	P S				1 1								1 1	1 1	
NADELHOLZ	P S							1 3						1 3	
TOTAL Anzahl Proben Anzahl Stück	P S	7 48	10 220	12 133	3 15	2 2	2 2	17 310	10 73	2 6	1 5	2 22	1 1	34 418	18 Proben
Anzahl Baumarten		2	2	2	4(6)	2	1	4(5)	4	2	1	1	(1)	6(8)	5

Tab. 10 : Bearbeitungsspuren (HKP)

Baumart		Raum I	II	III	IV	Horizont 4A	4B	5	M1/7	unb.	TOTAL P/S	Funktion Brett(chen)	Balken	Latten	Schwellen	Bohrungen	Rundholz	Rundstab
ABIES ALBA Weisstanne	P S	5 39	6 259	3 137	1 102	9 396	3 17		2 22		14 435	Raum II=5/III=2 7			Raum I/II 2		Raum I 2	
FAGUS SILVATICA Rotbuche	P S	1 5	1 3	3 14	1 1	3 12	2 107	1 5			6 124		Raum IV 1	Raum III 1		Raum I/II/III 3		
PICEA ABIES Fichte	P S			1 10	1 31	1 10	1 31				2 41	Raum III/IV 2						
QUERCUS SP. Eichen	P S			2 27		1 1	1 26				2 27						Raum III 1	
TILIA SP. Linden	P S		1 8	1 3	1 4	2 7	1 8				3 15			Raum II/III/IV 3				
ACER cf. PSEUDOPLATANUS Bergahorn	P S			1 1		1 1					1 1			Raum III 1				
PRUNUS cf. AVIUM Kirsche	P S									1 1	1 1							Raum III 1
CORYLUS AVELLANA Hasel	P S				1 6		1 6				1 6							
TOTAL Anzahl Proben Anzahl Stück	P S	6 44	8 270	8 193	2 143	13 427	6 195	1 5	2 22	1 1	24 650	9	2	5	2	3	3	1
Anzahl Baumarten		2	3	7	4	6	6	1	1	1	8	2	2	3	1	1	2	1

276

Tab. 11 : Zisterne (Raum III)

ZISTERNENABDECKUNG

Feld	Schicht	Horizont	Weisstanne	Fichte	Eiche	Nadelholz	Bemerkung
1.2	9	4A		18			
1.3	7/9/35	4A	3		1		
12	9	4A	7	10			Nagelrostspur
12	9	4A				3	versintert
?	?	?	3	1			nachträglich bestimmt
TOTAL			13	29	1	3	

ZISTERNENSUMPF

Feld	Schicht	Horizont	Weisstanne	Rotbuche	Laubholz	unbestimmbar	Bemerkung
1	unbest.	unbest.			1		versintert
1.2	33	5		5			
1.3	7	4A	14	2		4	
TOTAL			14	7	1	4	

Tab. 12 : Vergleich des Baumartenspektrums der Riedfluh mit anderen mittelalterlichen Burgen

Fundstelle	Riedfluh	Scheidegg	Meilen-Friedberg	Mülenen	Malvaglia
Art der Fundstelle	Burgruine	Burgruine	Burgruine	Wasserburg	Grottenburg
Datierung	11.-12. Jh.	14. Jh.	13.-14. Jh.	12.-17. Jh.	13.-14. Jh.
Herkunft der Funde	Brandschicht	Brandschicht	Sodbrunnen	Kulturschicht	Kulturschicht
Anzahl Proben	62	ca. 30	unbekannt	unbekannt	> 300
Erhaltungsform	verk.+angekohlt	verkohlt	unverkohlt	unbekannt	unverkohlt
Publikation/BearbeiterIn	Albrecht 1987	Jacomet 1982	Jacomet 1981	Schweingruber 1976	Schoch 1985
Weisstanne (Abies alba)	705	11	257	8	4
Rotbuche (Fagus silvatica)	287	76	102		1
Fichte (Picea abies)	130		131		92
Hasel (Corylus avellana)	29	16	10		16
Eichen (Quercus sp.)	38	105	118	ca. 21	1
Linden (Tilia sp.)	15				8
Kirsche (Prunus cf. avium)	4				4
Ahorn (Acer sp.)	2	14	3	4	1
Hainbuche (Carpinus betulus)	3	1			3
Erlen (Alnus sp.)	2	2		ca. 30	6
Kernobst (Pomoideae)	1	29	30		4
Pappeln (Populus sp.)	1		6	36	1
Esche (Fraxinus excelsior)	1	22	4		2
Birken (Betula sp.)		3			8
Föhre (Pinus silvestris)		28	7		1
Eibe (Taxus baccata)		2	1	9	1
Walnuss (Juglans regia)			1		
Schwarzdorn (Prunus spinosa)			1		
Steinobst (Prunus sp.)			7		
Weiden (Salix sp.)			26		3
Holunder (Sambucus sp.)			3		
Ulmen (Ulmus sp.)			2		
Schneeball (Viburnum sp.)			1		
Weinrebe (Vitis sp.)			1		2
Buchs (Buxus sempervirens)				6	
Lärche (Larix decidua)					25
Fichte oder Lärche					15
Kastanie (Castanea sativa)					58
Hartriegel (Cornus mas)					8
TOTAL (bestimmt)	1286	309	711	ca. 115	319

Teil V: Eptingen – Riedfluh
Die Tierknochenfunde der Grabung 1981–1983

von Bruno Kaufmann, unter Mitarbeit von Willi Schoch
und Siegfried Scheidegger

1. Einleitung

Die vorliegende Arbeit befasst sich mit der Auswertung der tierischen Skelettreste, die in einer minutiös durchgeführten Grabung geborgen und nach Schichten sorfältigst getrennt worden sind. Dabei wurden auch kleinste Fragmente, oft sogar Knochensplitter aufgesammelt, sodass eine respektable Knochenzahl zusammengekommen ist.

Die Besonderheiten der Fundstelle, so die Enge des Burgplatzes, die kurze Besiedlungszeit und vor allem ein verheerender Brand haben zu Verhältnissen geführt, die eine konventionelle, vorwiegend metrisch-ökonomische Auswertung nicht zulassen. Es wurde daher versucht, mindestens teilweise neue Wege zu gehen, um trotzdem möglichst viele Erkenntnisse aus dem Knochenmaterial zu gewinnen. Dass dies nur dank der Mitarbeit verschiedener Fachleute möglich war, ist selbstverständlich. Zu grossem Dank verpflichtet bin ich daher Herrn Dr. J. Tauber, stellvertretender Leiter des Amtes für Museen und Archäologie des Kantons Baselland in Liestal, der mich über die Grabungsergebnisse informierte und mir zahlreiche kulturelle und historische Informationen lieferte. Herr Willi Schoch befasste sich mit den organisatorischen und statistischen Fragen der Arbeit und gestaltete auch die Verbreitungskarten. Für das schwierige Kapitel über die Tierkrankheiten durften wir die Hilfe von Herrn Prof. Siegfried Scheidegger in Anspruch nehmen, der als Paläopathologe über Krankheiten von Mensch und Tier wie kaum ein Anderer Bescheid weiss. Die vielen statistischen Rechenarbeiten und die Reinschrift des Manuskriptes verdanke ich schliesslich Frau Liselotte Häusler-Kaufmann vom «Anthropologischen Forschungsinstitut» in Aesch. Ihnen allen, aber auch den übrigen, hier nicht namentlich aufgeführten Mitarbeitern gilt mein aufrichtiger Dank.

2. Material und Methodik

2.1. Material

Das Knochenmaterial der Riedfluh umfasst etwas über 8000 Knochenreste (genau 8060), welche eine Mindestlänge von 25 mm aufweisen. Kleinere Knochenfragmente wurden – ausser in bestimmten Sonderfällen wie etwa bei Nager- oder Vogelknochen – als Splitter ausgesondert und nicht mitgezählt. Infolge der *extremen Stückelung* des Materials war nur knapp ein Drittel (2561) aller Fragmente einer Tierart zuzuweisen (31.8 %), während zwei Drittel unbestimmbar blieben.

2.2. Methodik

Nach einer ersten, summarischen Durchsicht des Materials wurden die Knochen maschinell gewaschen. Für besondere Komplexe (z. B. mit Kleinsäugern) wurden Siebeinsätze mit 0.4 mm Maschenweite eingesetzt, wodurch auch die kleinen Nagerzähnchen erhalten blieben. Besonders empfindliche oder heikle Knochen wurden zusätzlich von Hand vor- und nachgereinigt.

Da ein Grossteil des Materials in unterschiedlichem Grad durch *Hitze- und Feuereinwirkungen* verändert worden war, verzichtete ich auf eine eigentliche osteometrische Auswertung. Dies war auch dadurch zu rechtfertigen, dass schon bei der ersten Durchsicht klar erkennbar war, dass sich die Knochenreste in keiner Weise durch Grösse oder andere Formmerkmale von den übrigen zeitgleichen Faunen unterschieden.

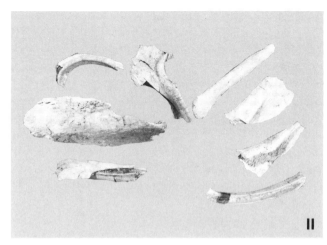
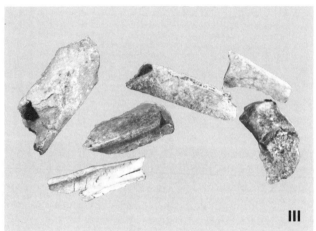

Abb. 1 Beispiele für Knochenfragmente der sechs Brandstufen.

Allerdings ist in den Massen eine beträchtliche *Variationsbreite* erkennbar, doch können diese teils auf das Geschlecht (weibliche Tiere sind in der Regel wesentlich kleiner als männliche), in wenigen Fällen (z. B. bei Schweinen) auch auf das Vorhandensein von Wildformen (Wildschweine) zurückgeführt werden. Aber auch die Kastration, die im Mittelalter besonders an Hähnen (Kapaunen) und bei Schafen (RUMPOLT 1581 bezeichnet sie als «Kastraune») durchgeführt worden ist, führt oft zu einer Zunahme der Körpergrösse.

Das beinahe absolute Fehlen von vollständigen Langknochen und die grosse Anzahl von Elementen nicht ausgewachsener Tiere rechtfertigen zusätzlich den Verzicht auf eine eigentliche osteometrische Auswertung nach den Empfehlungen von VON DEN DRIESCH (1976). Hingegen wurde bei beinahe allen bestimmbaren Knochen die grösste Länge abgenommen, doch stimmen diese Masse nur in den wenigsten Fällen mit den genormten Messstrecken überein. Ziel war vielmehr, eine relativ zuverlässige Angabe über die *Stückelung* des Materials und damit über den *Ausnutzungsgrad* der tierischen Speisen zu erhalten.

Neu eingeführt wurde hier die *Brandstufe* (Abb. 1) als Mass für die Hitzeeinwirkung. Dabei liess ich mich in der Stufeneinteilung weitgehend nach den Brandstufen von Chochol (zitiert in MARTIN 1976) leiten, wie sie bei der Beurteilung menschlicher Leichenbrände schon längere Zeit eingesetzt wird. Da sich die Tierknochen durch ihren wesentlich robusteren Bau vor allem der Schäfte von den menschlichen Gebeinen unterscheiden, wurde die Einteilung leicht verändert. Die einzelnen Brandstufen wurden wie nachstehend definiert:

Stufe	Merkmale
I	weiss, kreidig-bröckelig*
II	weisslich-gelblich-bläulich, etwas fester*
III	gelbweiss, gräulich oder graubraun, fest
IV	bräunlich, braunschwarz, fest
V	schwarz, fest (nur angesengt)
VI	nicht verbrannt (keine Feuer- oder Hitzeeinwirkung)

* bei den Stufen I (fast immer) und gelegentlich auch bei Stufe II wurde eine eigenartige Grünfärbung festgestellt, die ich im wesentlichen auf einen hohen Gehalt an Kupfer zurückführen möchte. Eine erste, halbquantitative Analyse lieferte einen Wert unter 5 ppm, was zwar sehr wenig ist, aber doch deutlich über dem Knochenwert von <1 ppm liegt, welcher mit der entsprechenden Methode gar nicht nachgewiesen werden kann.

Natürlich muss bei der Bestimmung der Knochenfarbe die nachträgliche Verfärbung durch *Bodeneinflüsse* berücksichtigt werden, was vor allem bei den Stufen IV und V gelegentlich zu Schwierigkeiten führte. Histologische Untersuchungen (bei verbrannten Knochen sind in den Osteonen fast immer Kohlenstoffmoleküle vorhanden) wurden aber aus Zeitgründen nicht durchgeführt.

Zur *Bestimmung der Tierart* konnte ich einerseits auf die kaum bekannte, aber durchaus beachtenswerte Vergleichssammlung des Kantonsmuseums Baselland in Liestal (Sammlung Leuthard und Nachfolger) und auf meine umfangreiche private Vergleichssammlung zurückgreifen. Für Problemfälle durfte ich die osteologischen Vergleichssammlungen des Naturhistorischen Museums Basel benutzen. Meinen Kollegen, den Herren Dr. B. Enggesser, Dr. P. Jung und Dr. H. Schäfer vom Naturhistorischen Museum Basel sei für ihre Freundlichkeit bestens gedankt.

3. Ergebnisse

3.1. Übersicht über die nachgewiesenen Tierarten

Mindestindividuenzahl (MIZ)

Die Bestimmung der Mindestindividuenzahl ist bei einem so zerstückelten Material wie den Tierknochen von der Riedfluh höchst problematisch. Die hier angeführten Zahlen geben daher nicht die wirkliche Individuenzahl an, sondern die Anzahl Fundlokalitäten (Schichten bzw. Flächen), an denen Knochen einer bestimmten Art gefunden worden sind. Sie sind also mehr oder weniger die *Summe aus den Mindestindividuenzahlen* der einzelnen Schichten und Flächen. So setzt sich zum Beispiel die MIZ von 4 Katzen aus den beiden annähernd vollständigen Skeletten aus Fläche 19.2 und aus zwei weiteren, in verschiedenen Flächen gefundenen Katzenknochen zusammen. Die hier angeführten Zahlen sollen lediglich einen Hinweis auf die Häufigkeit der einzelnen Arten geben.

		MIZ
I Klasse Pisces, Fische		
Piscis indet.	unbekannte Fischart	3
II Klasse Amphibia, Amphibien		
Amphibia indet.	unbek. Amphibienarten (mindestens 3 verschiedene Arten)	9
III Klasse Reptilia, Kriechtiere		
keine Vertreter nachgewiesen		0
IV Klasse Aves, Vögel		
Ordnung Anseriformes, Gänsevögel		
Anser anser dom. (L.)	Hausgans	2
Anas sp. (platyrhinchos?)	Hausente (Stockente?)	3
Ordnung Falconiformes, Greifvögel		
Accipiter sp. (gentilis?) L.	Habichtart	2
Ordnung Galliformes, Hühnervögel		
Gallus g. sp. (domesticus) L.	(Haus-)Huhn	35
Ordnung Charadriiformes, Wat- und Möwenvögel		
Charadrius sp.	Regenpfeiferart	1
Vanellus vanellus (L.)	Kiebitz	1
Ordnung Columbiformes, Taubenvögel		
Columba sp.	Taubenart	12
Columba livia GMELIN	Haus- oder Felsentaube*	2
Columba palumbus L.	Ringeltaube	1
Ordnung Strigiformes, Eulenvögel		
Strigida indet.	Eulen- oder Kauzart	1
Ordnung Passeriformes, Sperlingsvögel; UO Oscines, Singvögel		
Familie Muscicapidae, Fliegenschnäpperartige oder Sänger		
Turdus sp.	Amsel oder Drosselart	1
Familie Ploceidae, Webervögel		
Passer domesticus L.	Haussperling (Spatz)	1
Familie Sturnidae, Stare		
Sturnus vulgaris L.	Star	5
Familie Corvidae, Rabenvögel		
Pica pica (L.)	Elster	3
Corvus corone (L.)	Rabenkrähe	1
Corvus sp.	Raben-, Krähen- oder Dohlenart	2

V Klasse Säugetiere, Mammalia

Ordnung Insectivora, Insektenfresser

Erinaceus europaeus L.	Igel	9
Talpa europaea L.	Maulwurf	1

Ordnung Lagomorpha, Hasenartige

Lepus europaeus PALL.	Feldhase	20

Ordnung Rodentia, Nagetiere

Glis glis (L.)	Siebenschläfer	3
Epimys rattus (L.)	Hausratte	1
Apodemus sylvaticus (L.)	Waldmaus	2
Arvicola scherman exitus MILLER	Schermaus	5
Microtus arvalis (PALL.)	Feldwühlmaus	5
Microtus sp.	weitere Wühlmausart	3

Ordnung Carnivora, Raubtiere

Vulpes vulpes L.	Fuchs	27
Canis familiaris L.	Hund	1
Felis cattus L.	Katze	4

Ordnung Mustelidae, Marderartige

Mustela nivalis L.	Mauswiesel	1

Ordnung Artiodactyla, Paarhufer

Equus caballus L.	Pferd	1
Sus scrofa fera et domestica L.	Wild- und Hausschwein	181
Bos taurus L.	Rind	150
Ovis aries et/an Capra hircus L.	Schaf und/oder Ziege	154
Capreolus capreolus (L.)	Reh	3
Cervus elaphus (L.)	Rot- oder Edelhirsch	1

3.2. Besprechung der Tierarten

Klasse I, Fische (Abb. 2)

Die Fische sind nur durch einzelne Wirbel nachgewiesen, was eine nähere, artmässige Bestimmung verunmöglicht. Wenn wir nur auf die osteologischen Belege abstellen, hätten sie für die Ernährung keine grosse Rolle gespielt; es ist aber eine bekannte Tatsache, dass Fische im Mittelalter sogar sehr häufig gegessen wurden. Man muss aber bedenken, dass die feinen Gräten und Knochen sehr leicht vergehen und infolge ihrer geringen Masse auch bei der Ausgrabung leicht übersehen werden können, sofern die Schichten nicht durchgesiebt werden. Ebenso ist zu überlegen, ob die Fische nicht anderswo filetiert und dann geräuchert oder gesalzen hergeführt worden sind, sodass die Skelettreste gar nicht in den Burgbereich gelangt sind. Die wenigen Funde liegen jedenfalls alle im Küchen- und Wohnbereich und sind somit eindeutig Speiseabfälle.

Klasse II, Amphibien (Abb. 2)

Die Amphibienreste verteilen sich auf mindestens drei Arten, wobei ich anhand der wenigen Vergleichsmöglichkeiten jedoch eher an Krötenarten als an Frösche denke. Obwohl auch Amphibien als Speisen dienten (Froschschenkel, doch wurden die Tiere auch vollständig gegessen) und sich vorwiegend an den fleischlosen Freitagen und in der Fastenzeit als geschätzte Nahrung anboten, dürften die vorliegen-

Abb. 2 Verbreitung der Fisch- und Amphibienknochen.

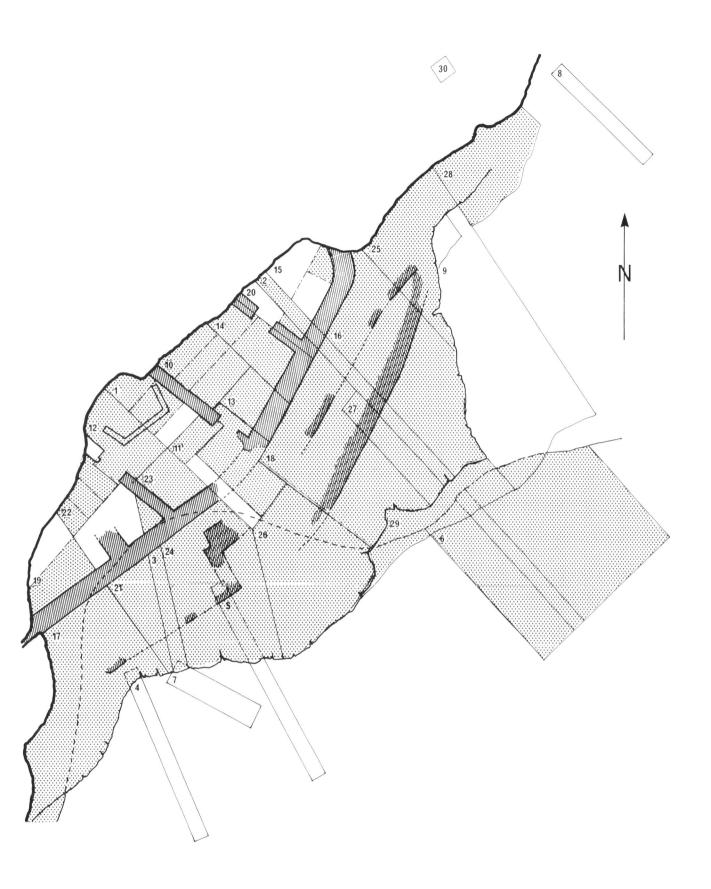

Abb. 3 Gerasterte Fläche: Verbreitung der Knochen des Hausgeflügels (Huhn, Gans, Ente).

den Knochen eher Reste freilebender, hier verendeter Tiere darstellen. Für diese Ansicht sprechen vor allem die Fundareale, die alle ausserhalb des Küchen- und Wohnbereiches liegen.

Klasse III, Reptilien

Diese Tierklasse, die Schlangen und Eidechsen umfasst, ist nicht nachgewiesen.

Klasse IV, Vögel (Abb. 3 und 4)

Vorbemerkungen

Die Bestimmung von Vogelknochen bereitet oft grosse Schwierigkeiten, da häufig keine feststellbaren Unterschiede an den Knochen einzelner Arten derselben Gattung oder Familie bestehen und eine einwandfreie Bestimmung daher nur beim Vorliegen vollständiger Skelette oder mindestens grösserer zusammenhängender Skelettpartien möglich ist. Hinzu kommt noch der Umstand, dass es für Vögel nur sehr wenige vollständige osteologische Vergleichssammlungen gibt, wobei die des Basler Naturhistorischen Museums wohl die vollständigste der Schweiz darstellt. Falls nicht deutliche Grössenunterschiede bestehen, ist die Unterscheidung von Haustieren und Wildformen nicht möglich. Ebenso entstehen Probleme, wenn einzelne grosswüchsige Wildformen den Grössenzuwachs der Haustiere ausgleichen (z.B. beim Auerhahn, Tetrao urogallus, der in Grösse und Knochenbau dem Haushuhn sehr stark ähnelt, während die wesentlich kleinere Stammform des Haushuhnes in Mitteleuropa nicht vorkommt). Auf die Art genau bestimmt habe ich nur Knochen, welche sowohl bezüglich ihrer Grösse wie auch in ihrer anatomischen Beschaffenheit nur einer einzigen Art der Vergleichssammlung entsprachen.

Das Hausgeflügel (Abb. 3)

Das Hausgeflügel erfreute sich im Mittelalter einer grossen Beliebtheit, wie aus verschiedenen mittelalterlichen Quellen hervorgeht, während verschiedene Wildvögel (wie etwa Schwan, Ente oder Rabe) in der zeitgenössischen Literatur als ungeniessbar galten oder wegen ihres zähen Fleisches wenig geschätzt wurden; was nicht heissen will, dass man sie nicht doch verspiesen hat.

Die Haustaube habe ich ebenfalls hier angeführt, da sie ein geschätzer Speisevogel war und sich grosser (kulinarischer) Beliebtheit erfreute. Mit grosser Wahrscheinlichkeit handelt es sich bei den Taubenknochen der Riedfluh aber um die Reste freilebender, hier verendeter Wildvögel; jedenfalls konnten an den Überresten keinerlei Schnitt- oder Brandspuren festgestellt werden. Andrerseits würde die Anzahl der Belege eher dafür sprechen, dass Tauben eben doch gegessen wurden.

In der nachfolgenden Aufstellung habe ich auch die Geflügelarten erwähnt, die in den «Benedictiones ad mensas» des St. Galler Mönches Ekkehard (gestorben um 1036) und in «Ein new Kochbuch...» des Mainzisch-Churfürstlichen Hofkoches RUMPOLT (1581) aufgeführt sind.

	Riedfluh MIZ	Ekkehard	Rumpolt
Haushuhn	35	x	x
(Haus-)Gans	2	x	x
(Haus-)Ente	3	x	?
(Haus-)Taube	15	x	x

Anhand von Einzelknochen sind die domestizierten Arten und die Wildformen meist gar nicht oder dann nur schwer unterscheidbar. Ich habe daher alle Knochen den Hausformen zugewiesen. Dies vor allem, weil die Individuenzahlen dieser Hausformen sehr hoch sind, während die Wildformen bei uns nicht (Huhn) oder nur selten (Graugans) vorkommen.

Wildvögel (Abb. 4)

Obwohl bis zur Neuzeit auch bei uns kleine Vogelarten wie etwa die Singvögel durchaus als Nahrungszusatz dienten und etwa mit Hilfe von Garnen und Leimruten leicht gefangen werden konnten, sehe ich die hier angeführten Arten eher als zufälligerweise hier verendete Wildtiere an, da sie weder Anzeichen von Feuereinwirkungen noch Schnitt- oder Hackspuren aufweisen.

Accipiter sp., Habichtsart

In Frage kommen der Sperber (Accipiter nisus) und der etwas grössere Habicht (Accipiter gentilis). Als Lebensraum bevorzugt der Sperber offenes Gelände, Hecken und Büsche; er ist aber auch am Rande von Siedlungen anzutreffen. Der Habicht dagegen bevorzugt Nadel- und Laubwälder. Beide Arten sind auf den Fang von kleinen und mittelgrossen Vögeln in baum- und gebüschreichem Gelände spezialisiert. Es ist nachgewiesen, dass Habicht und Sperber auch für die Jagd abgerichtet worden sind, wie dies bei Falken üblich war.

Abb. 4 Gerasterte Fläche: Verbreitung der übrigen Vogelknochen.

Charadrius sp., Regenpfeiferart

In Frage kommt hier wohl nur der Flussregenpfeifer (Charadrius dubius), der im Sommerhalbjahr in ganz Europa im sandigen und kiesiegen Gelände an Gewässern vorkommt.

Vanellus vanellus, Kiebitz

Der Kiebitz lebt als wasserliebender Jahresvogel in ganz Mittel- und Westeuropa.

Columba sp., Taubenart

Bei der Mehrzahl der Taubenknochen konnte die Art nicht eindeutig festgestellt werden, da bezüglich des Skelettbaus zwischen den einzelnen Arten keine oder nur geringe Unterschiede bestehen. Es darf aber festgehalten werden, dass die gefundenen Knochen mit aller Wahrscheinlichkeit zur Haustaube und nur zu einem kleinen Teil zur Ringeltaube, (vielleicht auch zur Turteltaube) gehören.

• Columba livia, Haus- oder Felsentaube
Als Haustaube lebt sie gerne in Menschennähe, als Wildform (Felsentaube) bevorzugt sie Felsen und Höhlen in Gewässernähe. Ursprünglich stammt sie aus dem südlichen Europa.
• Columba palumbus, Ringeltaube
Diese Taubenart ist grösser als die Haustaube und lebt ganzjährig in unseren Gegenden.

Familie Strigidae, Eulenvögel

Eulen und Käuze sind vorwiegend nachtaktive Jäger, als Brutplätze werden Höhlen im Wald oder in offenem Gelände bevorzugt. Anhand des einzigen vorliegenden Knochens war eine nähere Bestimmung nicht möglich.

Turdus sp., Amsel oder Drosselart

Die Amsel (Turdus merula) war ursprünglich ein Bewohner der Laub- und Nadelwälder und ist erst seit neuerer Zeit auch in offenem Gelände anzutreffen. – Bei den Drosseln wäre entweder an die Wachholderdrossel (Turdus pilaris, auch als «Krammetsvogel» z. B. bei Rumpolt erwähnt), wahrscheinlicher aber noch an die Singdrossel (Turdus philomenos) zu denken.

Passer domesticus, Hausspatz (Sperling)

Der Hausspatz lebt ganzjährig in Europa und war in menschlichen Siedlungen schon immer weit verbreitet. Im Gegensatz dazu bevorzugt der Feldsperling (Passer montanus), der auch in Betracht kommt, eher waldbestandene Siedlungsränder.

Sturnus vulgaris, Star

Wie die Amsel war auch der Star ursprünglich ein Wald- und Gehölzbewohner. Er bevorzugt aber heute wie diese offenes Gelände und die Nähe des Menschen.

Pica pica, Elster

Die Elster lebt auf Kulturland und offenem Gelände mit einzelnen Bäumen und Sträuchern.

Corvus corone, Rabenkrähe

Die Rabenkrähe bewohnt als Jahresvogel Wälder und offenes Gelände, als Nistplätze bevorzugt sie Bäume, Felsen und nur gelegentlich Gebäude.

Die bevorzugten Biotope der Wildvögel:

N = Mindestindividuenzahl; Veget. = Vegetation

N	Art	Wald	Fels	offene Veget.	Gewässer	Siedlungen
1	Regenpfeifer				x	
2	Habicht	x				
1	Kiebitz			x	x	
14	Haus-/Felsentaube		x		x	x
1	Ringeltaube	x		x		
1	Eule/Kautz	x		x	(x)	
1	Amsel/Drossel	x				
1	Spatz			x		x
5	Star	x		x		
3	Elster			x		
3	Raben-(-Krähe)	x	x	x		

Anhand der obigen Übersicht geht hervor, dass sich die Waldbewohner und die Bewohner des offenen

Geländes etwa die Waage halten. Wir dürfen also anhand der Vögel auf eine Landschaft schliessen, die bezüglich der Bewaldung und der genutzten Flächen ähnlich wie heute ausgesehen hat. Auch die Vogelwelt dürfte heute im wesentlichen noch die gleiche sein.

Die Bedeutung der Vögel für die mittelalterliche Küche

Wild- und Hausgeflügel spielt im Mittelalter eine wichtige Rolle für die Fleischversorgung, da es einerseits leicht zu halten war, wenig Raum beanspruchte und andrerseits einen wichtigen Beitrag für die Fleisch- und Fettversorgung lieferte (Enten- und Gänseschmalz!). Schon in den «Benedictiones» werden zahlreiche Vogelarten erwähnt: Pfau, Fasan, Schwan, Gans, Kranich, Ente, Wachtel, Taube, Turteltaube, übrige Taubenarten, gekochtes Huhn, Kapaun, Hähnchen, Schneehuhn sowie kleine Vögel, die mit der Schlinge gefangen werden (Verse 74-93). Alle diese Vögel treten 600 Jahre später wieder im Kochbuch von Rumpolt auf, der aber ausser den Namen auch die Zubereitungsarten angibt.

Art	Riedfluh MIZ	Zubereitungsarten (Rumpolt 1581)
1) Haushuhn, davon	35	ca. 50 (Überschneidungen)
Kapaune (Kastrierte Tiere)		44
Junge Hühner		43
Suppenhühner («alte Hennen»)		22
Fasan	--	20
2) Hausgans	2	29
Wildgans		18
3) Haustaube	14	20
Turteltaube	1	18
4) Wachteln	--	19
5) (Wild-)Ente	3	15
Rebhuhn, Wachholderdrossel je	--	15

Auf mehr als 10 Zubereitungsarten bringen es von den Vögeln nur noch die Haselhühner (12) und Schnepfen (11), gefolgt von den Reihern (ca. 10), Adlern (9), von Steinhuhn, Drosseln und Amseln (je 6) und vom Waldrapp mit 5 Rezepten. Die übrigen Vögel werden alle weniger als fünfmal genannt.

Auch wenn wir davon ausgehen dürfen, dass sich die Küche Rumpolts ausschliesslich an gehobene Kreise wendet, wird doch klar, dass sich das Hausgeflügel einer grösseren Beliebtheit erfreute als die entsprechenden Wildarten. So stehen den gut 50 Zubereitungsarten des Haushuhnes nur etwa 20 Rezepte gegenüber, die sich mit Zubereitungsarten der entsprechenden Wildfaunen befassen (Auerhahn mit 3, Steinhuhn mit 6, Fasan mit 20, Rebhuhn mit 15 und Haselhuhn mit 12 jedoch meist identischen Rezepten). Erstaunlich ist allerdings das Fehlen der Rezepte für die Hausente.

Zur Verbreitung der Vogelfunde (Abb. 3 und 4)

Im Gegensatz zu den Knochen des Hausgeflügels (Abb. 3), die annähernd im gesamten untersuchten Grabungsareal gefunden wurden, fehlen die Knochen der Wildvögel (Abb. 4) im Bereich der «Speisekammer» (Flächen 15 und 20, hier auch nur wenig Hausgeflügel!) und im grösseren Teil des Wohntraktes mit Ausnahme der Flächen 11 bis 13. Gerade aus dem Fehlen von Wildvogelknochen im Küchen- und Wohnareal möchte ich schliessen, dass es sich bei letzteren nicht um Speiseabfälle, sondern um Reste natürlich verstorbener Tiere handelt.

Klasse V Säugetiere

Die Kleinsäuger (Abb. 5)

Unter dem Begriff «Kleinsäuger» werden die Arten der Ordnungen der Insektenfresser, Fledermäuse (in unserem Material nicht nachgewiesen), Hasen und der Nagetiere zusammengefasst. Im Mittelalter dienten nur wenige dieser zahlenmässig grossen Ordnungen zu Speisezwecken. Erwähnt werden beispielsweise Igel, Hase, Kaninchen, Eichhörnchen und Murmeltier; der Biber galt als Wasserbewohner und durfte daher auch an fleischlosen Tagen gegessen werden. Dagegen scheint der bei den Römern als Delikatesse geschätzte Siebenschläfer eher eine untergeordnete Rolle gespielt zu haben. Wie im Falle der Wildvögel scheint es sich auch bei den Kleinsäugern eher um hier verendete freilebende Wildtiere als um Speisereste zu handeln. Ein Teil der Knochen dürfte zudem als Gewölle abgelagert worden sein. Darauf weisen die zahlreichen intakten Unterkieferhälften hin, während die grösseren Hirnschädel und die Oberkieferhälften in der Regel fehlen oder dann doch beschädigt sind. Die Bedeutung der Kleinsäugerknochen liegt daher nicht im kulturhistorischen Bereich, sondern sie stel-

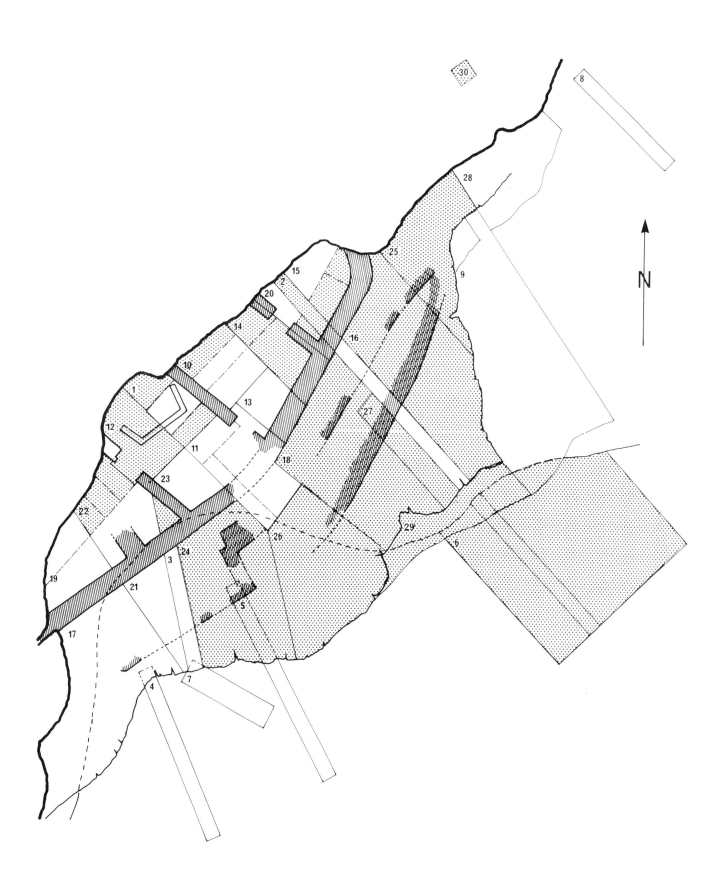

Abb. 5 Gerasterte Fläche: Verbreitung der Knochen von Kleinsäugern.

len sehr zuverlässige Klima- und Umweltsindikatoren dar.

Belegt sind die folgenden Arten:

Ordnung Insektenfresser
Erinaceus europaeus L., Igel

Der Igel ist ein nachtaktiver Einzelgänger und lebt in lichten Laubwäldern und in Parklandschaften.

Talpa europaea L., Maulwurf

Ebenfalls ein ungeselliges Einzeltier. Der Maulwurf lebt unterirdisch in lockerem, sandigen und oft feuchtem Boden, kann sich aber sehr leicht an andere Bodenarten anpassen.

Ordnung Lagomorpha, Hasentiere
Lepus europaeus PALL., Feldhase

Der Feldhase ist ein ortstreuer Einsiedler, der sich jedoch sehr leicht an die Umgebung anpassen kann («Ubiquist»). Er wurde im Mittelalter gerne gejagt; die auf der Riedfluh angetroffenen Reste sind als Speisereste zu werten.

Ordnung Rodentia, Nagetiere
Glis glis (L.), Siebenschläfer

Geselliges Tier in Laubwäldern, Parks und Gärten. Infolge seiner vorwiegend nachtaktiven Lebensart wird er nur selten gesehen, obwohl er die menschlichen Behausungen durchaus liebt.

Epimys rattus (L), Hausratte

Die Hausratte, ursprünglich in tropischen Regionen beheimatet, hat sich schon im Palaeolithikum in die Nähe der Menschen begeben und ist mit ihnen nach Europa gekommen. Sie ist ein nachtaktiver Pflanzenfresser und liebt trockene, warme Standorte. Eine stärkere Verbreitung fand sie erst im späteren Mittelalter, seit dem 19. Jahrhundert wurde sie durch die Wanderratte beinahe vollständig verdrängt.

Apodemus sylvaticus (L), Waldmaus

Anders als ihr Name vermuten lässt, kommt die Waldmaus nur an Waldrändern und in Busch- und Parklandschaften vor, nicht aber in geschlossenen Wäldern. Das nachtaktive Tier liebt trockene, warme Gebiete, besonders Steilhänge mit Südlage. Die Waldmaus dürfte das häufigste Säugetier Europas darstellen.

Arvicola scherman exitus MILLER, Schermaus

Grösste einheimische Wühlmaus, lebt in unserer Region als ausgesprochener Landbewohner in der offenen Vegetation der Ebene und der Vorbergregion.

Microtus arvalis (PALL.), Feldmaus oder Feldwühlmaus

Eine weitverbreitete, sehr anpassungsfähige Wühlmaus. Sie bevorzugt als Lebensgebiet trockene Wälder, Felder und Fluren der Niederungen.

Zusammenfassung

Alle hier nachgewiesenen Kleinsäugerarten sind heute noch im Kanton Baselland vertreten, wobei es durchaus möglich ist, dass beispielsweise die Hausratte in weiten Teilen der Wanderratte weichen musste und andrerseits der Siebenschläfer infolge seiner nachtaktiven Lebensweise kaum mehr gesehen wird. Von ihrem bevorzugten Biotop her sind alle heute noch vorhandenen Lebensräume belegt, erstaunlich ist eher, dass die Tiere fehlen, die einen geschlossenen Wald bevorzugen. Alle Arten bevorzugen auch warme, trockene Standorte; sie lebten somit auf der stark erwärmten, südorientierten Riedfluh in ihrem eigentlichen Lebensraum.

Verallgemeinert dürfen wir somit die Befunde der Vögel bestätigt sehen, dass die Landschaft in ihrer Verteilung von Wald, Parklandschaft und Felder mit der heutigen Landschaft praktisch identisch ist und auch klimatisch kaum Verschiebungen erkennbar sind.

Die übrigen Wildtiere (Abb. 6)

Ordnung Carnivora, Raubtiere: Der Fuchs (Vulpes vulpes L.); Ordnung Mustelidae, Marderartige: Das Mauswiesel (Mustela nivalis L.)
Bei den vorliegenden Knochen von Fuchs und Wiesel dürfte es sich um Tiere handeln, die nach dem Auflassen der Burgstelle das Areal für ihre Behausung in Anspruch genommen haben und dort auch gestorben sind.

Abb. 6 Gerasterte Fläche: Verbreitung der Knochen von Wild- und Jagdtieren (ohne Kleinsäuger und Vögel).

Jagdtiere (Abb. 6)

Ordnung Artiodactyla, Paarhufer

Capreolus capreolus (L.), Reh
Cervus elaphus (L.), Edel- oder Rothirsch.
Sus scrofa (fera, L.), Wildschwein

Alle drei Tierarten sind jeweils nur durch wenige Knochen belegt; das Jagdwild kann somit aufgrund der Knochenfunde kaum eine Bedeutung für die Ernährung gespielt haben. Auch beim Wild ist jedoch nicht auszuschliessen, dass die Tiere an einer andern Stelle ausgeweidet worden sind und nur das Fleisch auf die Burg gebracht worden ist. Die Gegend um Eptingen war im Mittelalter sicher sehr wildreich.

Haustiere

Haustiere als Nutztiere: Hund, Hauskatze und Pferd

Während der Hund (Canis familiaris L.) und das Pferd (Equus caballus L.) nur schlecht dokumentiert sind, scheint die Hauskatze (Felis cattus dom. L.) anhand von vier Individuen, davon zweier weitgehend vollständiger Skelette osteologisch besser belegt zu sein; bei beiden Tierskeletten (Feld 19.2) handelt es sich jedoch um neuzeitliche «Tierbestattungen» (Vgl. Beitrag Degen in diesem Band). Beide Tiere waren noch nicht ausgewachsen, die nördliche, teilweise mumifizierte Bestattung war jedoch einige Monate älter als die südliche. Aus mittelalterlichem Zusammenhang sind lediglich zwei einzelne Katzenknochen belegt.

Haustiere als Fleischlieferanten

Zahlenmässig dominiert das Schwein mit 179 Fundnummern über Schaf/Ziege mit 154 und Rind mit 150 Funden; dem Fleischertrag nach muss die Reihenfolge allerings umgekehrt lauten: Rind, Schwein, Schaf (Ziege).

Wie schon erwähnt, gehören alle drei Haustiere den eher kleinwüchsigen mittelalterlichen Rassen an und unterscheiden sich in keiner Weise von den übrigen zeitgleichen Haustieren. Soweit das Material eine Unterscheidung zulässt, dominiert das Schaf deutlich über die Ziege, die nur in einem Fall mit einiger Sicherheit nachgewiesen werden kann.

4. Schlachttechnik und Schlachtalter

4.1. Beobachtungen zur Schlachttechnik

Infolge der starken Stückelung des Materials, die sicher teilweise der Hitzeeinwirkung zugeschrieben werden muss, sind generelle Aussagen nur sehr schwer zu machen. Dies umso mehr, als Hitzeeinwirkungen meist auch zu einer deutlichen Schrumpfung der Knochen führen, wie experimentelle Untersuchungen an menschlichem und tierischem Skelettmaterial an den Anthropologischen Instituten in Genf und Göttingen gezeigt haben.

Zu unverfälschteren Aussagen ist somit nur das unverbrannte oder lediglich angekohlte Skelettmaterial geeignet. Aber auch bei diesem werden eine starke Stückelung und relativ häufig *Hieb-, Hack- und Schnittspuren* festgestellt. So weisen praktisch alle Rippen mit einer Länge über 50 mm Schnittspuren auf. Andrerseits fällt auf, dass die andernorts doch recht häufigen Hinweise auf Konservierungen – so kann beispielsweise das Räuchern eines Vorderschinkens anhand einer Durchbohrung des Schulterblattes erkannt werden – beim Material von Riedfluh beinahe vollständig fehlen, während andrerseits beinahe alle proximalen Ellenfortsätze abgeschnitten sind. Dies wie auch der Umstand, dass die Knochenreste vorwiegend von *minderwertigen Fleischstücken* herstammen und stark zerstückelt sind, lässt die Frage nach den Konsumenten offen: Haben wir es bei diesen Resten mit den Speiseabfällen vom Tisch der Knechte und Mägde zu tun, während sich die adligen Damen und Herren mit edleren (aber knochenlosen) Fleischspeisen sättigten? Oder genügt schon allein die Tatsache des Verzehrs von Rinds-, Schweine- und Schaffleisch zur Feststellung, dass hier ausschliesslich «oberschichtliche» Essabfälle vorliegen, ungeachtet ihres extremen Ausnutzungsgrades?

4.2. Beobachtungen zum Schlachtalter der Tiere

Rund 10% aller bestimmbaren Knochen ergaben Hinweise auf das Schlachtalter. Am eindeutigsten fielen dabei die Ergebnisse beim *Schwein* aus, bei dem sich drei Schlachtmaxima ergaben: Spanferkel (bis 6 Monate), anderthalbjährige und zweieinhalbjährige Tiere. Wenn wir die Hauptwurfzeit ins Frühjahr set-

293

zen, ergibt sich daraus als Schlachtzeit jeweils der (späte) *Herbst,* was durchaus als logisch erscheint, ist doch die Überwinterung der Schweine schwieriger als jene der Rinder und Schafe, die mit Heu oder getrocknetem Laub vorlieb nehmen. Tiere mit einem Schlachtalter über 3 Jahren konnten nicht festgestellt werden.

Eindeutig sind die Ergebnisse auch bei den *Rindern.* Tiere unter anderthalb Jahren konnten nicht festgestellt werden. Schlachtalter unter 3 Jahren waren eher selten; die meisten Tiere dürften zwischen dem 3. und dem 5. oder 6. Lebensjahr an die Schlachtbank geführt worden sein. Siebenjährige oder ältere Rinder wurden nicht beobachtet. Kalbfleisch wurde offensichtlich keines verzehrt; andrerseits ist interessant, dass offensichtlich Tiere geschlachtet wurden, die als Nutztiere in der Zucht durchaus noch hätten verwendet werden können.

Am ausgeglichensten sind die Schlachtalter bei den *Schafen:* Rund eine Drittel der Tiere dürfte das Leben als Milchlamm verloren haben, ein Fünftel zwischen dem 10. und 20. Monat. Das häufigste Schlachtalter liegt bei zwei Jahren; ein höheres Lebensalter erreichten Schafe nur ausnahmsweise.

5. Flächenweise Auswertung

5.1. Die Feuer- und Hitzeeinwirkungen

Wie schon eingangs erwähnt, wurde bei der Bestimmung der Tierarten jeweils auch die Brandstufe festgestellt und sowohl flächig als auch schichtenweise kartiert. Dadurch erhofften wir, sowohl Aussagen über den relativen Brandhorizont als auch über die Art der Feuereinwirkungen machen zu können. Infolge der äusserst komplexen Schichtverhältnisse sind aber gesicherte Ergebnisse nicht möglich. Hier die wichtigsten Befunde:

5.1.1. Verteilung der Brandstufen nach Flächen (Abb. 7)

Brandstufe I, welche die höchsten Temperaturen bezeichnet (über 800 °C), konnte als Mittelwert nirgendwo festgestellt werden, sondern zeigt sich nur an einzelnen, offensichtlich besonders exponiert gelagerten Knochen. Nachzutragen wäre hierbei noch, dass Stufe I bei den menschlichen Leichenbränden unserer Gegend auch an Einzelknochen kaum nachweisbar ist.

Brandstufe II wird im Bereich der «Speisekammer» (Fläche 15) und in einem kleinen Areal (Fläche 11.2) vor dem Eingang gefunden. Da auch Stufe II noch sehr hohen und langanhaltenden Temperaturen entspricht (Schätzungsweise zwischen 500–800 °C), dürfte am ehesten an ein Lager von entsprechenden Lebensmitteln – etwa Fetten, Ölen oder stark fetthaltigen Speisen wie Speck oder Nüsse – sowie gebläseartiger Zufuhr von Sauerstoff zu denken sein.

Brandstufe III, die etwa Temperaturen von 350 bis 500 °C entspricht, ist ebenfalls nur innerhalb der Bauten festzustellen. Es handelt sich um die Flächen 10.2, 11.1 und 19.2.

Brandstufe IV entspricht Temperaturen etwa zwischen 200 und 350 °C. Sie stellt die verbreitetste Temperaturzone innerhalb der Gebäude dar und dürfte den Temperaturen entsprechen, die durch den Brand der Holzkonstruktionen entstanden sind.

Brandstufe V wurde vorwiegend ausserhalb der eigentlichen Gebäude festgestellt und stellt dort die Veränderungen dar, die durch die Hitzeabstrahlung beim Brand entstanden sind. Innerhalb der Gebäude lässt sie sich nur an zwei Stellen belegen: In einer geschützten Mauerecke (Fläche 3.2) in Raum IV sowie im zentralen Gebäudebereich in Sodbrunnennähe (Flächen 1.1, 1.3 und 10.3). Da letztere Fläche in unmittelbarer Nähe zu Flächen mit hohen Temperaturen (Flächen 11.1 und 10.2) liegt, wäre die geringe Hitzeeinwirkung möglicherweise mit einer *Sogwirkung* zu erklären.

Keine Hitzeeinwirkungen (*«Brandstufe VI»*) zeigen vor allem die nordöstlich gelegenen Grabungsareale mit den Flächen 6, 7, 9 und 28. Diese Gebiete blieben wohl dank ihrer relativ tiefen Lage von Hitze und Feuer verschont.

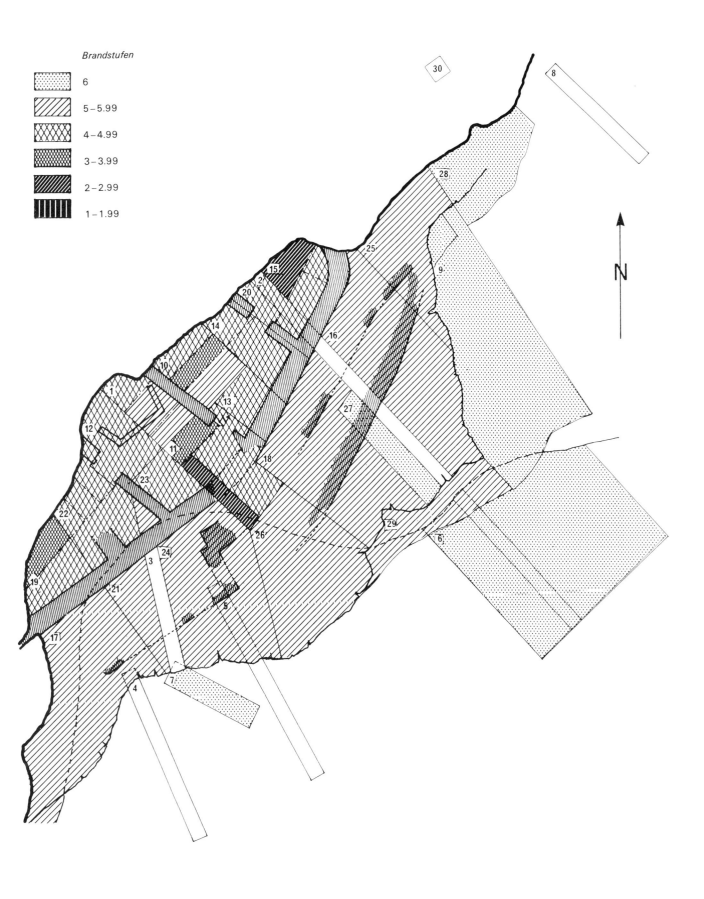

Abb. 7 Verbreitung der Brandstufen in der Fläche.

5.1.2. Verteilung der Brandstufen nach Schichten (Abb. 8)

Zur Abklärung der allfälligen Aussagemöglichkeiten auf Hitzeentwicklungen im Gebäudeinnern wurden die Brandstufen auch auf die einzelnen *Schichtenprofile* übertragen. Die Befunde sind allerdings nur wenig aussagekräftig, da die Schichten mit wenigen Ausnahmen im verheerenden Brand abgelagert wurden. Am eindeutigsten sind die Befunde dabei noch im «zentralen Querprofil» (Profile 7 und 13), weshalb ich mich in den folgenden Ausführungen auf diese beschränke.

Sehr stark verallgemeinernd dürfen wir folgende «Stratigraphie» ablesen (von unten nach oben):

● *Unterste Schichten:* Soweit zu beobachten unverbrannt oder nur geringe Hitzeeinwirkungen (Stufen V und VI), also Ablagerungen vor dem Brand (Schichten 10, 12, 13, 95/96).

● Im zentralen Burgbereich (beim Sod) anschliessend eine dünne Zone mit *mittelstarker Einwirkung* (Schichten 7, 9 und 35; Stufe III), gefolgt von einem grossen, stark hitzeverändertem «Kernstück» (S 3 mit Stufe II), der seinerseits von einem nur leicht angekohlten Material (Schichten 4/6 und 5/27) bedeckt ist.

● Seitlich anschliessend ein Horizont mit grossen Linsen *stark hitzerveränderter Knochen* (Schichten 3 und 64; Stufe II), die in der südöstlichen Profilhälfte auf angekohltem Material aufliegen (= unterste Schichten 94, 99 und 100) und nach oben eine Abnahme der Hitzeeinwirkung zeigen (Schicht 14 mit Stufe III und Schicht 15 mit Stufe IV).

Eine eigentliche Interpretation dieser Befunde ist mir zur Zeit nicht möglich, da es sich bei den Hitzeindikatoren nicht um Schichten, sondern um Knochen handelt, die vermutlich schon vor dem Brand deponiert worden sind. Bei einer Interpretation der Schichten 3 und 64 (Brandstufe II) als – unter anderem – Bestandteile des oberen Stockwerkes müssten wir voraussetzen, dass der doch beträchtliche Schichtinhalt (rund 225 Knochenfragmente) entweder absichtlich als «Magerung» eines Gehhorizontes eingebracht worden wäre oder dass die Knochenstücke als Speiseabfälle mehr oder weniger zufällig in den Boden eingetreten worden wären. Von den beiden Hypothesen scheint der letzteren mehr Gewicht zuzukommen.

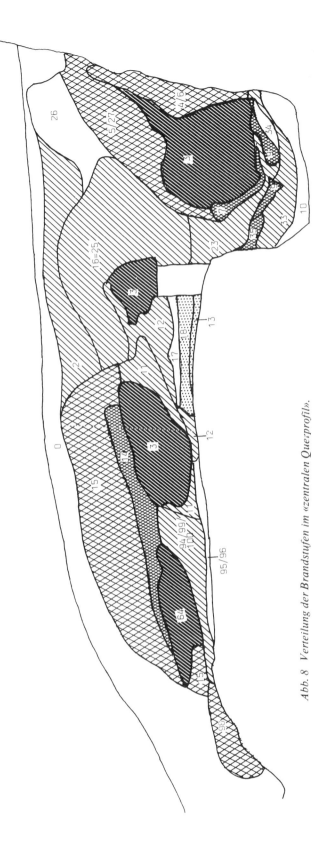

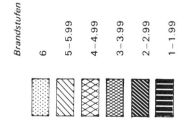

Abb. 8 Verteilung der Brandstufen im «zentralen Querprofil».

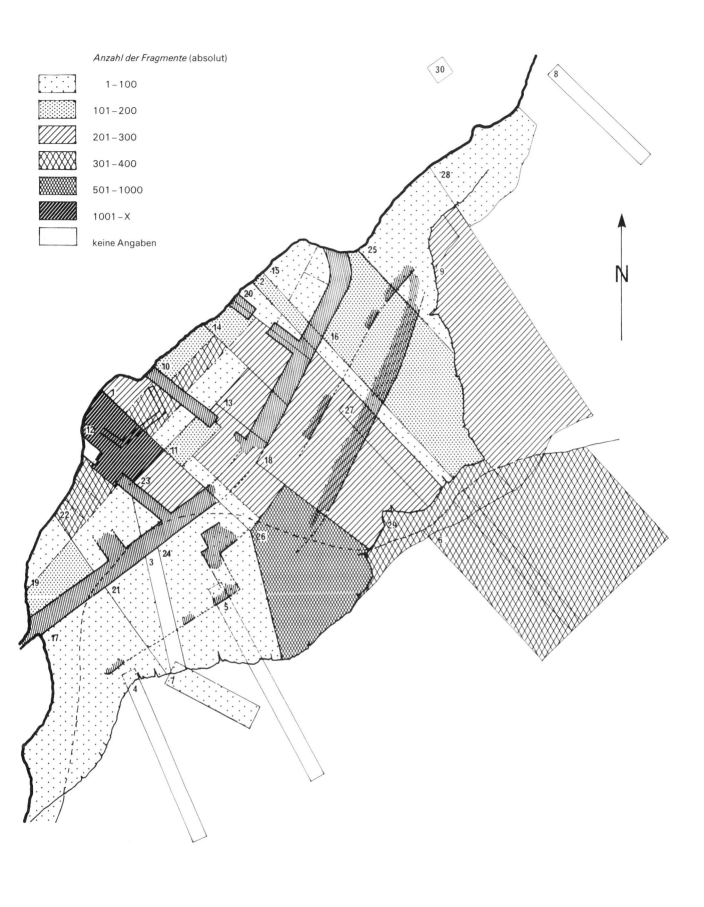

Abb. 9 Absolute Knochendichte.

5.2. Fragmentzahl, Knochendichte und Fragmentgrösse

5.2.1. Fragmentzahl

Die gesamte geborgene und mir übergebene *Knochenzahl* betrug rund 8000 Fragmente, wobei allerdings zusammenhängende Skeletteile (wie z. B die der beiden Katzenbestattungen) nur als jeweils ein Knochen gezählt worden sind. Anderseits existiert sehr wahrscheinlich eine grössere Anzahl von Knochen, die in zwei oder mehrere Stücke zerbrochen sind, bei denen wir die Zusammengehörigkeit aber nicht erkannt haben und die somit doppelt oder mehrfach gezählt wurden. Unberücksichtigt blieben auch Knochensplitter unter ca. 25 mm Länge.

5.2.2. Knochendichte (Abb. 9 und 11)

Absolut gesehen (Abb. 9) stammt die *grösste Knochendichte* (über 1000 Knochen pro Fläche) aus dem Bereich der Küche oberhalb der Zisterne (Fläche 12), gefolgt von Fläche 26, die wohl als Müllhalde gedient hat (über 500 Knochen). Zwischen 300 und 500 Fragmente finden wir einerseits im Bereich der ehemaligen Küche (Fläche 22) und des Wohn- bzw. Vorratstraktes (Flächen 10.2 und 13) sowie am nordöstlichen Teil des Abhanges (Flächen 6.1 und 29). Die angrenzenden Flächen liefern zwischen 100 und 300 Funde; die geringsten Knochenzahlen (unter 100) schliesslich finden wir im Nordosten und Südwesten des Areales. Im Profil (Abb. 10) schliesslich zeigt sich, dass die grösste Knochendichte in den tiefsten Schichten liegt und nach oben zu abnimmt.

Weit aussagekräftiger als die absolute Fundzahl der (unterschiedlich grossen) Flächen ist die *relative Fragmentzahl,* welche die Knochenzahl pro Quadratmeter angibt (Abb. 11). Bei dieser Betrachtungsart finden wir die grösste Knochendichte im Areal der ehemaligen Küche (Fläche 12 mit über 200/m²) und in den benachbarten Lokalitäten (Flächen 1.3, 10.2 und 2.2 mit über 140 Funden/m² und in den Flächen 1.2, 11 und 14 mit 70 bis 140 Knochenfunden pro Flächeneinheit). Mit 15 bis 70 Fragmenten pro Quadratmeter ist die Funddichte in den übrigen Innenräumen (Flächen 13, 14.2, 15.1, 19 und 23 und im mittleren Aussenbereich (Flächen 11.3, 26 und 29) schon gering, während der nordöstliche und der südwestliche Aussenbereich nochmals deutlich weniger Funde enthält.

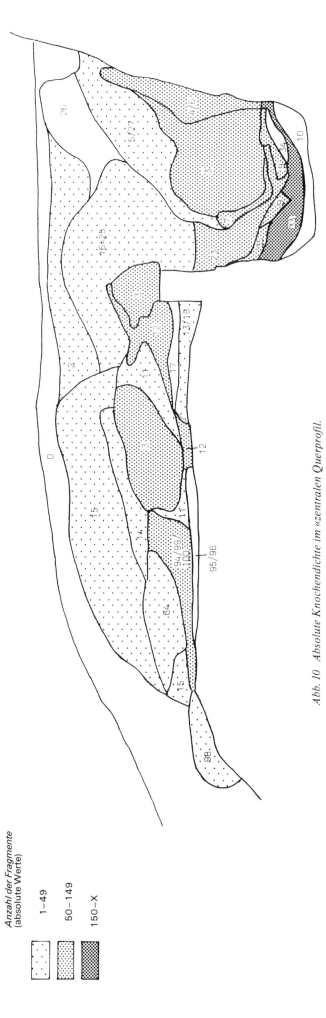

Abb. 10 *Absolute Knochendichte im «zentralen Querprofil.*

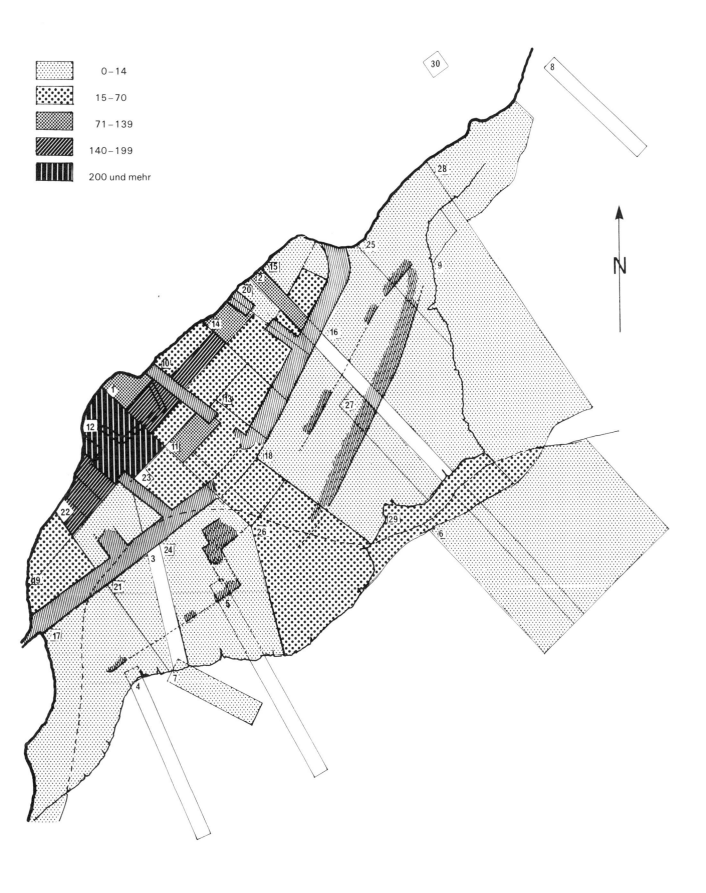

Abb. 11 Knochendichte pro Quadratmeter.

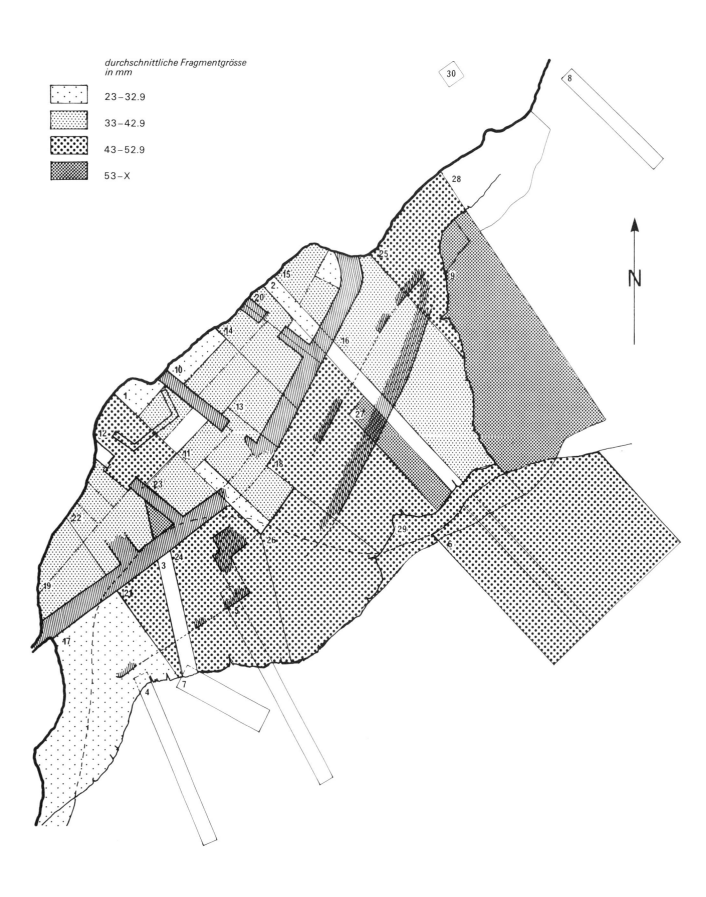

Abb. 12 Fragmentgrösse.

Wenn wir schliesslich anhand des «zentralen Querprofils» (Profil 7 und 13) die *vertikale Verteilung* der Knochenfunde betrachten, finden wir über einer nur dünnen, jeweils fast fundleeren Basisschicht die grösste Anzahl im Bereich der Zisterne (Schicht 33 mit über 70 Knochen), gefolgt von einem unteren Horizont mit mittelgrosser Dichte (15 bis 70 Fragmente), während die obere Fundschicht nur wenig Knochen enthält und die (moderne) oberste Humuslage überhaupt fundleer ist. Es herrscht somit eine gute Übereinstimmung mit den Befunden der «absoluten Knochenzahl» (Abb. 10).

5.2.3. Fragmentgrösse (Abb. 12)

Eine Aufgliederung des Materials nach Fragmentgrösse ist durchaus nicht unproblematisch. Einerseits hängt sie mit der absoluten Grösse des Tieres (z. B. Rind und Maus) und der Knochenart zusammen (ein Oberschenkelknochen ist normalerweise wesentlich länger als ein Finger- oder Zehenglied), anderseits spielen aber auch viele, oft nur schlecht kontrollier- oder erkennbare Prozesse (z. B. Sprengung eines Knochens infolge Einwachsens von Pflanzenwurzeln, Hitze oder Frosteinwirkungen) eine Rolle. Da beim Knochenmaterial von der Riedfluh die relativ grossen Haustiere zahlenmässig aber sehr dominant sind, dürften die Aufgliederung nach Fragmentgrösse in diesem Falle doch sinnvoll sein und einen Hinweis auf die Schlachttechnik sowie auf die Ausnutzung der tierischen Nahrung geben.

5.2.4. Die räumliche Gliederung anhand der Fragmentgrösse (Abb. 12 und 13)

Die kleinsten Knochenfragmente finden wir im zentralen Gebäudeteil felsseitig (Flächen 1.2 und 10.1) sowie in einem Areal der «Speisekammer» (Flächen 15.2, 20.1 und 2.2); ausserhalb des Wohnbereiches im südwestlichen Grabungsareal (Fläche 17). Die Mehrzahl der Grabungsflächen innerhalb des Wohngebäudes liefern ebenfalls relativ kleine Knochen (Länge 33 bis 43 mm); nur jeweils ein Areal weist relativ grosse (Länge 43 bis 53 mm, Fläche 12 = Küche) oder gar sehr grosse Fragmente auf (Fläche 3.2, Länge über 53 mm). Fläche 3.2. scheint in mancher Hinsicht eine Ausnahme zu sein. Schon bei der Brandstufenbestimmung konnte hier eine niedrigere Temperatur nachgewiesen werden als sonst im Hauptbau. Es wäre zu überlegen, ob hier vielleicht ein Stall mit – mindestens temporärem – Miststock eingerichtet war. Der Mist

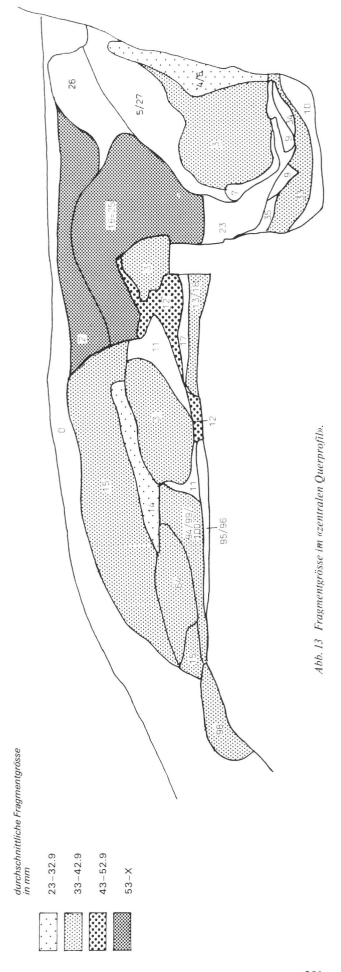

Abb. 13 Fragmentgrösse im «zentralen Querprofil».

hätte dann die grösste Hitze abgeschirmt und so diese Abweichung von der Norm verursacht. Andrerseits hätte er möglicherweise auch als «allgemeiner Abfallhaufen» gedient, was dann auch die Erhaltung der grossen Knochen erklären würde. Allerdings lässt sich die Vermutung von Stall/Miststock durch keinerlei andere Befunde oder Funde stützen.

Ausserhalb des Wohnareals nimmt die durchschnittliche Fragmentgrösse von Südwesten an (Fläche 17, Grösse unter 33 mm) über den zentralen Abschnitt (Flächen 18, 21, 24, 25, 26 und 29 mit Durchschnittswerten zwischen 43 und 53 mm) zu den nordöstlichen Abschnitten hin zu (Flächen 9 und 27 mit Fragmenten über 53 mm mittlerer Grösse). Lediglich die Fläche 16 (Durchnittslänge 33 bis 43 mm) stört dieses Bild leicht. Auch im Profil lässt sich eher eine flächige als eine schichtenmässige Verteilung der Fragmentgrössen erkennen. So folgen sich im «zentralen Querprofil» (Profilwände 7 und 13, Abb. 13) von der Felswand gegen Südosten zu erst eine Schicht mit kleinster Fragmentgrösse (Schicht 4/6 mit Längen bis 33 mm), Schicht 3 mit einer durchschnittlichen Grösse zwischen 33 und 43 mm, Schicht 16/25 mit der grössten Fragmentlänge (über 53 mm) und hangwärts schliesslich die Schichten 3, 15, 64, 94 und 98, 99 und 100 mit einer relativ kleinen Fragmentgrösse (33–43 mm).

6. Krankhafte Befunde

(Diagnosen: Prof. S. Scheidegger)

An mehreren Knochen wurden *krankhafte oder traumatische Veränderungen* festgestellt, doch sind Diagnosen bei tierischem Skelettmaterial noch schwieriger zu stellen als am menschlichen Skelett. Erschwerend kam beim Komplex von Riedfluh noch die starke Stückelung des Materials hinzu, sodass bei zahlreichen Knochen zwar eine Veränderung erkannt werden konnte, eine Diagnose jedoch nicht möglich war. Hier sind nur die Fälle aufgeführt, die eine relativ eindeutige Diagnose zulassen.

6.1. Fuchs, verheilter Bruch am linken Humerus

Abb. 14
Sehr gut verheilter Bruch, der aber trotzdem eine Verkürzung des linken Vorderbeines zur Folge hatte.
Herkunft: Feld 23, Schicht 2/88.

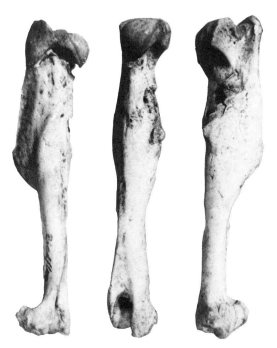

Abb. 14 Humerus eines Fuchses in drei Ansichten.

Abb. 15 Phalangenglied eines Rindes mit Spuren einer Entzündung.

6.2. Rind, Entzündung eines proximalen Phalangengliedes

Abb. 15
An einem Zehengrundgelenk sind bei Lupenbetrachtung Veränderungen der Gelenkfläche zu erkennen, die von einem entzündlichen Prozess herstammen dürften und ihre Ursache wohl in einer Verletzung hatten.
Herkunft: Feld 1.1/1.2, Schicht unbestimmt.

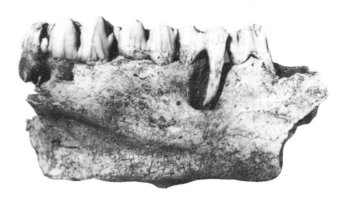

Abb. 16 Schweinekiefer mit Wurzelzyste.

6.3. Rind (?), rechtes Unterkieferfragment mit Fraktur

Unregelmässige Verdickung des Kieferkörpers und gleichzeitig Gelenkveränderung mit Abbau der Rotationsfläche. Eine sichere Diagnose ist allerdings nur anhand einer Röntgenaufnahme möglich.
Herkunft: Feld 26, Schicht 28/29b.

6.4. Schwein, Unterkiefer mit kleiner Wurzelzyste

Abb. 16
An einem Unterkieferfragment mit sehr stark abgekauten Zähnen ist im Kieferbereich eine kleine Wurzelzyste erkennbar.
Herkunft: Feld 18/27, Schicht 29b.

6.5. Schaf/Ziege, rechtes Unterkieferfragment

Abb. 17
Unregelmässige Abrasion der Kauflächen bei einem alten Tier sowie starker Knochenabbau im Bereich des Foramen mandibulae. Ursache ist am ehesten ein entzündlicher Prozess nach einem Trauma.
Herkunft: Feld 19/27, Schicht 29b.

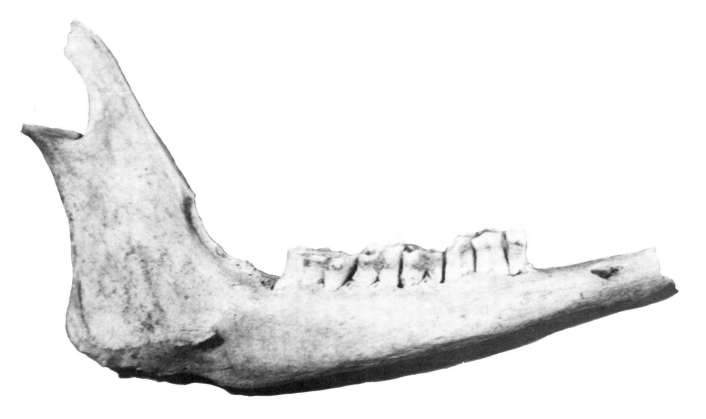

Abb. 17 Unterkiefer von Schaf/Ziege mit starker Abrasion und Knochenabbau beim Foramen mandibulae.

7. Zusammenfassung der Ergebnisse

Von den rund 8000 tierischen Skelettresten, die bei der Grabung in der Grottenburg «Riedfluh» bei Eptingen BL gefunden worden sind, waren infolge der starken *Zerstückelung* nur knapp ein Drittel bestimmbar. Diese starke Stückelung sowie Deformationen des Materials beim Brand der Burg verunmöglichten eine Auswertung im üblichen metrisch-ökonomischen Rahmen.

Anhand der Tierknochen konnten je 3 Fisch- und Amphibienarten sowie 16 verschiedene Vogelarten nachgewiesen werden, davon gehörten drei zum *Hausgeflügel* (Huhn, Ente, Gans). Die *übrigen Vögel* dürften, ähnlich wie die 9 *Kleinsäugerarten,* kaum Speiseabfälle darstellen, sondern als Wildtiere auf der Burg verendet sein. Das gleiche gilt wohl auch für die *Füchse* und das *Mauswiesel.* Anhand der Faunenzusammensetzung darf geschlossen werden, dass sich weder Landschaftsbild noch Klima wesentlich geändert haben.

Zu *Speisezwecken* dürften vor allem *Rinder, Schweine und Schafe* geschlachtet worden sein; doch liegen von ihnen vorwiegend minderwertige Fleischstücke vor. Möglicherweise stellten sie die Speiseabfälle der Gesindeküche dar, während sich die Herrschaften an hochwertige, aber knochenlose Fleischstücke hielten.

Kaum als Speiseabfälle sind die Knochen von Hund, Pferd und Katzen anzusehen; auch die Reste von Reh und Hirsch sind so selten, dass sie kaum als Indiz für Jagdwild gelten können.

Bezüglich der *Schlachttechnik* fallen eine starke *intentionelle Stückelung* der Knochen auf, aber auch das Fehlen von Hinweisen für Langzeitkonservierung (Räuchern). Anhand der Schlachtalter kann festgestellt werden, dass die Schweine jeweils im Herbst geschlachtet worden sind und nur selten das vierte Lebensjahr erreicht haben. Die Rinder wurden zwischen dem 3. und dem 6. Lebensjahr geschlachtet, die Schafe vor dem dritten.

Anhand der flächenhaften Kartierung der *Brandstufen* können wir festhalten, dass beim Brand der Burg hohe Temperaturen ausschliesslich im Gebäudeinneren und im Eingangsbereich geherrscht haben. Die höchsten Hitzegrade wurden dabei in der Speisekammer und beim Eingang festgestellt.

Die *Funddichte* der Knochen ist sowohl absolut als auch relativ in der Küche und den angrenzenden Räumen am höchsten und folgt dann dem «Weg zur Müllhalde» am Abhang. Im Profilbild zeigt sich, dass die Knochendichte an der Basis ein Maximum erreicht und nach oben zu abnimmt. Was die mittlere Fragmentgrösse betrifft, liegen die kleinsten Fragmente an der Felswand und nehmen gegen Westen hin an Grösse zu. Eine Ausnahme bilden nur die Küche und eine Fläche in Raum IV, der auch in anderer Hinsicht oft eine Ausnahme macht und möglicherweise als Stall mit Miststock/Abfallhaufen gedient hat.

Die wenigen *krankhaften Knochenbefunde* schliesslich weisen auf Unfälle und entzündliche Prozesse hin.

8. Literaturverzeichnis

ARMITAGE 1976

Armitage, Philip and Clutton-Brock, Juliet, A system for classification and description of the horn cores of cattle from archaeological sites. In: Journal of Archaeological Science 3, S. 329-348.

ARMITAGE 1982

Armitage, Philip, A system for ageing and sexing the horn cores of cattle from british post medieval sites (17th to early 18th century) with special reference to unimproved british longhorn cattle, in: Wilson, B., Grigson, C. and Payne, S. (Hrsg.). Ageing and Sexing Animal Bones from Archaeological Sites. BAR British Series 109, Oxford, S. 37-54.

BAUMANN 1949

Baumann, Franz, Die freilebenden Säugetiere der Schweiz. Huber, Bern. 492 S.

BOESSNECK 1964

Boessneck, Joachim, Müller, Hans-Hermann und Teichert, Manfred, Osteologische Unterscheidungsmerkmale zwischen Schaf und Ziege, in: Kühn-Archiv, Band 78, Heft 1-2, 1964.

CALKIN 1960

Calkin, V.I., Die Variation der Metapodien und ihre Bedeutung für die Erforschung des Rindes der Frühgeschichte, in: Bulletin der Moskauer Ges. der Naturforscher, Abt. Biologie 65 (1), S. 109–126.

CHAIX 1977

Chaix, Louis, Les moutons préhistoriques de la haute vallée du Rhône (Valais). Ethnozootechni 21, Colloque: Les débuts de l'élevage du mouton. Alfort, S. 71–78.

CHAIX 1980

Chaix, Louis, Chasse et élevage, deux aspects de la vie préhistorique dans les Alpes. Bulletin d'Etudes préhistoriques alpines XII, Aoste, 20 S.

CSONT 1982

Csont, Kazmer, Die Tierknochen. In: Schneider, Jürg, Gutscher, Daniel, Etter, Hansueli und Hanser, Jürg, Der Münsterhof in Zürich. Schweizer Beiträge zur Kulturgeschichte und Archäologie des Mittelalters 10, Olten und Freiburg i. Br.

DAUSIEN 1974

Taschenatlas der Säugetiere, Text von J. Hanzak. Dausien, Hanau/M. 236 S.

DEGEN 1982a

Degen, Peter, Grottenburg Riedflue Eptingen. Zwischenbericht über die Grabungen. Hrsg. Amt für Museen und Archäologie BL, 59 S.

DEGEN 1982b

Degen, Peter, Die Burgstelle Riedflue, Eptingen BL in: NSBV 55, S. 53–60.

DEGEN 1982c

Degen, Peter, Grabung Grottenburg Riedflue: Hinterfragung eines Burgentyps, in: Docu-Bulletin 4, S. 4–10.

VON DEN DRIESCH 1974

Von den Driesch, Angela und Boessneck, Joachim, Kritische Anmerkung zur Widerristhöhenberechnung aus Längenmassen vor- und frühgeschichtlicher Tierknochen, in: Säugetierkundliche Mitteilungen 22, S. 325–348.

VON DEN DRIESCH 1976

Von den Driesch, Angela, Das Vermessen von Tierknochen aus vor- und frühgeschichtlichen Siedlungen, München.

ELLENBERGER/BAUM 1977

Ellenberger/Baum, Handbuch der vergleichenden Anatomie der Haustiere, Springer, Berlin, Heidelberg, New York.

EWALD/TAUBER 1975

Ewald, Jürg und Tauber, Jürg. Die Burgruine Scheidegg bei Gelterkinden. Berichte über die Forschungen 1970–74. Schweizer Beiträge zur Kulturgeschichte und Archäologie des Mittelalters 2, Olten, Freiburg i. Br.

GARMS 1977

Garms Fauna Europas, Bestimmungslexikon. Westermann, Braunschweig. 552 S.

GÖTZ 1986

Goetz, Hans-Werner, Leben im Mittelalter vom 7. bis zum 13. Jahrhundert. Beck, München. 302 S.

GRUNDBACHER 1978–1980

Grundbacher, Barbara, Die Tierreste aus dem «Alten Schloss» von Bümpliz (Kanton Bern, Schweiz). SA. aus: Jahrbuch des Naturhistorischen Museums der Stadt Bern 7, S. 1–19.

GRZIMEK 1979

Grzimek, Bernhard, Grzimeks Tierleben, Vögel und Säugetiere, Bände 7–9 und 10–13, dtv München.

HABERMEHL 1961

Habermehl, Karl-Heinz, Die Altersbestimmung bei Haustieren, Pelztieren und beim jagdbaren Wild. Paul Parey, Berlin und Hamburg, 223 S.

HABERMEHL 1975

Habermehl, Karl-Heinz, Die Altersbestimmung bei Haus- und Labortieren, Berlin, Hamburg.

HERRMANN 1986

Herrmann, Bernd (Hrsg.), Mensch und Umwelt im Mittelalter. DVA, Stuttgart. 288 S.

KAUFMANN 1986

Kaufmann, Bruno, Eptingen-Riedfluh. Übersicht über die Tierknochen. Manuskript Basel.

KELLER 1846/47

Keller, Ferdinand, (Hrsg.), Benedictiones ad mensas Ekkehardi. In: Mitteilungen der Antiquarischen Gesellschaft in Zürich III, S. 99–121.

KLEIN 1984

Klein, Richard G. und Cruz-Uribe, Kathryn, The Analysis of Animal Bones from Archeological Sites. Prehistoric Archeology and Ecology Series, 1984, 266 S.

KLUMPP 1967

Klumpp, Gerhilde, Die Tierknochenfunde aus der mittelalterlichen Burgruine Niederrealta, Gemeinde Cazis/Graubünden (Schweiz), Diss., München.

KNECHT 1966

Knecht, Gottfried, Mittelalterlich-frühneuzeitliche Tierknochenfunde aus Oberösterreich (Linz und Enns), Diss., München.

KOBLER 1952

Kobler, Berhard, St. Gallens heimisches Getier im Mittelalter. SA. aus: «Gallusstadt», Zollikofer & Co., St. Gallen. 18 S.

KÜHNHOLD 1971

Kühnhold, Barbara, Die Tierknochenfunde aus Unterregenbach, einer mittelalterlichen Siedlung Württembergs, Diss., München.

MARTIN-KILCHER 1976

Martin-Kilcher, St., Das römische Gräberfeld von Courroux im Berner Jura. Basler Beiträge zur Ur- und Frühgeschichte 2. Habegger, Derendingen. 231 S.

MATOLCSI 1970

Matolcsi, J., Historische Erforschung der Körpergrösse des Rindes auf Grund von ungarischem Knochenmaterial, in: Zeitschrift für Tierzüchtung und Züchtungsbiologie 87, Hamburg, S. 89–137.

MAY 1972

May, Eberhard, Möglichkeiten und Aussagegrenzen bei der metrischen Bearbeitung von Tierknochen aus prähistorischer und historischer Zeit. INW 3, (= Schriften des Schleswiger Kreises), Zoologie 4, 1–4, 20.

MOHR 1938

Mohr, Erna, Die freilebenden Nagetiere Deutschlands. Fischer, Jena. 112 S.

MOREL

Morel, Philippe, Auswertung der Tierknochenfunde aus dem Reischacherhof, Hausgrube A, Basel (7. bis 12. Jh.), Diplomarbeit, 180 S.

MÜLLER-LHOTSKA 1984

Müller-Lhotska, Urs Alfred, Das Pferd in der Schweiz – von der Prähistorie bis zum ausgehenden Mittelalter. Diss. Zürich, 352 S.

PAREY 1980

Pareys Vogelbuch, Alle Vögel Europas, Nordafrikas und des Mittleren Ostens, Hrsg. von H. Heinzel, R. Fitter und J. Parslow. Parey, Hamburg und Berlin. 334 S.

RIPPMANN et al. 1987

Rippmann, Dorothee, Kaufmann, Bruno, Schibler, Jörg und Stopp, Barbara, Basel Barfüsserkirche, Grabungen 1975-1977. Ein Beitrag zur Archäologie und Geschichte der mittelalterlichen Stadt. Schweizer Beiträge zur Kulturgeschichte und Archäologie des Mittelalters 13. Olten, Freiburg i. Br.

RUMPOLT 1581

Rumpolt, Marx, Ein new Kochbuch, in Druck gegeben durch M. Marxen Rumpolt, Churf. Meintzischen Mundtkoch. Rumpolt und Feyerabendt, Frankfurt a. M.. 203 S. Neudruck Leipzig 1976 (Ausgabe für den Heimeran Verlag, München).

SCHATZ 1963

Schatz, Hartmut, Die Tierknochenfunde aus einer mittelalterlichen Siedlung Württembergs. Inaugural-Diss. München, 40 S.

SCHMID 1969

Schmid, Elisabeth, Knochenfunde als archäologische Quellen durch sorgfältige Ausgrabungen, in: Archäologie und Biologie, Forschungsber. 15, Deutsche Forschungsgemeinschaft, Wiesbaden, S. 100-111.

SCHMID 1972

Schmid, Elisabeth, Atlas of animal bones. Knochenatlas für Prähistoriker, Archäologen und Quartärgeologen, Amsterdam, London, New York. 159 S.

STAMPFLI 1976

Stampfli, Hans Rudolf, Die Tierknochen von Egolzwil 5. Osteo-archäologische Untersuchungen in: R. Wyss, Das jungsteinzeitliche Jäger-Bauerndorf von Egolzwil 5 im Wauwilermoos. Archäologische Forschungen, Zürich, S. 125-140.

TEICHERT 1975

Teichert, Manfred, Osteometrische Untersuchungen zur Berechnung der Widerristhöhe bei Schafen, in: A. T. Clason (Hrsg.). Archaeozoological Studies, Amsterdam, S. 51-69.

UERPMANN 1972

Uerpmann, Hans-Peter, Tierknochenfunde und Wirtschaftsarchäologie. Eine kritische Studie der Methode der Osteo-Archäologie, Archäologische Informationen 1, 1972, S. 9-27.

9. Anhänge

Abkürzungen

Nr.	Komplexnummer Osteologie
S	Schicht
F	Feld
Bs	Brandstufe
G	Grösse
Fragm.	Fragmentierung
tot.	total
best.	bestimmt
n	Anzahl

9.1. Anhang 1:
Verteilung der Funde nach den Schichten

Nr.	S	F	Bs	G	Fragm. tot.	best.
G 6	0	10.0	1.5	71.4	5	3
H 40	0	14.1	6	36.25	9	2
H 18	0	19.1	3.6	24.4	5	4
F 43	0	22.1	4.5	----	1	1
A 38	1	1	2.7	----	32	25
G 1	1	10.0	2.5	42.12	150	19

Nr.	S	F	Bs	G	Fragm. tot.	Fragm. best.
F 4	2	11.3	5.125	53.75	8	5
A 9	3	1.1	6	----	1	1
A 1	3	1.3	3.06	33.88	9	2
F 26	3	10.3	3	30.0	5	-
C 11	3	11.1	2.29	34.75	61	2
E 9	3	12	2.5	34.5	102	5
I 26	3	14.1	3.33	31.5	6	1
I 9	3	14.2	3	(40.0)	4	-
H 22	3	15.3	1.5	(35.0)	7	7
E 16	3	23	2	43.88	17	2
F 29	3/12/95	3	5.8	42.14	10	4
A 19	4	1.2	4.9	28.86	98	13
D 13	4	12	4.3	41.53	19	2
A 34	5	1.2	4.5	----	4	-
F 36	5	12	4.08	40.0	12	3
A 15	6	1.2	2.6	----	10	5
F 38	6	12	3.7	45.5	36	8
A 6	7	1.3	3.5	----	2	2
A 35	7/9/35	1.3	2.75	----	31	16
F 40	7	12	5.08	38.0	12	3
A 14	9	1.2	4.73	----	26	20
C 16	9	12	4.61	48.71	22	22
A 10	11	1.1	5.2	----	5	5
A 37	12	1.1	5.15	----	37	16
A 5	12	1.3	4.95	----	20	10
F 3	12	11.1	5.94	47.56	24	10
F 8	12	11.3	6	----	1	-
F 34	12/88	23	5.33	29.17	6	2
A 11	13	1.1	6	----	4	-
F 6	13	11.1	6	35.0	7	-
D 15	14	11.1	3.92	25.0	13	4
F 39	14	12	3.33	40.67	6	-
C 6	14	23	2.15	36.38	26	5
F 32	14/94	23	4	35.83	12	2
F 23	15/37B	10.3	4.66	37.56	9	1
F 10	15	11.1	3	25.92	13	2
E 6	15	11.3	5.84	42.5	19	7
I 18	15	13	6	(50.0)	2	1
I 24	15/37B	13	3.6	31.76	44	4
F 44	15/67	22.3/4	5.03	37.05	29	7
F 30	15/87	23	4.8	51.1	10	4
F 1	16	11.1	5	(71.0)	2	1
E 10	16–25	12	5.06	44.8	39	17
C 19	17	12	5.92	53.84	181	46
A 8	18	1.1	6	----	4	2
D 6	18	12	6	48.42	154	54
E 12	18	12A	5.53	39.7	58	16
A 13	23	1.3	5.17	----	109	45
C 18	23	12	1.94	45.39	113	18
F 28	23/94	23	2.5	42.06	18	4
H 17	28	16	6	65.5	11	8
H 34	28	17	5.69	27.38	19	5
C 5	28	18	5.94	50.48	31	15
I 1	28/29	18	5.94	47.44	135	73
H 9	28	21	6	(38.5)	2	1
F 16	28	24	5.81	35.46	42	19
F 17	28	25	6	55.25	8	5
C 1	28	26	5.84	45.81	32	14
E 20	28	26	6	51.6	15	3
F 48	28/29b	26	5.97	52.26	245	66
C 2	28/29a	27	6	54.59	58	28
A 4	29	1.3	3.5	----	3	-
B 10	29/31 I–III	9.2	6	66.45	235	153
D 9	29a	16	5.9	39.11	61	15
H 4	28a1	16	6	29.23	14	1
I 7	29a	16	6	26.0	11	6
I 21	29b	18/27	6	48.08	127	52
E 14	29	24	6	71.47	17	10
C 21	29a	25	6	----	5	5
D 1	29bII	26	5.8	54.19	139	36
E 21	29b	26	5.93	54.41	87	51
B 7	29a	27–28	6	----	6	3
F 12	29	28	6	----	1	1
A 33	31	1.3	1	----	3	2
B 6	31	2.1	6	----	1	1
I 13	31	18.27	6	45.46	150	60
D 3	31	26	5.9	43.42	202	45
E 19	31	26	5.92	54.5	132	48
F 49	31	26	6	85.67	36	30
D 2	31	29	5.99	60.07	77	50
D 4	31	29	5.9	41.98	224	55
H 27	32b	17	5	27.09	11	2
H 47	32	21	5	37.5	6	1

Nr.	S	F	Bs	G	Fragm. tot.	Fragm. best.	Nr.	S	F	Bs	G	Fragm. tot.	Fragm. best.
A 36	33	1.2	6	----	27	13	G 5	46	10.1	5.83	27.41	30	5
A 2	33	1.3	5.95	51.52	41	16	F 25	46	10.1	6	----	1	-
A 3	33	1.3	5.79	(25.0)	153	72	F 24	46	10.2+3	6	20.0	10	1
A 7	33	1.3	6	----	8	6	H 12	46	14.1	6	32.0	8	1
C 20	33	12	5.96	42.76	165	52	H 13	46	14.2	6	50.67	3	1
E 7	33	12	6	98.3	21	18							
							H 37	48	14.2	5.23	45.15	13	5
F 37	34	12	4.84	33.08	13	1							
							G 12	50	2.2	4.26	29.86	47	15
E 8	35	12	5.63	34.38	26	6	H 28	(50)	15.1	4.38	35.67	13	10
							H 39	50	15.2	4.5	24.75	6	2
F 19	36	10.2	6	35.27	12	4	H 46	50	20.1	6	26.8	47	31
E 2	36	10.3	6	50.5	12	2							
I 10	36	13	6	(44.0)	1	1	G 14	51/52	2.2	4.16	38.21	54	24
H 43	36	14.1	3.36	32.33	28	5	G 15	51	2.2	3	----	1	1
H 21	36	14.2	6	42.0	13	4	H 38	51/52	15.3	2	(40.0)	4	-
							H 25	51	20.2	3.33	42.83	6	2
D 12	37	10.2	4.25	38.64	14	2							
I 8	37a	14.1	4.07	39.95	47	12	H 6	53	15.1	1.5	(40.5)	2	-
H 49	37B	14.2	3.71	36.79	90	14	H 42	53	15.3	3.67	(55.5)	3	3
							I 25	53	20.1	4.2	52.8	5	3
H 30	38	14.1	3	(20.0)	2	-	I 23	53	20.2	2	(38.0)	2	2
G 3	39	10.1	4.3	20.0	13	2	I 4	54/56	15.1	3.94	----	9	6
H 32	39	14.1	6	38.1	10	7							
							H 26	55	20.2	5	25.0	4	4
G 4	40	10.0	3.5	23.91	44	9							
G 2	40	10.1	4.45	34.99	86	11	I 2	57	15.3	5	44.0	3	-
B 5	40/63d	10.2	5.1	24.5	5	2	I 27	57/79	15.3	3	25.5	4	-
C 3	40	10.2	3.58	40.54	119	7	H 29	57	20.1	3.67	26.67	3	3
E 1	40B	10.2	3.7	25.7	44	1							
F 20	40A	10.2	4.25	25.0	20	-	H 15	59	15.2	6	38.5	4	-
F 21	40C	10.2	3.48	29.82	60	5	H 36	59	20.1	6	(50.0)	1	-
F 22	40C	10.2	3.34	36.76	45	6							
F 9	40	11.3	5.05	20.0	19	7	D 14	60	11.3	4.2	27.02	64	9
I 11	40	13	3	35.89	27	2							
I 14	40	14.2	4.04	32.28	25	3	E 22	61	11	6	----	1	1
C 4	40	16.3	3.48	28.06	54	6	E 23	61	11.3	6	----	1	1
D 16	41	10.3	5.5	41.0	10	7	H 7	62	14.2	6	39.25	4	1
H 44	41	13.1	5	(40.0)	5	-							
H 23	41	14.2	5	35.88	25	7	H 33	63	13	4.41	35.1	147	21
H 41	41/71/74	14.2	5.17	(57.0)	6	5	I 16	63	14.2	5	38.0	41	11
							F 2	64	11.2	2.66	33.33	24	-
H 50	42	14.1	3.39	54.41	54	8	F 27	64	23	3	37.24	25	5
I 22	42	14.2	2.5	33.32	22	2							
							I 3	65/67	19.1	5.37	42.14	19	11
A 16	43	1.3	5.3	----	10	10	H 45	65	19.2	2.5	(40.0)	12	-
							E 18	65	22.1	6	(47.0)	1	1
A 31	44	1.3	5.67	----	3	3							
							H 20	66	19.1	3.66	34.03	59	23
A 32	45	1.3	6	----	2	1	H 16	66	19.2	3.57	33.1	29	-

Nr.	S	F	Bs	G	Fragm. tot.	Fragm. best.	Nr.	S	F	Bs	G	Fragm. tot.	Fragm. best.
F 50	66	22.1	4.35	36.04	53	11	C 17	97	12	6	45.84	33	14
F 42	66	22.2-4	3.34	34.34	151	33	C 10	98	11.2	3	21.43	7	-
I 6	(67)	19.2	6	----	Tiergrab Süd		E 4	98	11.3	6	63.3	6	3
F 46	67	22.2	6	53.75	8	2	E 5	99/100	11.3	5.76	38.15	13	1
H 1	68	19.1	6	35.55	42	12	E 17	100	23	5.45	34.45	11	11
F 45	68	22.1	6	----	2	1	H 2	104	18	6	35.27	37	14
C 13	68	22.2	5.72	42.73	11	6	F 18	104	25	5.4	30.8	5	1
I 15	70	14.2	6	(58.0)	1	1	C 22	105	12	6	----	1	1
H 24	71	14.2	5.79	34.36	14	7	E 13	105	12	2.6	38.09	86	16
H 31	71	20.2	6	(15.0)	2	-	D 10	106	12A	4	45.52	25	7
H 3	73B	14.2	6	----	3	-	F 47	107	22.1	5	----	1	1
I 20	74	13	2	(40.0)	1	1	D 7	108	23	6	47.0	2	2
H 5	74/75	14.2	5.25	34.5	4	-	I 17	M2	18	3.75	30.5	12	2
I 19	76	15.2	3	(38.0)	1	-	F 14	M2	14.2	6	37.14	7	7
H 11	77	15.2	4.5	(43.0)	2	1	F 15	M7	14.2	5	----	1	-
H 19	79/82	15.2	3	25.0	6	-	G 16	alle	6	6	44.48	470	134
I 5	79	15.3	2.5	(40.0)	1	1	A 17	alle	7	6	----	2	2
E 3	81	11.3	2.5	40.6	76	15	H 10	alle	16	6	52.58	27	18
H 35	(81)	15.1	4.23	35.7	20	20	H 8	alle	21	4.5	(93.5)	2	1
D 5	87	23	2.75	68.33	3	-	A 20	unbest.	1.1/1.2	4.27	48.2	130	30
C 9	88	11.1	3.41	46.73	11	2	A 12	unbest.	1.2	3.3	----	34	14
F 35	88	12	4.53	43.15	105	35	G 10	unbest.	2.2	4.06	29.38	86	30
B 9	90	23	6	(20.0)	1	1	A 18	unbest.	3	3.39	23.17	23	7
							G 7	unbest.	3.2	5.83	55.57	7	5
							F 5	unbest.	11	5.18	50.5	22	22
G 8	92	3.2	6	----	3	3	F 7	unbest.	11.3	5.42	34.86	7	4
C 12	92	22.1	4.25	40.88	8	3	E 11	unbest.	12	4.2	38.4	29	2
C 15	92	22.4	4.09	40.72	111	38	F 41	unbest.					
G 9	93	3.2	5	----	1	1		Pforte?	12	4.83	(38.0)	3	2
C 14	93	22.1	5.36	51.3	11	6	I 12	unbest.	18	4.5	30.23	13	2
E 15	93	22.2	4.88	35.89	27	6	H 14	unbest.	19	6	(29.0)	2	1
							H 48	unbest.	20.2	6	----	2	
D 11	94	11.3	5.9	38.3	50	10	G 13	unbest.	21	6	47.27	15	15
C 7	94	23	4.86	32.3	44	8	F 11	unbest.	29	6	35.0	16	1
							B 1-2	unbest.	Graben	3.57	30.81	29	15
F 33	95	23	5.73	35.11	19	4	B 4	unbest.	Graben	3.7	----	4	4
F 31	96	23	5.7	22.0	10	0	B 8	unbest.	Graben	4.62	64.53	16	10

Nr.	S	F	Bs	G	Fragm. tot.	best.
B 3	unbest.	Schacht	6	(20.0)	17	2
F 13	Felsbe.?	30	5.83	45.0	18	7
D 8	Streufunde		5.07	50.7	34	20
C 8	unbeschriftet		6	20.0	11	1

9.2. Anhang 2: Verteilung der Funde nach Feldern

Nr.	F	S	Bs	G	Fragm. tot.	best.
A 38	1	1	2.7	----	32	25
A 9	1.1	3	6	----	1	1
A 10	1.1	11	5.2	----	5	5
A 37	1.1	12	5.15	----	37	16
A 11	1.1	13	6	----	4	-
A 8	1.1	18	6	----	4	2
A 20	1.1/1.2	unbest.	4.27	48.2	130	30
A 19	1.2	4	4.9	28.86	98	13
A 34	1.2	5	4.5	----	4	-
A 15	1.2	6	2.6	----	10	5
A 14	1.2	9	4.73	----	26	20
A 36	1.2	33	6	----	27	13
A 12	1.2	unbest.	3.3	----	34	14
A 1	1.3	3	3.06	33.88	9	2
A 6	1.3	7	3.5	----	2	2
A 35	1.3	7/9/35	2.75	----	31	16
A 5	1.3	12	4.95	----	20	10
A 13	1.3	23	5.17	----	109	45
A 4	1.3	29	3.5	----	3	-
A 33	1.3	31	1	----	3	2
A 2	1.3	33	5.95	51.52	41	16
A 3	1.3	33	5.79	(25.0)	153	72
A 7	1.3	33	6	----	8	6
A 16	1.3	43	5.3	----	10	10
A 31	1.3	44	5.67	----	3	3
A 32	1.3	45	6	----	2	1
G 11	2	unbest.	6	56.14	86	36
B 6	2.1	31	6	----	1	1
G 12	2.2	50	4.26	29.86	47	15
G 15	2.2	51	3	----	1	1
G 14	2.2	51/52	4.16	38.21	54	24
G 10	2.2	unbest.	4.06	29.38	86	30
A 18	3	unbest.	3.39	23.17	23	7
G 8	3.2	92	6	----	3	3
G 9	3.2	93	5	----	1	1
G 7	3.2	unbest.	5.83	55.57	7	5
G 16	6	alle	6	44.48	470	134
A 17	7	alle	6	----	2	2
B 10	9.2	29/31 I-III	6	66.45	235	153
G 6	10.0	0	1.5	71.4	5	3
G 1	10.0	1	2.5	42.12	150	19
G 4	10.0	40	3.5	23.91	44	9
G 3	10.1	39	4.3	20.0	13	2
G 2	10.1	40	4.45	34.99	86	11
F 25	10.1	46	6	----	1	-
G 5	10.1	46	5.83	27.41	30	5
F 19	10.2	36	6	35.27	12	4
D 12	10.2	37	4.25	38.64	14	2
C 3	10.2	40	3.58	40.54	119	7
F 20	10.2	40A	4.25	25.0	20	-
E 1	10.2	40B	3.7	25.7	44	1
F 21	10.2	40C	3.48	29.82	60	5
F 22	10.2	40C	3.34	36.76	45	6
B 5	10.2	40/63d	5.1	24.5	5	2
F 24	10.2+3	46	6	20.0	10	-
F 26	10.3	3	3	30.0	5	-
F 23	10.3	5/37B	4.66	37.56	9	1
E 2	10.3	36	6	50.5	12	2
D 16	10.3	41	5.5	41.0	10	7
E 22	11	61	6	----	1	1
F 5	11	unbest.	5.18	50.5	22	22
C 11	11.1	3	2.29	34.75	61	2
F 3	11.1	12	5.94	47.56	24	10
F 6	11.1	13	6	35.0	7	-
D 15	11.1	14	3.92	25.0	13	4
F 10	11.1	15	3	25.92	13	2
F 1	11.1	16	5	71.0	2	1
C 9	11.1	88	3.41	46.73	11	2
F 2	11.2	64	2.66	33.33	24	-
C 10	11.2	98	3	21.43	7	-
F 4	11.3	2	5.125	53.75	8	5
F 8	11.3	12	6	----	1	-
E 6	11.3	15	5.84	42.5	19	7
F 9	11.3	40	5.05	20.0	19	7
D 14	11.3	60	4.2	27.02	64	9
E 23	11.3	61	6	----	1	1
E 3	11.3	81	2.5	40.6	76	15
D 11	11.3	94	5.9	38.3	50	10
E 4	11.3	98	6	63.3	6	3

Nr.	F	S	Bs	G	Fragm. tot.	best.	Nr.	F	S	Bs	G	Fragm. tot.	best.
E 5	1.3	99/100	5.76	38.15	13	1	H 41	14.2	41/7174	5.17	(57.0)	6	5
F 7	11.3	unbest.	5.42	34.86	7	4	I 22	14.2	42	2.5	33.32	22	2
E 9	12	3	2.5	34.5	102	5	H 13	14.2	46	6	50.67	3	1
D 13	12	4	4.3	41.5	19	2	H 37	14.2	48	5.23	45.15	13	5
F 36	12	5	4.08	40.0	12	3	H 7	14.2	62	6	39.25	4	1
F 38	12	6	3.7	45.5	36	8	I 16	14.2	63	5	38.0	41	11
F 40	12	7	5.08	38.0	12	3	I 15	14.2	70	6	(58.0)	1	1
C 16	12	9	4.61	48.7	22	22	H 24	14.2	71	5.79	34.36	14	7
F 39	12	14	3.33	40.6	6	-	H 3	14.2	73B	6	----	3	-
E 10	12	16-25	5.06	44.8	39	17	H 5	14.2	74/75	5.25	34.5	4	-
C 19	12	17	5.92	53.8	181	46	F 14	14.2	M2	6	37.14	7	7
D 6	12	18	6	48.42	154	54	F 15	14.2	M7	5	----	1	-
E 12	12A	18	5.53	39.7	58	16	H 28	15.1	(50)	4.38	35.67	13	10
C 18	12	23	1.94	45.39	113	18	H 6	15.1	(53)	1.5	40.5	2	-
C 20	12	33	5.96	42.76	165	52	I 4	15.1	(54/56)	3.94	----	9	6
E 7	12	33	6	98.3	21	18	H 35	15.1	(81)	4.23	35.7	20	20
F 37	12	34	4.84	33.08	13	1							
E 8	12	35	5.63	34.38	26	6	H 39	15.2	50	4.5	24.75	6	6
F 35	12	88	4.53	43.15	105	35	H 15	15.2	59	6	38.5	4	-
C 17	12	97	6	45.84	33	14	I 19	15.2	76	3	(38.0)	1	-
C 22	12	105	6	----	1	1	H 11	15.2	77	4.5	43.0	2	1
E 13	12	105	2.6	38.09	86	16	H 19	15.2	79/82	3	25.0	6	-
D 10	12A	106	4	45.52	25	7							
E 11	12	unbest.	4.24	38.4	29	2	H 22	15.3	3	1.5	(35.0)	7	7
F 41	12	unbest. Pforte?	4.83	38.0	3	2	H 38	15.3	51/52	2	(40.0)	4	-
							H 42	15.3	53	3.67	(55.5)	3	3
							I 2	15.3	57	5	44.0	3	-
							I 27	15.3	57/79	3	25.5	4	-
I 18	13	15	6	(50.0)	2	1	I 5	15.3	79	2.5	(40.0)	1	1
I 24	13	5/37B	6	31.76	44	4	H 17	16	28	6	65.5	11	8
I 10	13	36	6	(44.0)	1	1	D 9	16	29a	5.9	39.11	61	15
I 11	13	40	3	35.89	27	2	I 7	16	29a	6	26.0	11	6
H 33	13	63	4.41	35.1	147	21	H 4	16	29a1	6	29.23	14	1
I 20	13	74	2	(40.0)	1	1	H 10	16	alle	6	52.58	27	18
H 44	13.1	41	5	(40.0)	5	-	C 4	16.3	40	3.48	28.06	54	6
H 40	14.1	0	6	36.25	9	2	H 34	17	28	5.69	27.38	19	5
I 26	14.1	3	3.33	31.5	6	1	H 27	17	32b	5	27.09	11	2
H 43	14.1	36	3.36	32.33	28	5							
I 8	14.1	37a	4.07	39.95	47	12	C 5	18	28	5.94	50.48	31	15
H 30	14.1	38	3	(20.0)	2	-	I 1	18	28/29	5.94	47.44	135	73
H 32	14.1	39	6	38.1	10	7	I 21	18/27	29b	6	48.08	127	52
H 50	14.1	42	3.39	54.41	54	8	I 13	18/27	31	6	45.46	150	60
H 12	14.1	46	6	32.0	8	1	H 2	18	104	6	35.27	37	14
							I 17	18	M2	3.75	30.5	12	2
I 9	14.2	3	3	(40.0)	4	-	I 12	18	unbest.	4.5	30.23	13	2
H 21	14.2	36	6	42.0	13	4							
H 49	14.2	37B	3.71	36.79	90	14	H 14	19	unbest.	6	29.0	2	1
I 14	14.2	40	4.04	32.28	25	3							
H 23	14.2	41	5	35.88	25	7	H 18	19.1	0	3.6	24.4	5	4

Nr.	F	S	Bs	G	Fragm. tot.	best.
I 3	19.1	65/67	5.37	42.14	19	11
H 20	19.1	66	3.66	34.03	59	23
H 1	19.1	68	6	35.55	42	12
H 45	19.2	65	2.5	(40.0)	12	-
H 16	19.2	66	3.57	33.1	29	-
I 6	19.2	(67)	6	Tiergrab Süd		
H 46	20.1	50	6	26.8	47	31
I 25	20.1	53	4.2	52.8	5	3
H 29	20.1	57	3.67	26.67	3	3
H 36	20.1	59	6	(50.0)	1	-
H 25	20.2	51	3.33	42.83	6	2
I 23	20.2	53	2	(38.0)	2	2
H 26	20.2	55	5	25.0	4	4
H 31	20.2	71	6	(15.0)	2	-
H 48	20.2	unbest.	6	----	2	2
H 9	21	28	6	(38.5)	2	1
H 47	21	32	5	37.5	6	1
H 8	21	alle	4.5	(93.5)	2	1
G 13	21	unbest.	6	47.27	15	15
F 43	22.1	0	4.5	----	1	1
E 18	22.1	65	6	(47.0)	1	1
F 50	22.1	66	4.35	36.04	53	11
F 45	22.1	68	6	----	2	1
C 12	22.1	92	4.25	40.88	8	3
C 14	22.1	93	5.36	51.3	11	6
F 47	22.1	107	5	----	1	1
F 42	22.2-4	66	3.34	34.34	151	33
F 46	22.2	67	6	53.75	8	2
C 13	22.2	68	5.72	42.73	11	6
E 15	22.2	93	4.88	35.89	27	6
F 44	22.3/4	15/67	5.03	37.05	29	7
C 15	22.4	92	4.09	40.72	111	38
E 16	23	3	2	43.88	17	2
F 29	23	3/12/95	5.8	42.14	10	4
F 34	23	12/88	5.33	29.17	6	2
C 6	23	14	2.15	36.38	26	5
F 32	23	14/94	4	35.83	12	2
F 30	23	15/87	4.8	51.1	10	4
F 28	23	23/94	2.5	42.06	18	4
F 27	23	64	3	37.24	25	5
D 5	23	87	2.75	68.33	3	-
B 9	23	90	6	(20.0)	1	1
C 7	23	94	4.86	32.3	44	8
F 33	23	95	5.73	35.11	19	4
F 31	23	96	5.7	22.0	10	-
E 17	23	100	5.1	34.45	11	11
D 7	23	108	6	47.0	2	2
F 16	24	28	5.81	35.46	42	19
E 14	24	29	6	71.47	17	10
F 17	25	28	6	55.25	8	5
C 21	25	29a	6	----	5	5
F 18	25	104	5.4	30.8	5	1
C 1	26	28	5.84	45.81	32	14
E 20	26	28	6	51.6	15	3
F 48	26	28/29b	5.97	52.26	245	66
E 21	26	29b	5.93	54.41	87	51
D 1	26	29bII	5.8	54.19	139	36
D 3	26	31	5.9	43.42	202	45
E 19	26	31	5.92	54.5	132	48
F 49	26	31	6	85.67	36	30
C 2	27	28/29a	6	54.59	58	28
B 7	27-28	29a	6	----	6	3
F 12	28	29	6	----	1	1
D 2	29	31	5.99	60.07	77	50
D 4	29	31	5.9	41.98	224	55
F 11	29	unbest.	6	35.0	16	1
F 13	30	Felsbe..	5.83	45.0	18	7
B 1 -2		Burggraben	3.57	30.81	29	15
B 4		Graben	3.7	----	4	4
B 8		Graben	4.62	64.53	16	10
B 3		Schacht	6	(20.0)	17	2
D 8		Streufunde	5.07	50.7	34	20
C 8		ohne Zettel	6	(20.0)	11	1

9.3. Anhang 3:
Aufteilung der Komplexe auf die Horizonte

1 Störungen
    Komplexe   A 38
                         G 1

2 Überwachsung der Burganlage
    Komplexe   E 2
                         F 4, 19, 43
                         G 6
                         H 17, 21, 40, 43

3 Zerfallschutt der Burgruine (Sekundärschutt)
    Komplexe   A 34
                         C 10
                         D 9
                         E 2, 4, 6, 18
                         F 1, 10, 19
                         G 12
                         H 6, 28, 37, 39, 42, 45, 46
                         I 7, 10, 18, 21

4 Brandschichten
    Komplexe   A 1, 5, 6, 8, 9, 10, 13, 15, 19, 35, 37
                         B 5
                         C 3, 11, 12, 18
                         D 11, 12, 15, 16
                         E 1, 5, 9
                         F 2, 3, 8, 21, 22, 26, 35, 39, 46, 50
                         G 2, 3, 4, 14, 15
                         H 11, 16, 19, 20, 22, 23, 29, 33, 50
                         I 2, 4, 5, 8, 11, 14, 19, 22, 27

5 Kulturschichten
    Komplexe   A , 3, 7, 36
                         B 6
                         D 9
                         I 7

6 Bau- und Gehflächen
    Komplexe   C 14, 19
                         D 6
                         E 12
                         F 6, 24, 25, 45
                         G 5, 16
                         H 1, 12, 13, 15
                         I 20

7 Natürlicher Untergrund
    Komplexe   H 15, 36

9.4. Anhang 4: Inhalt der Horizonte

Hor	n	Bs	G	Tierarten: Fische Amph.	Vögel	Wild- tiere	Jagd- tiere	Haus- tiere Speise	Pferd Hund Katze
1	182	2.54	42.1					X	
2	104	4.9	43.1			X	X	X	
3	416	5.37	39.1	X	X	X	X	X	
4	1643	3.92	36.6	X	X	X	X	X	
5	302	5.87	34.66	X	X			X	
6	982	5.94	45.27	X				X	X
7	5	6	40.5					?	

9.5. Anhang 5: Inhalt der Profile

Abkürzungen:
- Hor. = Horizont
- Bs = Brandstufe
- n = Anzahl der Fragmente
- Gr = Grösse
- F/A = Fische/Amphibien
- V = Vögel
- W = Säuger: Wildtiere
- J = Säuger: Jagdtiere
- H/S = Haustiere als Speise
- P/H/K = Pferd/Hund/Katze

Profil 7/13 (Felder 1 und 11); "zentrales Querprofil"

Hor.	Schicht	Bs	n	Gr	F/A	V	W	J	H/S	P/H/K	Komplexe
2	0										
	2	5.10	8	53.8					x		F 4
	26										
3	5	4.50	4	-----							
	15	4.70	32	35.7					x		E 6,10
	16	5.00	2	71.0					x		F
	27										
	98	4.40	13	40.8					x		C 10, E 4
4	3	2.70	71	34.6					x		A 1,9, C 11
	4/6	4.70	108	28.9					x		A 15,19
	7/9/35	3.65	59	-----	x	x			x		A 6,35
	11	5.20	5	-----					x		A 10
	12	5.30	82	47.6	?	x	x		x		A 5,37, F 3,8
	13	6.00	11	35.0					x		A 11, F 6
	14	3.90	13	25.0					x		D 15
	17										
	18	6.00	4	-----		?			x		A 8
	23	5.17	109	-----		x			x		A 13
	34										
	64	2.70	24	33.3					x		F 2
	94/99/100	5.90	63	38.3					x		D 11, E 5
5	33	5.85	229	33.9		x			x		A 2,3,7,36
6+7	13	6.00	11	35.0					x		A 11, F 6
	95										
	97										
	10										

Profil 10 (Felder 10 und 13)

Hor.	Schicht	Bs	n	Gr	F/A	V	W	J	H/S	P/H/K	Komplexe
2	0	1.50	5	71.4					x		G 6
3	36	6.00	25	30.8					x		E 2, F 19, I 10
	48										
	70										
	15	6.00	2	50.0					x		I 18
4	37	4.25	14	38.6					x		D 12
	38										
	39	4.30	13	35.0	x				?		G 3
	40	3.58	445	37.6		?			x		C 3, E 1, F 21, 22, G 2,4, I 11
	41	5.50	10	41.0			x	x	x		D 16
	42										
	63	4.43	152	34.8					x		B 5, H 33
	3	5.00	5	30.0					x		F 26
6	47										
	46	5.88	41	25.6					x		F 25, G 5
	73a										
	71										
	74	2.00	1	40.0					x		I 20
	73b										

Profil 11 (Feld 10, 14)

Hor	Schich	Bs	n	Gr	F/A	V	W	J	H/S	P/H/K	Komplexe
1	1	2.50	150	42.1					x		G 1
2	0	4.40	14	48.8		x			x		G 6, H40
	36	4.90	65	38.2					x		E 2, F 19 H 21,43
3	48	5.20	13	45.2					x		H 37
4	37a	4.10	47	40.0			x		x		I 8
	42	3.10	76	48.3					x		H 50, I 22
	40	3.90	274	35.4				x	x		C 3, G 2,4 I 14
	41	5.00	25	35.9					x		H 23
6	49										
	47										
	46	5.90	52	28.1					x		F 24,25, G 5, H 12,13

Profil 2 und 7 (Feld 1)

Hor.	Schicht	Bs	n	Gr	F/A	V	W	J	H/S	P/H/K	Komplexe
1	1	2.70	32	-----					x		A 38
2	0										
	2										
	26										
3	15										
	16/25										
	5	4.50	4	-----							A 34
	27										
4	14										
	3	3.35	10	33.9					x		A 1, 9
	11	5.20	5	-----			x		x		A 10
	12	5.08	57	-----		?	x	x	x		A 5,37
	17										
	18	6.00	4	-----			?		x		A 8
	23	5.17	109	-----		x			x		A 13
	4	4.90	98	28.9					x		A 19
	6	2.60	10	-----					x		A 15
	7/9/35	3.65	59	-----		x			x		A 6,35
	8										
	34										
5	33	5.85	229	33.9		x			x		A 2,3,7,36
6+7	13	6.00	4	-----					x		A 11

Profil 6 (Feld 6) und 8/8b (Felder 2 und 16)

Hor.	Schicht	Bs	n	Gr	F/A	V	W	J	H/S	P/H/K	Komplexe
	Profil 6										
2	19										
	24										
6	20	6.00	470	44.5		x	x	x	x	x	G 16
5+7	21/19										
	22										
	110										
	Profil 8										
2	2										
	28	6.00	11	65.5			x		x		H 17
5	29a	5.92	72	37.1			x		x		D 9, I 7
4	30										
	Profil 8b										
2	28	6.00	11	65.5					x		H 17
3	29a	5.92	72	37.1			x		x		D 9, I 7
	29b	6.00	127	48.1				x	x		I 21
5	31	6.00	1	-----					x		B 6

Profil 12 (Feld 2.2)

Hor.	Schicht	Bs	n	Gr	F/A	V	W	J	H/S	P/H/K	Komplexe
2	0										
3	50	4.30	47	29.9	x	x	x		x		G 12
4	53										
	3										
	56										
	54										
	51/52	4.10	55	38.2					x		G 14,15
	55										
	57										
	103										
6	58										
7	59										
	47										

315

Profil 14 (Feld 19.1.)

Hor.	Schicht	Bs	n	Gr	F/A	V	W	J	H/S	P/H/K	Komplexe
2	0	3.60	5	24.2					x		H 18
3+4	65/67	5.40	19	42.1	x				x		I 3
	66	3.70	59	34.0					x		H 20
6	68	6.00	42	35.6					x		H 1

Profil 15 (Feld 15.2)

Hor.	Schicht	Bs	n	Gr	F/A	V	W	J	H/S	P/H/K	Komplexe
3	50	4.50	6	24.8			x		x		H 39
4	77	4.50	2	43.0					x		H 11
	53										
	78										
	80										
	81										
	79/82	3.00	6	25.0					?		H 19
	76	3.00	1	38.0					?		I 19
	83										
	86										
6	59	6.00	4	38.5					?		H 15
	84										
	85										
	58										

Profil 16 (Feld 19)

Hor.	Schicht	Bs	n	Gr	F/A	V	W	J	H/S	P/H/K	Komplexe
2	0	3.60	5	24.4					x		H 18
3	65	2.50	12	40.0					?		H 45
4	66	3.60	88	33.7					x	x	H 16,20
6	68	6.00	42	35.6					x		H 1

Profil 17 (Feld 12)

Hor.	Schicht	Bs	n	Gr	F/A	V	W	J	H/S	P/H/K	Komplexe
2	0										
3	15										
4	87										
	14	3.30	6	40.7					x		F 39
	23	1.90	113	45.4			x		x		C 18
	3	2.50	102	34.5		x			x		E 9
	88	4.50	105	43.1	x		x	x	x		F 35
	12										
6	89										
	17	5.90	181	53.8					x		C 19
	18	5.90	212	46.0		x			x		D 6, E 12
	90										
	91										

Profil 18 (Feld 22.1)

Hor.	Schicht	Bs	n	Gr	F/A	V	W	J	H/S	P/H/K	Komplexe
2	0	4.50	1	-----					x		F 43
3	65	6.00	1	47.0					x		E 18
4	67										
	66	4.40	53	36.0					x		F 50
	92	4.30	8	40.1					x		C 12
	107	5.00	1	-----					x		F 47
6?	93	5.36	11	51.3					x		C 14
6	68	6.00	2	-----					x		F 45

Profil 19 (Feld 2.2, 15, 20.1)

Hor.	Schicht	Bs	n	Gr	F/A	V	W	J	H/S	P/H/K	Komplexe
3	50	5.00	113	29.0	x	x	x	x	x		G 12, H 28,39,46
	53	3.50	10	51.2					x		H 6,42
4	3	1.50	7	35.0					x		H 22
	54/56	3.90	9	-----			x		x		I 4
	79/82/57	3.40	17	29.7					x		H 19,29, I 2,5,27
	78										
6	101										
	102										
7	59	6.00	5	40.8					?		H 15,36
BHA	71										

Teil VI: Anhang

1. Schichtenkatalog

S 0

Feld: Ganze Felsplattform der Grotte.

Profil: 2, 3, 4, 7, 10, 11, 12, 13, 14, 16, 17, 18

Wurzelhorizont, feiner Abwitterungsschotter, durchsetzt mit Sand und humösen Materialien.

S 1

Feld: 1, 10

Profil: 1, 2, 3, 11

Einfüllschicht der Sondierung 1968. Grobes und feines Steinmaterial, Blätter, Wurzeln, Mörtelspuren, gebrannter Rutenlehm.

S 2

Feld: 1, 2, 10, 11, 12, 13, 14, 19, 22, 23

Profil: 1, 3, 4, 7, 8, 13

Scharfkantige Trümmer, durchmischt mit feinem Humus, stufenweise bis vierfach geschichtet, getrennt durch jeweils humösere Wurzelhorizonte.

S 3

Feld: 1, 2, 10, 11, 12, 13, 14, 15, 20, 23

Profil: 2, 3, 4, 7, 10, 12, 13, 17, 19

«Gelöschter Kalk», weiss und gelb marmoriert, mit grauen Einschlüssen (ungebranntes Steinmaterial), von Wurzeln durchsetzt und von kleinen Schwundrissen durchzogen. Die erkennbaren Steine sind völlig verbacken und morsch, materialmässig ist keine Trennung zwischen Stein und Kalkmaterial mehr bestimmbar. Schicht als ganzes morsch und von Hand abbaubar (Vgl. Beitrag Brianza im Anhang).

S 4

Feld: 1, 12

Profil: 1, 3, 7

Feines schwarzes Material, durchsetzt mit Holzkohle, Mörtelteilchen und Felssplittern (schwarz, unter Hitzeeinwirkung abgesprengt).

S 5

Feld: 1, 12

Profil: 1, 7

Sehr lockere reine Steinsplitterschicht, durchsetzt mit etwas Holzkohle. Steine zum Teil geschwärzt.

S 6

Feld: 1, 12

Profil: 1, 7

Lockere Steinsplitterschicht, eingebettet in mergelartigen gelben Sand (vermutlich Verwitterungsprodukt von S 3).

S 7

Feld: 1, 12

Profil: 3, 7

Graues lockeres Material, durchsetzt mit kleinen Steinchen, Holzkohle- und Kalkteilchen (vermutlich Verwitterungsprodukt von S 3).

S 8

Feld: 1, 12

Profil: 3, 7

«Abgebundener» Kalk: Gleiches Material wie S 3, jedoch härter und nur mit Meissel und Hammer abbaubar, von S 3 durch einen dünnen Wurzelhorizont geschieden. An der Unterseite von S 8 grosse Holzkohlenfragmente, unter anderem auch Negativabdrücke von Balken.

S 9

Feld: 1, 12

Profil: 3, 7

Profil 7, S 9 links:

Zusammenhängende Konstruktionsteile aus verkohltem Holz, eingebettet in Material analog S 7.

Profil 7, S 9 rechts:

An der Schichtoberfläche mehr oder weniger zusammenhängende Holzkohle über einer dünnen, kompakt gepressten Schicht aus versintertem Holz, darunter ein Band mit einer sackartigen «Ausweitung», bestehend aus einem hell-dunkel gesprenkelten Gemenge von grau-braunem Material, von Kalkteilchen (aus S 3), von Holzkohle und etwas Wurzelwerk.

S 10

Feld: 1, 12

Profil: 3, 7

Grau und oliv marmorierter Lehm, durchzogen mit feinstem Wurzelwerk.

S 11

Feld: 1, 11, 12, 23

Profil: 2, 4, 13

Hohlräume.

S 12

Feld: 1, 11, 12, 23

Profil: 2, 4, 7, 13

Dunkelgraues bis schwarzes, feinflockiges Material mit Holzkohleresten und Kalkteilchen von maximal 2 cm Grösse (vermutlich Einsprengsel aus S 3).

S 13

Feld: 1, 12

Profil: 2, 7

Verwitterungslehm.

S 14

Feld: 1, 11, 12, 23

Profil: 2, 4, 13

Verbrannte Tuffsteine, vermengt mit scharfkantigen, gebrannten Kalksteinen sowie Trümmern von «Gisibergsteinen», Sandsteinen und «Breccien». Das Steinmaterial sehr locker, ohne inneren Zusammenhang gelagert, durchsetzt mit dunkelgrauem, sandartigem Material. Verstreut bis haselnussgrosse Holzkohleteilchen. In P 17 zusätzlich verbrannte, zerbröselte, dunkelrote, bis nussgrosse Lehmknollen.

S 15

Feld: 1, 10, 11, 12, 13, 14, 23

Profil: 2, 4, 13

Mauer-Versturz-Schutt. Steintrümmer sehr unterschiedlicher Grösse, Füllmaterial gelb bis grau bei überwiegendem Anteil von verwittertem Mörtel.

S 16

Feld: 1, 12

Profil: 4, 7

Sehr ähnlich wie S 15, keine grossen Versturzblöcke, Füllmaterial kompakter.

S 17

Feld: 1, 11, 12, 23

Profil: 4, 7, 13

Holzkohle mit verbranntem Lehm und wenig Mörtelteilchen, von feinem Wurzelgeflecht durchzogen.

S 18

Feld: 1, 11, 12, 23

Profil: 2, 4, 7, 13

Grau-braun-grünliches, sehr feines Material, durchsetzt mit Holzkohleteilchen und feinem Wurzelwerk.

S 19

Feld: 4, 5, 6, 7

Profil: 5, 6

Humus. Feines schwarzes Material, durchzogen von dichtem Wurzelwerk, durchsetzt mit scharfkantigen Trümmern von sehr unterschiedlicher Grösse, vermengt mit verwittertem Kalk.

S 20

Feld: 6

Profil: 6

Steinlinse. Schüttung aus dicht gepackten, groben und scharfkantigen Trümmern, Hohlräume durchzogen von feinem Wurzelwerk.

S 21

Feld: 6

Profil: 6

Kompakt gelagerter feiner Schotter in grau-braunem Humus, durchsetzt mit einzelnen grösseren Steinen, locker durchzogen von feinem Wurzelwerk.

S 21/19: Anfänglich gleiches Material wie S 21, Schichtgrenze abgehoben durch Wurzelhorizont, brauneren Farbton und Steinsetzung an der Oberfläche von S 21/19. Talwärts unmerklich übergehend in Material und Schichtung analog S 19.

S 22

Feld: 6

Profil: 6

Gleiches Material wie S 21, lockerer gelagert, durchsetzt mit mehr Wurzelwerk.

S 23

Feld: 1, 12

Profil: 7

Morsches Material analog S 3, vermutlich unter dem Einfluss von Wasser und Wurzelwerk fortgeschrittener verwittert.

S 24

Feld: 4, 5, 6, 7

Profil: 5, 6

Scharfkantige Trümmer, durchmischt mit feinem Humus und sandartig aufgelöstem Kalk.

S 25

Feld: 1, 12

Profil: 3, 7

Scharfkantige Trümmer sehr unterschiedlicher Grösse, Zwischenräume aufgefüllt mit teilweise rötlichem Mörtel, Putzbröckchen, kaum Humus, einzelne Wurzeln.

S 26

Feld: 1, 12

Profil: 7

Dicht gelagerte, locker gepackte Schicht aus kleinplattigen, scharfkantigen Trümmern, durchsetzt mit

Kalksand und wenig humösem Material. Sehr einsturzfreudig!

S 27

Feld: 1, 12

Profil: 7

Holzkohleteilchen, zum Teil paketweise, bis zu 2 cm Grösse. S 27 liegt praktisch untrennbar an der Oberfläche von S 5.

S 28

Feld: 2, 3, 16, 17, 18, 21, 24, 25, 26, 27, 28, 29

Profil: 8, 9

Humus, durchsetzt mit Wurzelwerk, feinem, kiesartigem Schutt, einzelne Versturzblöcke.

S 29

Feld: 2, 16, 18, 26, 27

Profil: 8

A
Versturzmaterial, oben braun, unten grau-gelblich, humös. Versturzsteine verschiedenster Grösse, abgebauter Mörtel.

B
Versturzmaterial, durchgehend grau-gelblich, humös. Feiner, kiesartiger Schotter, weniger Versturzsteine als bei S 29A.

S 30

Feld: 2, 16, 18

Profil: 8

Versturzmaterial ähnlich S 29, braun-grau, zur Felsoberfläche hin vermengt mit Brandmaterial.

S 31

Feld: 2, 16, 18, 26, 27

Profil: 8

Sehr feines dunkelbraunes Material mit im Vergleich zu S 29 weniger feinem Schotter, mehr mittlerem Schotter und vereinzelten Versturzblöcken. Relativ wenig Wurzelwerk.

S 32

Feld: 3, 17, 21, 24

Profil: 9

Schwarzer Humus, vermengt mit vielen feinverteilten Holzkohleteilchen und Mörtelbröckchen bis 0.5 cm Durchmesser, feines Wurzelwerk.

S 33

Feld: 1, 12

Profil: 7

Grünlich-graues, lehmiges und dennoch feinkrümeliges Material, durchsetzt mit kleinen Steinchen, Kalkbröckchen, Holzkohleteilchen. Die Steinchen konzentrieren sich zur Oberfläche von S 10 hin.

S 34

Feld: 1, 12

Profil: 7

Ähnliches Material wie S 23, weniger grobe Steine.

S 35

Feld: 1, 12

Profil: 7

Gemenge aus Materialien analog S 23 und grünlichen, bzw. braun-schwarzen Komponenten, durchsetzt mit kleinen Kalksplittern und Holzkohleteilchen.

S 36

Feld: 10, 13, 14

Profil: 10, 11

Sandartiges graues Material mit vermutlich verbrannten Kalkteilchen, sehr kompakt gelagert.

S 37

Feld: 10, 13, 14

Profil: 10, 11

A
Verbrannter, locker gepackter, klein- bis grossblockiger Schutt, eingebettet in Sand aus S 3 und zerbröseltem Rutenlehm, stark durchsetzt mit kleinen bis tellergrossen Fragmenten von gebranntem Rutenlehm. Einzelne Einschlüsse eines feinen, gelben Kalkmaterials.

B
Gleiche Grundmaterialien wie S 37A, ohne das «Verfestigungsmaterial» S 3, infolgedessen sehr locker gelagert.

S 38

Feld: 10, 14,

Profil: 10, 11

Linse aus festem, grünlich-gelbem Material, zerbröselt beim Abbau, lehmhaltig, keine Holzkohle.

S 39

Feld: 10, 14

Profil: 11

Braunes, feinkrümeliges Material mit Holzkohleteilchen, etwas Wurzelwerk. Die meisten Knöllchen können zu Pulver zerdrückt werden.

S 40

Feld: 10, 13, 14

Profil: 10, 11

Rötlich-braun geschecktes, sehr feines Material mit Holzkohle und verbrannten Kalkteilchen, sehr stark fein durchwurzelt, durchsetzt mit zahlreichen bis zu handgrossen Kalksteinen. Die ganze Schicht unregelmässig mit Holzkohlebändern durchzogen, stellenweise beide Komponenten rein in grösseren Konzentrationen nebeneinander, stellenweise fein marmoriert. Nach unten grössere Ansammlungen von Holzkohle.

S 41

Feld: 10, 13, 14

Profil: 10, 11

Horizont aus grösstenteils Holzkohle, durchmengt mit verbranntem Pflanzenmaterial mit viel Getreidespelzen, stellenweise Konzentrationen von verkohlten, verschiedenartigen Getreidekörnern. Brandhorizont teils auf unverbranntem Holz aufliegend, dem Felsansatz nach aufsteigend.

S 42

Feld: 10, 14

Profil: 10, 11

Orange-rotes, morsches, sehr feines und kompakt gelagertes Material, durchsetzt mit ausgewählten, plattigen, meist kinderhandgrossen Kalksteinen. Schicht «marmoriert» durch Einschlüsse – die in örtlichen Konzentrationen den Hauptanteil bilden – aus grauem, meist pulverigem, oft fein verwurzeltem Material.

S 43

Feld: 1

Profil: Isometrische Skizze im Grabungsjournal vom 28. April 1982

Grau-braunes, sehr feinkrümeliges Material, intensiv und fein durchwurzelt, kompakt gelagert. Durchsetzt mit vielen Holzkohleteilchen, gebrannten und unverbrannten Kalkteilchen (Verunreinigung durch S 3?) sowie gebrannten Lehmsplittern (Ziegelschrot?).

S 44

Feld: 1

Profil: Isometrische Skizze im Grabungsjournal vom 28. April 1982

Grau-braun-grünliches Material, Durchwurzelung und Zusammensetzung wie S 43, kein «Ziegelschrot», bzw. nur einzelne grössere Brocken. Direkt über dem Wurzelbast auf dem Felsen grössere grünlich-gelbliche Nester.

S 45

Feld: 1

Profil: Isometrische Skizze im Grabungsjournal vom 28. April 1982

Grau-silberfarbenes Material, sehr fein, sehr locker gelagert. Grundmaterialien ähnlich wie S 43, aschenhaltiger sowie grösserer Anteil an bis zu haselnussgrossen Kalksplittern.

S 46

Feld: 10, 13, 14

Profil: 10, 11

Sandsteinmehl, rötlich bis grünlich, stark durchwurzelt, dicht gepresst.

S 47

Feld: 10, 13, 14

Profil: 10, 11

Kalkgrus. In einzelnen Felsvertiefungen Auffüllungen aus einem Gemenge von Sandsteinschutt und magerem Mörtelgrus.

S 48

Feld: 10, 14,

Profil: 10, 11

Ähnlich S 37, ohne Rutenlehm.

S 49

Feld: 14

Profil: 11

Mörtelablagerungen gemäss Detailskizze im Grabungsjournal vom 4. Mai 1982.

S 50

Feld: 2, 15, 20

Profil: 12, 19

Versturzschutt. Dicht gepackte Steinsetzung von groben Mauerblöcken bis hin zu kleinen Trümmern, durchmengt mit aufgelöstem Mörtel, zum Teil erhaltene Mörtelbrocken. Einzelne Sandsteine, zum Teil stark gebrannt oder zu Grus aufgelöst. Gegen M 2 hin einzelne gebrannte Rutenlehmfragmente.

A

Linsenförmiger Einschluss eines dichten Gemenges von gerötetem Mörtel und rot-gelbem Lehm.

B

Linsenförmiger Einschluss eines reinen, fahl-ockrigen Lehms.

S 51

Feld: 2, 15, 20

Profil: 12, 19

Dicht gepackte, vorwiegend nussgrosse, gebrannte Steinsplitter, eingebettet in feinen Verwitterungssand. Lockerer Holzkohlenhorizont über der ganzen Schicht, Holzkohleteilchen auch im Sandmaterial.

S 52

Feld: 2, 15, 20

Profil: 12

Ähnliches Material wie S 51, lockerer gelagert, durchsetzt mit grösseren Steinen. Keine Holzkohleteilchen.

S 53

Feld: 2, 15, 20

Profil: 12, 19

Lockere Schüttung aus verbrannten, vorwiegend faustgrossen Kalksteinen, praktisch ohne Füllmaterial. An der Schichtobergrenze und innerhalb der Schicht einzelne Holzkohleteilchen.

S 54

Feld: 2, 15, 20

Profil: 12, 19

Verbrannte, vorwiegend eigrosse Kalksplitter, eingebettet in feinen, stark lehmhaltigen Sand. Farbe gegen die Felswand hin rötlich-braun, in Profilmitte über dem Stein braun-schwarz verbrannt, hier grosse Anteile von Holzkohle.

S 55

Feld: 2, 15, 20

Profil: 12

Ausserst feines, kompakt gelagertes, stark lehmhaltiges Material, grau, durchsetzt mit wenigen verbrannten Kalksteinen: Mit aufgelöstem Lehm vermengte Asche.

S 56

Feld: 2, 20

Profil: 12, 19

Kompakt gelagerte, verbrannte, plattige Kalksteine, eingebettet in feines sandiges Material mit grossen Anteilen an zersetztem und gebranntem Kalk sowie von Holzkohle. Farbe grau-braun-gelblich gescheckt.

S 57

Feld: 2, 15, 20

Profil: 12, 19

Gegen die Felswand hin Horizont aus reiner Holzkohle, gegen M2 auslaufend in einen braunen, stark humösen Horizont mit geringen Holzkohleanteilen, stark durchwurzelt. Das Holzkohleband nach unten scharf abgegrenzt, der humöse Horizont übergehend in das anstehende Verwitterungsmaterial.

S 58

Feld: 2, 20

Profil: 12

Feines sandiges Material, graue, braune, grünliche und gelbliche Komponenten, feine Kalksplitter und wenig Holzkohleteilchen. Schicht läuft gegen M2 aus, bzw. geht vermutlich in S 57 und S 59 über.

S 59

Feld: 2, 15, 20

Profil: 12, 19

Kalksplitterschüttung, kompakt gelagert, humös durchsetzt.

S 60

Feld: 11

Profil: –

Graues, stark aschenhaltiges, feinkrümeliges Material, durchsetzt mit verbrannten Kalksteintrümmern, gebranntem Rutenlehm und einzelnen grossen Kalksteinen.

S 61

Feld: 11

Profil: –

Weisses, an der Schichtoberfläche lockeres, nach unten dicht verbackenes Material aus gebranntem Kalk analog S 3 mit Mörtelbrocken (darin eingeschlossen Ziegel- und Lehmschrot) sowie aus verwittertem, sandartigem Mörtel. Die Hälfte der Schicht besteht (zum Teil in grossen Stücken) aus gebranntem Rutenlehm.

S 62

Feld: 13

Profil: 10

Unverbrannte, scharfkantige Kalksteintrümmer, mandarinengross bis zu kleinsten Fraktionen, eingebettet in ein dicht bepacktes Gemenge aus vorwiegend Kalkstaub und etwas aufgelöstem Mörtel, Holzkohleteilchen, Rutenlehmsplittern und vermutlich Asche.

S 63

Feld: 10, 13, 14

Profil: 10

Grundmaterialien und Gemenge ähnlich wie S 40, Schicht als ganzes dunkler (kaffeebraun).

S 64

Feld: 11, 23

Profil: 13

Material ähnlich wie S 3, im Kern weiss, in den Randzonen gelblich verfärbt (vermutlich durchsetzt mit Verwitterungsmaterialien umliegender Schichten). Im Gegensatz zu S 3 durchsetzt mit Knollen aus gebranntem rotem Lehm. Ganze Schicht weniger kompakt als S 3.

S 65

Feld: 19, 22

Profil: 14, 16, 18

Stark mörteliges Material, gelb-grau bis rot-braun (aufgelöster Sandstein?). Gesteinsschutt ziemlich fein, vereinzelte grössere Steine und Sandsteinquader.

S 66

Feld: 19, 22

Profil: 14, 16, 18

Kompakt gelagerter, feiner Kalksteinschutt, durchsetzt mit Brandmaterial und einzelnen bis faustgrossen, verbrannten Steinen. Füllmaterial aus zerborstenen, verbrannten Kalksteinen, Holzkohle und Mörtel. Farbe braun-grau-rot gescheckt.

S 67

Feld: 19, 22

Profil: 14, 18

Grösstenteils verbrannter Kalksteinschutt, handtellergross bis zu kleinsten Fraktionen, durchsetzt von pulverigem, braunem Material. Einsprengsel von Holzkohleteilchen und Lehmknollen. Über die Schicht verteilt einzelne bis faustgrosse, verbrannte Tuffe und ebenso verbrannte, grössere Sandsteine.

S 68

Feld: 19, 22

Profil: 14, 16

Kompakter Kalksteinschotter, an der Schichtoberfläche mit grün-gelblichem Lehm verdichtet.

S 69

Feld: 19

Profil: 14

Graues aschenhaltiges Material, direkt auf dem Felsen aufliegend.

S 70

Feld: 13, 14

Profil: 10

Kreideähnliches, sehr feines, lehmhaltiges Material, dicht gelagert, oben braun, nach unten heller, ockerfarbig werdend. Ganzer Horizont bastähnlich sehr dicht und fein durchwurzelt. Schicht beidseitig im Profil auslaufend.

S 71

Feld: 13, 14

Profil: 10

Reine, kompakt gepresste, silberfarbene Aschenschicht, durchsetzt mit etwas Holzkohle und verbrannten Kalksplittern. Schwach durchwurzelt.

S 72

Feld: 13, 14

Profil: 10

Feines sandiges Material, grau-gelblich, mit bis zu korngrossen, unverbrannten Kalksplittern. Eingestreut winzige Holzkohleteilchen. Geht gegen den Felsfuss hin fliessend in S 46 über.

S 73

Feld: 13, 14

Profil: 10

A
Kalksplitterschüttung, kompakt gelagert, Füllmaterial analog S 72, einzelne Holzkohleteilchen.

B
Stark aschenhaltiges graues Material, durchsetzt mit bis zu erbsengrossen unverbrannten Kalksteinchen sowie Holzkohleteilchen.

S 74

Feld: 13, 14

Profil: 10

Kalksteine, bis mandarinengross, eingebettet in sandiges, grau-braunes Material mit gebrannten Kalkteilchen, unverbrannten Kalksteinchen, Lehmpartikeln und Holzkohleteilchen. Stark durchwurzelt.

S 75

Feld: 13, 14

Profil: 10

Mergeliger, splittiger Schutt mit etwas gröberen Steinen, humös.

S 76

Feld: 15

Profil: 15, 19

Ähnlich S 50, ohne grosse Mauersteine, Sandsteine und Rutenlehm.

S 77

Feld: 15

Profil: 15

einer Lehm, durchsetzt mit bis zu nussgrossen verbrannten Kalksteinchen, vorwiegend rot gebrannt, mit grauen und gelben Anteilen vermengt, dicht gelagert, beim Abbau zerbröselnd.

S 78

Feld: 15

Profil: 15, 19

Holzkohle mit wenigen verbrannten, plattigen, bis zu nussgrossen Kalksteinen und Einschlüssen von rotgebranntem reinem Lehm.

S 79

Feld: 15

Profil: 15, 19

Dicht gepresste Asche, gegen die Felswand hin praktisch rein, gegen M2 hin zunehmend grau, vermutlich durch Holzkohle verfärbt. Gegen M2 weitere Einschlüsse von S3-Bröckchen, von rotgebranntem Lehm und von verbranntem Kalksplitt.

S 80

Feld: 15

Profil: 15

Holzkohle, durchmischt mit feinem grauem Material (Asche und/oder vermutlich siltartig aufgelöster

Lehm), mit feinem verbranntem Kalkschotter und mit gebranntem Lehm.

S 81

Feld: 15

Profil: 15

Rotbrauner und olivfarbener reiner Lehm, beide Komponenten praktisch rein nebeneinander. Kompakt gelagert, hart, mit Einschlüssen von gebranntem Kalk und wenig Holzkohleteilchen.

S 82

Feld: 15

Profil: 15, 19

Material ähnlich S 79 in der linken, nördlichen Profilhälfte, dicht gelagert, mit olivfarbenen Lehmknollen.

S 83

Feld: 15

Profil: 15

Dünner Holzkohlehorizont, aufliegend auf und dicht vermengt mit dem Kalksplitt der darunterliegenden S 86.

S 84

Feld: 15

Profil: 15

Kiesartiges Gemenge aus feinem grau-braunem Material mit unverbranntem Kalksplitt, aufgelöstem Mörtel, Lehmknöllchen und Holzkohle.

S 85

Feld: 15

Profil: 15

Reiner Mörtel (weniger gerötet als die beiden im Profil isoliert gelegenen Brocken), aufliegend auf M2, von dieser durch einen dünnen Film aus S 84 getrennt.

S 86

Feld: 15

Profil: 15

Unverbrannter Kalksteinschotter, nussgross bis zu Sand, lehmiger Feinanteil, das ganze dicht, aber locker gelagert. Gegen die Oberfläche hin Übergang in eine wenige Zentimeter starke, mit lehmig-humösem, graugrünem Material verdichtete Deckschicht, hier eingeschlossen wenige winzige Kohleteilchen.

S 87

Feld: 23

Profil: 17

Schüttung von grösstenteils verbrannten, zerborstenen Kalksteinen, eingebettet in ein Füllmaterial aus aufgelöstem Mörtel, abgebautem Lehm, gebrannten Kalkteilchen und Holzkohle.

S 88

Feld: 12, 23

Profil: 13, 17

Lockeres sandiges Material mit bis zu eigrossem, verbranntem Kalksteinschotter. Grundfarbe grau, durch die jeweils reinen Einschlüsse farbig gesprenkelt. Einschlüsse: Rote gebrannte Lehmknöllchen, S3-Bröckchen, Tuffkörner, Holzkohle.

S 89

Feld: 23

Profil: 17

Unverbrannter Kalksplitt, bis zu kleinsten Fraktionen, eingebettet in dichtgepresstes Kalksteinmehl. Unterkante verschmutzt: Grau-grüner, wenige Millimeter mächtiger Film, winzige Holzkohlepartikel. Schicht spannt sich zum Teil über Felsvertiefungen.

S 90

Feld: 12, 23

Profil: 17

Dichtgepresstes Sandsteinmehl, durchsetzt mit unverbrannten Kalksteinen und Sandsteinabschlägen, etwas Holzkohle.

S 91

Feld: 12

Profil: 17

Gelöschter Kalk, durch einen Wurzelhorizont von einer aufliegenden Schicht aus mörteligem Kalkgrus getrennt.

S 92

Feld: 22

Profil: 18

Kompakt gelagertes, sehr feines Material, an der Schichtoberfläche grau, gegen den Schichtkern hin gelblich verfärbt. Durchsetzt mit gebrannten, vorwiegend bis nussgrossen Kalksplittern, einigen grösseren Steinen sowie mit gebranntem Lehm und kleinen Tuffen.

S 93

Feld: 22

Profil: 18

Dünne Schicht aus dunklem Material, gegen M 9 braun-humös, gegen M 5 schwarz-kohlig. Material fein, stark lehmhaltig, durchsetzt mit wenig Holzkohleteilchen und gebrannten Kalkteilchen.

S 94

Feld: 11, 23

Profil: 13

Dunkelgrau bis braun gebrannter Lehm, teilweise bis zu handgrosse Knollen mit glatten Oberflächen, teilweise aufgelöst, durchsetzt mit Holzkohleteilchen und feinstem Wurzelwerk.

S 95

Feld: 11, 23

Profil: 13

Mehrfach gebänderte Ablagerung aus feinem, kompakt gelagertem, mit Holzkohleteilchen durchsetztem Material: Unten (über dem Mörtelhorizont in S 96) grau (3 mm mächtig), dann wechselnd von gelb (2 mm) über oliv zu braun, Oberfläche dunkel angesengt. Das Material aller Bänder kann - bis auf winzige Steinsplitter - zu Staub zerrieben werden. Graues und gelbes Material sauber getrennt, übrige Übergänge fliessend.

S 96/S 97

Feld: 11, 12, 23

Profil: 13

In den Felstaschen einzelne Linsen aus feinem grünem Sandsteinmehl (97), darüber, zum Teil auch separat, eine wie gestampft wirkende weisse Sand-Splitterschicht aus Kalkstein (96), darüber teilweise Mörtelguss. Die Schichtverteilung gemahnt an einen durch Raum III gelegten «Flickenteppich».

S 98

Feld: 11, 23

Profil: 13

Schichtmaterial ähnlich S 29, kompakter, gelber (grösserer Anteil an zersetztem Mörtel).

S 99

Feld: 11, 23

Profil: 13

Reiner Holzkohlenhorizont. Zusammenhängende, von Schwundrissen durchzogene verkohlte Bretterfragmente, anhaftend an den darüberliegenden Lehmbrocken aus S 94.

S 100

Feld: 11, 23

Profil: 13

Brandhorizont, im allgemeinen dünner, zusammenhängender als S 99. Gewebereste (vor allem über dem und rechts vom «Auflagerstein») und verkohltes Getreide, eingebettet in eine blasig-schaumig verkohlte Masse («Türkenhonig»).

S 101

Feld: 20

Profil: 19

Rötlich-graues, sehr feines Material mit gebrannten Kalkteilchen, vereinzelte kleine Holzkohleteilchen, durchsetzt mit Kalksteinsand.

S 102

Feld: 2, 20

Profil: 19, 12

Schichtzusammensetzung ähnlich S 101, Grundfarbe grünlich-grau (vermutlich unverbranntes S 101).

S 103

Feld: 2, 20

Profil: 12, 19

Dunkelbraunes, torfiges Material, stark durchwurzelt, durchsetzt mit Holzkohle. Das Material kann zu einem Pulver ähnlich S 101 zerrieben werden.

S 104

Feld: 16, 18, 24, 25

Profil: -

Unverbrannter Kalksteinschutt, eingebettet in ein braun-gelb-graues sandiges Füllmaterial, das Ganze kompakt gelagert, durchwurzelt und durchsetzt mit einzelnen bis zu kopfgrossen Kalksteinen sowie je nach Standort mit kleinen, grünen (unverbrannten) Sandsteinfragmenten. Im Füllmaterial lässt sich sowohl aufgelöster wie verbrannter Mörtel feststellen.

S 105

Feld: 12

Profil: Profilskizze M 5-Zisterne vom 23.10.81

Kompakt gelagertes, beim Abbau fein zerbröselndes Material, gelblich, mit Holzkohlen- und Mörteleinschlüssen.

S 106

Feld: 12

Profil: Profilskizze M 5-Zisterne vom 7.11.81

Lockere Steinsplitterschicht, eingebettet in sandig-humöses Material. Farben gescheckt von grau, braun, gelb bis rot (vermutlich je nach Verwitterungssubstrat). Schicht durchsetzt mit Mörtelbrocken, mit Brocken aus einem Lehm-Mörtel-Gemenge (mit groben Zuschlagstoffen) sowie mit roten, teilweise aufgelösten Lehmbrocken. Stark durchwurzelt.

S 107

Feld: 22

Profil: 18

Brandhorizont an der Oberfläche von S 93, gegen M 9 als gesonderte Schicht auslaufend.

S 108

Feld: 23

Profil: -

Unterster, in Feld 23 nur fleckenweise feststellbarer Brandhorizont, läuft unter M 5 durch.

S 109

Feld: 12

Profil: Profilskizze M 5-Zisterne vom 7.11.81

Mittelgrober, unverbrannter Steinschotter, dicht gepackt, von Humus umhüllt.

S 110

Mergel.

2. Untersuchung der Schuttmasse Schicht S 3

von Marco Brianza

Auszug aus dem Arbeitsbericht vom Juli 1981, Mineralogisch-Petrographisches Institut der Universität Basel.

2.1. Untersuchungsbefund

Röntgendiffraktometrische Aufnahmen ergaben, dass es sich beim weissen Material um Kalziumkarbonat (Kalzit) handelt, und nicht wie anfänglich vermutet um Kalziumhydroxide oder Mischungen.

Bei mikroskopischen Untersuchungen konnte klar zwischen Komponenten und Matrix unterschieden werden. (Typische Ausbildungen zeigen Abb. 1 und 2)

Komponenten:

● Wurzelreste, Moos und Flechten etc. sowie humoses Material vom späteren Bewuchs.

● Hauptrogensteinkomponenten: Grau bis leicht gelblich, leicht trüb rekristallisiert, in reduziertem Zustand, rissig, zudem meist schwartenförmig mit z.T. Auflösungserscheinungen an den Enden. Beim Gestein handelt es sich um einen meist groben, blockigen Do-Bio-Sparit; die z.T. russigen Gesteinsfragmente sind immer von der weissen Matrix umgeben.

● Überreste von angekohlten Hölzern, Kohlestückchen etc. von z.T. mehreren Zentimetern Grösse, in der Matrix «schwimmend» wie die Gesteinsreste.

Matrix

Als Matrix kann die weisse Masse bezeichnet werden, in welcher die einzelnen Komponenten (Steine, Kohlen) ohne direkten Kontakt schwimmen und so zusammengehalten werden. Das Matrixmaterial umfasst schätzungsweise 60-80 % der ganzen Schicht S 3. Es handelt sich chemisch um fast reines Kalziumkarbonat (Kalzit). Verschiedene Ausbildungsformen können unterschieden werden:

● Schneeweisses, undurchsichtiges, strukturloses, löcheriges, kavernöses Kalziumkarbonat,

● weisses, knolliges und ebenfalls kavernös ausgebildetes $CaCO_3$. In beiden Fällen handelt es sich um submikroskopisch kleine Kalzitkristalle, die zusammengewachsen sind.

● Knollige Aggregate, die Überzüge bei Matrix und Komponenten bilden, ebenfalls undurchsichtig weiss,

● feinste glasige, filzartige, faserige und nadelige Ausblühungen von Kalziten als jüngste Bildungen,

● feine zuckerige Kalzitkristallklümpchen verschiedener Grösse, undurchsichtig, z.T. durch Verunreinigungen gelblich gefärbt.

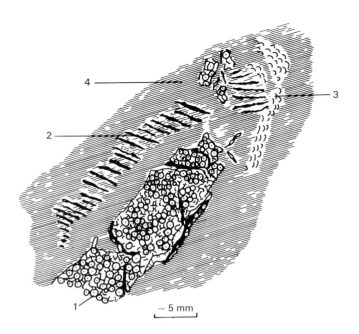

Abb. 1 Schematische Darstellung eines Hauptrogensteinfragmentes in der weissen Matrix.

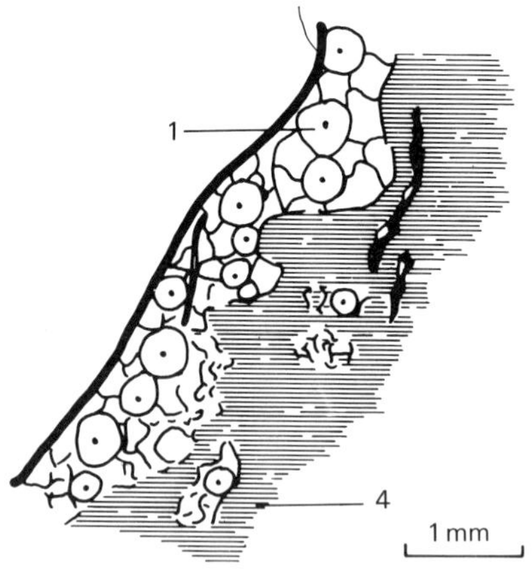

Abb. 2 Detail eines Überganges von Hauptrogenstein zum Kalzit. Mit Ausnahme der Loslösung kleiner Bruchstücke (Sprengung beim Abkühlen, beim Fall in den Schutt?) keine Veränderung des Gesteines nach Umhüllung mit weissem Kalzitsaum (4) erkennbar.

1 Das Gestein in reduziertem Zustand, rissig, zeigt an den Rändern aber sehr selten Verwitterungserscheinungen. Gegen oben zu werden die Gesteinsbruchstücke immer kleiner und bilden kleine «Inseln». Konservierung des Zustandes nach dem Brand.
2 Bei der Umwandlung des gebrannten Kalkes in Kalzit entstandene Risse (Schrumpfungsrisse?) bilden häufig ein paralleles Muster.
3 Knolliger, jüngerer Kalzitüberzug.
4 Schneeweisser, undurchsichtiger, struktureloser Kalzit.

2.2. Diskussion

Aufgrund der optischen Untersuchungen und von Experimenten im Labor kann die Entstehung der weissen Schicht hinreichend erklärt werden.

Die Felswand der Riedfluh wie auch das Baumaterial besteht vorwiegend aus Hauptrogenstein. Wird das Gestein Feuer ausgesetzt (geglüht), so färbt sich das Material einerseits rot (Umwandlung von Eisen- und Aluminium-2-oxid und -Hydroxiden zu Hämatit Fe_2O_3), im Bereich der Flammen entsteht jedoch ein grauer Bereich (Reduktion zu FeO). Bei längerem Erhitzen über 900 °C entsteht aus dem Kalziumkarbonat Kalziumoxid, gebrannter Kalk. Daneben werden durch das Erhitzen und Abkühlen der Gesteinsbrocken schalige Krusten losgesprengt. Dies sind die verschiedenen Prozesse, welche zur Entstehung der Schicht S3 beigetragen haben.

Da wahrscheinlich ist, dass ein grosser Teil der Burg über dem Fundament aus Holzmaterial erbaut war, kann angenommen werden, dass durch einen Brand sämtliches Mauermaterial oberhalb des Brandherdes sehr stark erhitzt wurde. Ein Teil de Kalksteine wurde zu CaO gebrannt, andere Gesteine wurden nur gesprengt und finden sich nun im Schuttmaterial. Die Masse deckte nach Abschluss des Brandes den Brandherd ab, es bildete sich ein Gemisch aus gebranntem Kalk, Holzkohleresten und Gesteinstrümmern.

Nach Abkühlen der Schuttmasse setzte der Umwandlungsprozess des gebrannten Kalkes zu Kalzit ein, da CaO an der Luft sehr instabil ist und mit der Luftfeuchtigkeit relativ rasch Hydroxide bildet. Es scheint, dass zumeist eine direkte Umkristallisation $CaO + CO_2 \rightarrow CaCO_3$ ohne Zwischenstufe als Hydroxid ($Ca(OH)_2$) stattgefunden hat, oder das Wasser wurde als Wasserdampf aus der Luft absorbiert, denn der Fundort der Proben scheint regensicher zu sein.

Die Umwandlung von CaO zu $CaCO_3$ führte zu weissen strukturlosen Aggregaten, zusammengesetzt aus vielen submikroskopischen kleinen Kalzitkriställchen, die als poröse Masse (Matrix) die Gesteinsfragmente und Kohlenreste zusammenhielten. In einer späteren Phase wurden in Form von Sinterbildungen (gelöster und wieder ausgefällter Kalzit) die anderen Karbonate als Hohlraumbildungen abgelagert.

Kontakte zwischen Hauptrogenstein-Stücken und der Matrix sind typisch und können nicht mit reinen Verwitterungsbildungen verwechselt werden.

Abbildungsnachweis

Teil I

1: M. Mathys, Muttenz;
2, 5, 14, 16, 17, 21, 26, 28-33, 35, 37, 38, 40, 43-45, 47, 48, 54, 56-60, 68, 84-86, 93-97, 99-102: L. Högl;
3, 7-9, 19, 20, 23-25, 27, 34, 36, 39, 41, 42, 46, 49, 51, 53, 55, 62, 70, 72, 103-106: ARGOS;
4, 13: Staatsarchiv BL;
6, 11, 12, 18, 22, 61, 63-67, 71, 75-82, 90, 92, 98, 110-114: P. Degen;
10, 15, 50, 73, 74, 83, 87-89, 91: AMABL;
52, 69: Photo Air Swiss.

Teil II

1-25, 26 (F2-F10), 27-39, 41-43, 46, 48-50 (nach Vorlage F. Maurer), 52-56: AMABL;
26 (F1): F. Hartmann;
40, 44, 45, 47, 51: S. Huber.

Teil III

1: P. Degen
2, 3-7, 9: AMABL, nach Vorlage der Verfasserinnen;
8, 10-12: Verfasserinnen;
13-21: S. Huber.

Teil IV

Sämtliche Abbildungen vom Verfasser

Teil V

Sämtliche Abbildungen vom Verfasser.

Teil VI

1, 2: AMABL, nach Vorlage M. Brianza